可再生能源补贴
法律问题研究

刘滢泉　著

目　　录

导　　言 …… 1
一、问题的提出 …… 1
二、研究价值及意义 …… 4
三、文献综述 …… 6
四、主要研究方法 …… 18
五、本书结构 …… 20
六、本书主要创新及不足 …… 22

第一章　可再生能源补贴的法律发展困境 …… 25
第一节　可再生能源及其补贴的概念演进 …… 25
一、可再生能源的概念演进 …… 25
二、可再生能源补贴的概念演进 …… 37
第二节　可再生能源补贴的法律争议 …… 46
一、发展可再生能源的必要性 …… 46
二、给予可再生能源补贴的必要性 …… 53
三、可再生能源补贴面临的法律争议 …… 58
本章小结 …… 66

第二章　WTO 框架下可再生能源补贴的制度适用 ………… 69
第一节　WTO 框架下可再生能源补贴的合规分析 ……… 70
一、WTO 框架下可再生能源补贴的制度依据 ………… 70
二、WTO 框架下可再生能源补贴的合规论证 ………… 79
第二节　WTO 框架下可再生能源补贴的实践反思 ……… 90
一、可再生能源补贴争端实践发展特点………………… 91
二、WTO 框架下可再生能源补贴的制度局限 ………… 100
本章小结…………………………………………………… 107

第三章　非多边视角可再生能源补贴制度的发展………… 109
第一节　区域经济一体化视角下的可再生能源补贴制度…… 110
一、欧盟可再生能源补贴制度…………………………… 112
二、CPTPP 可再生能源补贴制度 ……………………… 121
三、USMCA 可再生能源补贴制度……………………… 126
四、EPA 可再生能源补贴制度 ………………………… 132
五、区域贸易协定可再生能源补贴制度小结…………… 136
第二节　内国法视角下的可再生能源补贴制度…………… 138
一、德国可再生能源补贴制度…………………………… 139
二、美国可再生能源补贴制度…………………………… 145
三、日本可再生能源补贴制度…………………………… 151
四、内国法视角下可再生能源补贴制度小结…………… 156
本章小结…………………………………………………… 158

第四章　多边视角可再生能源补贴制度的发展建议………… 161
第一节　多边补贴制度革新视角下的发展建议…………… 162

一、不可诉补贴制度革新的发展建议 …… 162
二、多边视角可再生能源补贴制度创新的发展建议 …… 174
第二节　一般例外条款制度革新视角下的发展建议 …… 180
一、可再生能源补贴争端对一般例外条款的适用需求 …… 180
二、GATT1994 第 20 条与 SCM 协定的适用关系 …… 185
三、可再生能源补贴争端援引 GATT1994 第 20 条的发展建议 …… 202
本章小结 …… 210

第五章　中国可再生能源补贴制度的发展完善 …… 213
第一节　中国可再生能源补贴的制度反思 …… 214
一、中国可再生能源补贴的制度依据 …… 215
二、中国可再生能源补贴的制度发展趋势 …… 224
三、中国可再生能源补贴的制度问题 …… 230
第二节　中国可再生能源补贴制度发展完善的对策建议 …… 235
一、推进中国可再生能源补贴制度的渐进式改革 …… 236
二、助力国际可再生能源补贴制度的发展创新 …… 247
本章小结 …… 253

结　　语 …… 255
参考文献 …… 261

导　言

一、问题的提出

充足、可持续的能源供给是社会经济发展的前提和保障。随着全球经济的发展、社会的进步，以及能源消费水平的提高，能源需求和生产之间的不平衡的矛盾愈加严重。[①] 能源的来源有很多不同种类，当前，世界能源的使用很大程度上依赖化石燃料（Fossil Fuels），如石油、煤炭和天然气，这些都是不可再生能源。[②] 大量化石燃料的使用、燃烧会带来酸雨、雾霾等严重的环境污染、破坏，产生的大量二氧化碳更会引起全球性的“温室效应”。“温室效应”带来的气候变化是当前人类面临的最大威胁，危及地球生态安全和人类生存与发展，已经引起国际社会的普遍关注。[③] 化石燃料大量使用在造成严重环境、气候问题的同时，也面临着不可再生

---

① 刘锋著：《新时期中俄能源问题研究》，延边大学出版社 2017 年版，第 21 页。

② Lillian Wylie，Pascaline Winand ed.，Energy and the Environmental Challenge：Lessons from the European Union and Australia，Peter Lang，2011，p. 113.

③ [美]戴维・古德斯坦、迈克尔・英特里利盖托著：《气候变化与能源问题——从自然科学与经济学视角》，王海林译，东北财经大学出版社 2018 年版，第 1 页。

带来的能源枯竭问题，“其地理分布特点还决定了它们的供应缺乏稳定性”①。20世纪70年代的石油危机，促使国际社会的能源危机、能源安全等问题浮出水面，也让许多国家更清醒地意识到能源供给持续性和发展新能源的重要性。全球范围内的屡次发生的核事故，尤其是日本福岛核电站泄漏事件引发人类对核能安全的不信任，德国、瑞士相继宣布“弃核”，并努力实现从核电到可再生能源的转换。

当前，世界能源格局和供求关系发生深刻的变化，能源低碳、清洁化发展已经成为全球能源发展的重要特征，可再生能源的发展，已经从过去个别国家、部分地区逐步扩展成为全球各国的一致行动，截止2017年底，全球共有179个国家设定了可再生能源发展目标，其中146个国家设定了可再生能源电力发展目标，57个国家的目标为100%可再生能源电力。② 各国都对发展可再生能源给予高度重视，通过发展可再生能源产业降低能源进口的依赖程度，保障本国能源安全，推进能源转型；保护环境生态，实现可持续发展；形成新的经济增长点，提高经济发展质量。

可再生能源产业具有初始投资成本高、成本受技术创新进步影响大、长期成本有下降空间等显著特点，因此，可再生能源产生经济效益需要长时间的发展和积累。巨大的投资、研发成本给处于初始阶段的可再生能源产业带来了很大的经济压力，使其难以在市场经济条件下与传统能源产业相竞争。考虑到可再生能源产业的这一特点，以及发展可再生能源产业带来的环境、生态、经济价值，各国纷纷出台法律、政策，用以支持可再生能源产业的发展

① 程荃著：《欧盟新能源法律与政策研究》，武汉大学出版社2012年版，第1页。

② 国家可再生能源中心、国家发展和改革委员会能源研究所可再生能源发展中心编著：《国际可再生能源发展报告2018》，中国环境出版社2018年版，第3页。

壮大。

补贴作为一种常用的政府激励措施，成为各国促进可再生能源及其产业发展的常用手段。随着可再生能源及其相关技术的不断发展，各国的可再生能源产业都有了不同程度的发展，补贴措施是否还可以继续使用、应当如何使用成为了学者们关注的问题。在国际贸易领域，不断涌现可再生能源补贴争端更是对各国可再生能源补贴措施的合规性问题提出了质疑。学者们从宏观、微观、法律、经济学等多个角度就补贴和反补贴制度、实践展开了广泛研究。可再生能源补贴作为特殊的补贴类型，可以说是国际经济法学和环境资源保护法学交叉领域的研究对象，目前法律学界对此类补贴相关问题的系统研究相对较少。“在各国普遍对可再生能源及其产业给予补贴的背景下，相比环境负面效应更大的化石能源补贴，为何可再生能源补贴屡遭国际争端诉讼”成为本书研究国际层面可再生能源补贴问题的出发点。

我国是发展中国家，也是人口大国，高速发展的经济带来了巨大的能源消耗，中国已经成为世界上最大的能源消费国，[①]巨大的能源消费带来了大量污染物和温室气体的排放，环境、资源问题已经成为了制约当今中国可持续发展的瓶颈。能源安全问题是国家能源发展首先要考虑的问题，[②]在核能安全性备受质疑情况下，发展可再生资源产业已成为我国保护环境资源、实现经济社会环境协调发展的必由之路。中国已经成为世界上最大的可再生能源生产者，近年来，中国也成为在可再生能源发展领域最大的投资者，

---

① Zhou Dadi, Toward a Green and Low-Carbon Future: China's Energy Strategy, Foreign Languages Press, 2019, p. 3.

② 江苏高校国际能源政策研究所编著：《国际能源政策新变化及其对中国的启示》，科学出版社 2017 年版，第 44 页。

可再生能源产业发展迅速。[①] 然而，近年来，在贸易保护主义不时抬头的当下，我国可再生能源产品、设备在国际上屡遭反补贴诉讼。我国可再生能源补贴制度缺乏系统性，可再生能源补贴制度散见于法律、政策之中，且多以政策行使出现，部分制度的合规性也有待论证分析。如何对接国际经贸规则，发展、完善我国可再生能源补贴制度，成为本书研究国内层面可再生能源补贴问题的出发点。

因此，本书将在多边贸易体系框架内，为可再生能源补贴寻找制度依据，将结合可再生能源补贴争端实践，探析可再生能源补贴合规论证路径及制度问题，并将探索、归纳区域贸易协定、内国法可再生能源补贴制度发展趋势，推进多边可再生能源补贴制度和我国可再生能源补贴制度的发展完善，为可再生能源及其产业发展提供科学化的制度保障。

二、研究价值及意义

在法律视角下聚焦可再生能源补贴相关问题并展开研究，至少具备以下几个方面的价值及意义。

（一）理论层面：丰富了补贴、反补贴法律领域的研究内容

补贴和反补贴作为 WTO 框架下的重要制度内容，国内外学者开展了多个层面的理论、实践研究。作为补贴中的新型种类、特殊种类的可再生能源补贴，成为了一般补贴基本理论知识之外的重要特殊内容。对可再生能源补贴必要性、价值、合规性相关问题的梳理、归纳、分析，也是对既有补贴、反补贴制度理论体系的发

---

① Zhou Dadi, Toward a Green and Low-Carbon Future: China's Energy Strategy, Foreign Languages Press, 2019, pp. 151—153.

展、完善和创新，体现了从新视角研究补贴、反补贴制度的理论价值。可再生能源补贴法律问题也是世贸组织法、国际环境法、能源法交叉领域的问题，还涉及自然学科中能源方面的相关知识，可以从学科交叉领域丰富既有研究成果。从多边、诸边、双边、内国法多个维度分析可再生能源补贴法律问题，可以增强研究的全面性，并能从制度比较、问题对比角度丰富研究的内容。因此，本书为学界研究补贴、反补贴制度提供新的视角，从理论层面丰富了既有补贴、反补贴法律领域的研究内容。

（二）制度层面：推动了国际、国内可再生能源补贴法律制度的发展

WTO作为成员方众多、影响力广泛的多边贸易组织，在处理可再生能源补贴争端上有着重要的作用，从制度层面来看，WTO框架下没有直接规制可再生能源补贴的条文，既有制度内容落后于可再生能源补贴法律实践发展。本书将在对WTO可再生能源补贴相关条文进行系统梳理的基础上，结合争端解决实践进程、重点区域自由贸易协定可再生能源补贴制度创新，努力把握多边、诸边、双边层面可再生能源补贴制度发展趋势，体现推动国际层面可再生能源补贴制度发展的应有之意。中国可再生能源政策多于法律，可再生能源补贴法律制度有待进一步发展完善，本书将在对比典型发达国家相关法律制度和国际经贸规则的基础上，对中国可再生能源补贴提出法制化发展建议，以体现推动国内层面法律制度发展的价值。

（三）实践层面：提示了触发国际可再生能源补贴争端的风险

各国都对可再生能源产业给予了各种类型的补贴，国际社会可再生能源补贴争端也不断涌现。考虑到可再生能源补贴对于可再生能源产业创立发展的作用，如何科学、合理设置可再生能源补

贴，避免触发国际可再生能源补贴争端，成为了各国发展可再生能源产业、设置可再生能源补贴过程中无法回避的一个实践问题。以中国为例，从中央到地方，都对可再生能源产业发展设计、实施了各种类型的补贴。本书将系统梳理国际可再生能源补贴规则内容、合规论证逻辑及发展趋势，为中国可再生能源补贴措施对标对表明确参照依据和发展方向，进而降低我国在发展可再生能源过程中违反国际义务、触发国际可再生能源补贴争端发生的概率，促进我国可再生能源产业发展，提升中国能源发展安全系数，树立负责任大国的国际形象，以体现理论研究的实践价值。

（四）发展层面：梳理了国际可再生能源补贴制度的变革路径

当下，多边经贸制度发展存在困境，WTO多边经贸规则发展举步维艰，具体到本文研究对象，从什么角度、采取什么方法改变“既有可再生能源补贴制度内容落后于可再生能源补贴法律实践发展”的现状，就成为国际可再生能源补贴制度发展变革的关键性问题。本书在区域经济一体化如火如荼发展的大背景下，归纳了重点诸边、双边区域贸易协定可再生能源补贴相关制度的发展创新，为多边层面相关制度的发展变革提供了思路借鉴，并就中国在内国、双边、诸边、多边层面可再生能源补贴制度发展中的立场定位、作用发挥提出了建议，为国际可再生能源产业发展营造更好的法治环境梳理了发展思路，体现了理论研究助力国际可再生能源补贴制度变革的发展价值。

三、文献综述

本书参考文献的中英文书籍主要来自于华东政法大学图书馆及网络资源的检索，中文期刊和学位论文主要来源于“中国知网”的检索，英文期刊主要来源于 Heinonline、Westlaw 和 Lexis 等外文数据库的检索，WTO 案例来源于 WTO 官网的检索，此外其他参考资料来源于网络检索。

（一）国内研究现状综述

就国内学界而言，从中国入世至今，国内学者大致从制度理论、实践案例等层面对 WTO 法律体系中的补贴法律制度展开了广泛的研究。赵维田《世贸组织（WTO）的法律制度》(2000)、曹建明、贺小勇《世界贸易组织》(2011)详尽地介绍了 WTO 法律体系的概况，并对 WTO 补贴法律制度进行了单独介绍。朱榄叶《世界贸易组织国际贸易纠纷案例评析》系列丛书展开了对 WTO 成立至今数百个案例的介绍和评析，其中包括对部分可再生能源补贴争端案件的介绍和评析。杨荣珍《国外对华反补贴案例研究》(2015)结合国外反补贴法，研究了 2004—2014 年 10 年间的对华反补贴案例。王传丽《补贴与反补贴措施协定条文释义》(2006)结合案例对《补贴与反补贴措施协定》（以下简称"SCM 协定"）条文进行了逐条翻译和解释。蔡春林《补贴与反补贴措施协议研究》(2007)、单一《WTO 框架下补贴与反补贴法律制度与实务》(2009)、王永杰《世界贸易组织补贴争端解决机制研究》(2012)都从整体层面对补贴、反补贴制度进行了研究。欧福永、黄文旭《加拿大反补贴立法与实践研究——兼论我国的应对措施》(2009)、何海燕、任杰、乔小勇《贸易安全与实践研究——补贴与反补贴新论》(2011)、黄东黎、何力《反补贴法与国际贸易——以 WTO 主要成员方为例》从国别角度介绍了 WTO 主要成员方的补贴、反补贴制度。截止 2019 年 12 月，在"中国知网"用"篇名"条件检索"补贴"，可以得到超过 2 万条检索结果，即使同时加上"篇名"WTO，仍可得到 500 余条检索结果，学者们对 WTO 框架下补贴定义、类型、反补贴措施等内容进行了多维度的研究，学位论文、期刊都不乏对

WTO 补贴制度的研究。

就报告型著作而言，国家可再生能源中心、国家发展和改革委员会能源研究所可再生能源发展中心《国际可再生能源发展报告2017》(2017)《国际可再生能源发展报告 2018》(2018)就国际可再生能源及其产业发展情况进行了数据分析和介绍，其中包含固定电价、可再生能源电力配额制度等可再生能源补贴制度内容。国网能源研究院有限公司《全球能源分析与展望 2017》(2017)通过数据方式就全球能源现状进行了统计分析，包含可再生能源电力数据内容。国家可再生能源中心、国家发展和改革委员会能源研究所可再生能源发展中心《中国可再生能源产业发展报告 2018》(2018)就中国可再生能源具体产业发展情况进行了统计分析和系统展望。具体到可再生能源补贴法律著作领域，最相关的论著目前共有 5 本，温慧卿《中国可再生能源补贴制度研究》(2012)结合WTO 补贴制度及国外可再生能源补贴制度，聚焦中国可再生能源补贴制度，提出了制度完善的建设方向；李艳芳《新能源与可再生能源法律与政策研究》(2015)涉及可再生能源电力配额法律制度、可再生能源绿色证书制度、可再生能源补贴制度内容；岳小花《可再生能源配额与相关法律制度研究》(2015)介绍了可再生能源补贴中的一种具体形式：可再生能源电力配额制度；曹新、陈剑、刘永生《可再生能源补贴问题研究》(2016)从经济学角度出发，结合部分法律知识，重点对我国可再生能源电力价格补贴政策提出了发展建议；吴昱《我国可再生能源补贴措施及激励政策研究》(2017)对我国可再生能源补贴法律、政策进行了制度性反思，并提出了改进思路。从域外可再生能源补贴相关制度借鉴角度来看，杨泽伟教授团队的《新能源法律与政策研究丛书》(2011—2017)中包含对欧盟、美国、英国、澳大利亚等国家和地区新能源法律、政策的系统性介绍，其中包含了可再生能源补贴法律、政策的部分内容。吕江《能源革命与制度构建——以欧美新能源立法的制度性设计为视角》(2017)对欧盟新能源立法进行了比较性研究。李严波《欧盟可再生能源战略与政策研究》(2013)、祝佳《欧盟能源政策研究》(2015)、郭志俊《走向欧盟共同能源政策——新功能主义理论的视角》(2016)包含了欧盟可再生能源政策的内容及对中国的启示。张季风《日本能源文献选编:战略、计划、法律》(2014)罗列了日本能源战略、计划、法律条文，其中包含了日本可再生能源法律、政策的内容。胡德胜《美国能源法律与政策》(2010)就美国能源法律、政策进行了介绍，其中第十一章就可再生能源法律、政策内容进行了介绍。

从期刊论文来看，截止 2019 年 12 月，在“中国知网”，以“可再生能源”和“补贴”为篇名关键词，共检索到 124 篇文章，其中还包括科技领域、经济学领域的不少文章，将检索范围限定为法学学科，只检索到 29 篇论文：2018 年 2 篇(1 篇期刊论文，1 篇硕士论文)，2017 年 4 篇(2 篇期刊论文，2 篇硕士论文)，2016 年 4 篇(4 篇期刊论文)，2015 年 4 篇(2 篇期刊论文，2 篇硕士论文)，2014 年 6 篇(3 篇期刊论文，3 篇硕士论文)，2013 年 4 篇(1 篇期刊论文，3 篇硕士论文)，2012 年 2 篇(1 篇报纸期刊，1 篇硕士论文)，2011 年 2 篇(1 篇期刊论文，1 篇硕士论文)，2009 年 1 篇(1 篇期刊论文)。

结合“可再生能源补贴”在法律学科检索结果可以发现，相比国内学界对 WTO 补贴制度整体层面的研究，国内学界对可再生能源补贴制度的研究源起于“中国-涉及风能设备的措施案”(WT/DS419)，在这一领域的研究存在发展空间，具体而言：

第一，国内学者一般将可再生能源补贴定义分为两部分加以介绍，先介绍什么是“可再生能源”，再介绍什么是“补贴”，目前国内外公认的可再生能源一般包括:太阳能、水能、风能、生物质能、海洋能、地热能,对"补贴"的定义,法学学者们一般采用 SCM 协定中对补贴的定义。总体而言,目前学界对于可再生能源补贴和一般性补贴的区别还没有明确,有待进一步明确。

第二,国内学者对 WTO 既有框架下的可再生能源补贴进行了一定程度的合规性探讨。在"加拿大-可再生能源案"(WT/DS412 和 WT/DS426)上诉机构报告通过之前,按照一般补贴论证逻辑对可再生能源补贴进行认定,如朱工宇《WTO 框架下的可再生能源补贴纪律》(2011)、温慧卿《中国可再生能源补贴制度研究》(2012)、叶波、梁咏《可再生能源补贴的合规分析》(2014)等。在"加拿大-可再生能源案"上诉机构报告通过之后,针对上诉机构在该案中确立的特殊认定方法进行了评价,多以批评性意见为主,如张磊:《自由贸易体制下的"绿色能源空间"——以加拿大可再生能源发电设施补贴案为视角》(2014)、孙法柏、唐洪霞《WTO 框架下可再生能源补贴的制度困境与消解路径》(2015)、吕晓杰《可再生能源政策与 WTO 补贴制度的相符性分析——以加拿大可再生能源案为中心的考察》(2016)等。总体而言,对"加拿大-可再生能源案"之后的可再生能源补贴案件的分析研究相对较少。

第三,国内学者普遍认为 WTO 框架既有制度无法满足可再生能源补贴认定的要求,多从 SCM 协定"不可诉补贴制度"和寻求 GATT1994 第 20 条豁免角度展开分析。目前学界普遍认为,不可诉补贴制度失效是造成可再生能源补贴缺乏明示豁免的原因,但对 GATT1994 第 20 条是否适用 WTO 框架下 GATT1994 之外其他协定存在争议。大多数学者认为 SCM 协定缺乏对 GATT1994 第 20 条的明示援引,如温慧卿《中国可再生能源补贴制度研究》(2012)、叶波、梁咏《可再生能源补贴的合规分析》(2014)、张磊:《自由贸易体制下的“绿色能源空间”——以加拿大可再生能源发电设施补贴案为视角》(2014)、梁蓉:《WTO 体制下可再生能源补贴的困境与出路》(2016)等。总体而言,学界缺乏“不可诉补贴制度”是否存在恢复可能性、必要性、WTO 补贴“环境产品”制度发展、GATT1994 第 20 条是否适用于 WTO 框架下 GATT1994 之外其他协定的详细论证。

第四,在区域贸易谈判如火如荼开展的情况下,CPTPP、USMCA、EPA 文本多有涉及补贴、环境、国有企业相关内容,对 WTO 框架下补贴制度、可再生能源补贴制度都产生了影响。只有把握了区域贸易协定中补贴规则的发展趋势,才能更好地对国际可再生能源补贴制度的发展展开研究。国内对 CPTPP、USMCA、EPA 的研究不多,且多限于总体层面,缺乏对前述区域贸易协定中补贴制度和可再生能源补贴制度的研究。

第五,对于他国可再生能源补贴法律制度的研究,多包含于新能源法律、政策之中,如杨泽伟教授团队的《新能源法律与政策研究丛书》(2011—2017)等。但有鉴于实践的发展,前述研究缺乏近三年的新近发展情况,未能完全体现内国法在可再生能源补贴领域的最新发展,比如 2018 年 12 月,欧盟《可再生能源指令》再次进行了修订,为欧盟制定了新的约束性可再生能源目标;又如根据 2014 年欧盟委员会《环境保护与能源国家资助指南(2014—2020)》,2017 年德国《可再生能源法》再次进行了修订,前述书籍受限于撰写时间,未能有所涉及。

第六,学界对中国可再生能源补贴制度的研究主要集中于经济和法律两个学科,且多以经济学的研究为主,法律领域的研究并不多,目前检索到的有从整体层面对相关法律政策进行介绍的书籍，如任东明、王仲颖、高虎等编著《可再生能源政策法规知识读本》(2009)、李俊峰、王仲颖主编《中华人民共和国可再生能源法释义》(2005)，分别就我国可再生能源法律政策制度进行了梳理、释义；有就特定可再生能源法律制度进行介绍的书籍，如岳小花《可再生能源配额与相关法律制度研究》(2015)，对我国可再生能源电力配额制度的构建必要性、可行性、存在问题、立法模式、内容提出了建议；相对更全面的论著如温慧卿《中国可再生能源补贴制度研究》(2012)、吴昱《我国可再生能源补贴措施及激励政策研究》(2017)。中文期刊有一些文章从对策角度对中国可再生能源补贴法律制度发展的重要性及发展思路提出了一些建议。李擎《论WTO框架下可再生能源补贴政策的合法性及我国应对策略》(2015)建议在国内法律、政策制度中纳入"环境补贴"，尝试在双边贸易规则中寻求"环境补贴"豁免。龚柏华《可再生能源产业鼓励措施与WTO补贴合规性研究——以免费碳排放配额及交易措施为视角》(2010)建议在国内可再生能源补贴法律、政策条文中避免区分国内外生产者的措辞。孙法柏、唐洪霞《WTO框架下可再生能源补贴的制度困境与消解路径》(2015)建议从细化法律法规、审慎制定扶持政策、改直接补贴为间接补贴等角度出发克服WTO框架下可再生能源补贴的制度困境。综上，学者们普遍认为目前中国可再生能源补贴法律、政策制度层面存在一定问题，也提出了一些改善的原则性思路和做法，但有鉴于部分具有"专向性"的可再生能源补贴条文已经废止，因此有必要结合实践的发展提出新的制度发展建议，以持续推进我国可再生能源补贴法律制度的科学化发展进程。

（二）国外研究现状综述

就国外学界而言，国外学者也对WTO法律制度以及WTO

法律体系中的补贴、反补贴法律制度展开了广泛的研究，如 WTO 法律制度著作：约翰·H·杰克逊《CATT/WTO 法理与实践》(2002)、约翰·H·杰克逊《国家主权与 WTO 变化中的国际法基础》(2009)等。国外学者在自然学科视角下对可再生能源进行介绍、研究的著作，如 Yazid Al-Rubyli，Renewable Energy(2013)、亨里克·隆德《可再生能源》(2017)等。国外学者关于可再生能源与气候变迁关系的著作，如 Clarisse Fräss-Ehrfeld，Renewable Energy Sources：A Chance to Combat Climate Change(2009)、戴维·古德斯坦，迈克尔·英特里利盖托《气候变化与能源问题——从自然科学与经济学视角》(2018)。国外学者关于能源法的著作几乎都涉及了可再生能源领域的研究，其中涉及部分可再生能源补贴的内容，如 Richard L. Ottinger，Renewable Energy Law and Development：Case Study Analysis(2013)、约瑟夫·P·托梅因、理查德·D·卡达希《美国能源法》(2008)、约翰·霍德华《确保澳大利亚的能源未来》(2008)、Marjan Peeters，Renewable Energy Law in the EU：Legal Perspectives on Bottom-up Approaches (2014)、Anton Ming-Zhi Gao，Chien Te Fan，Legal Issues of Renewable Energy in the Asia Region：Recent Developments in a Post-Fukushima and Post-Kyoto Protocol Era (2014)、Kenneth Palmer，David Grinlinton，Developments in Renewable Energy Law and Policy in New Zealand(2014)、藤原淳一郎《日本能源法研究——以政府规制的法律与政策为中心》(2018)等。本内迪克特·克莱门茨等人《能源补贴改革：经验、教训与启示》(2017)从经济学角度就能源补贴改革问题进行了论述。但笔者尚未检索到就可再生能源补贴进行专门研究的外国著作。

由于可再生能源争端源自于 WTO 争端解决实践，专家组和/

或上诉机构的报告具有十分重要的研究价值，因此笔者在WTO官网对WTO相关案例进行了检索，以便获取第一手的研究资料。目前，在WTO争端解决实践中，反补贴争端数量仅次于反倾销争端，排于第二位，可再生能源补贴争端也有十几起之多。此外，International Energy Agency（IEA，国际能源署）的相关报告也包含了可再生能源、可再生能源补贴的相关数据分析内容，如国际能源署每年的World Energy Outlook，以及不定期发布的World Energy Outlook Special Report。

笔者使用Heinonline数据库，以“Renewable Energy”和“Subsidies”分别为标题关键词展开检索，都能搜索到很多论文，但是以“Renewable Energy”和“Subsidies”为标题关键词展开检索，截止2019年12月，检索到的专业论文共计18篇，其中2018年2篇，2017年1篇，2016年3篇，2015年5篇，2014年3篇，2013年1篇，2012年2篇，2010年1篇。

结合国外研究情况来看，国外对可再生能源补贴这一问题的研究也基本集中于近10年，且基本集中于“加拿大-可再生能源案”发生之后，在这一领域的研究也存在发展空间，具体而言：

第一，国外学者对于可再生能源补贴定义的阐释和国内学者大同小异。学者们一般都会全部或部分分析构成SCM协定意义上补贴的四个要件：广义上的政府行为、财政资助行为、补贴授予被补贴方以“利益”、补贴须具有专向性，如Henok Birhanu Asmelash, Energy Subsidies and WTO Dispute Settlement: Why Only Renewable Energy Subsidies Are Challenged（2015）。

第二，国外学者对WTO既有框架下的可再生能源补贴也进行了合规性探讨，和国内学者类似，涉及并集中于对“加拿大-可再生能源案”的分析和评论。比如Luca Rubini, “The Good, the

Bad, and the Ugly." Lessons on Methodology in Legal Analysis from the Recent WTO Litigation on Renewable Energy Subsidies (2014), Aaron Cosbey, Petros C. Mavroidis, A Turquoise Mess: Green Subsidies, Blue Industrial Policy and Renewable Energy: The Case for Redrafting the Subsidies Agreement of the WTO (2014), Leslyn Lewis, The WTO Canada Renewable Energy Feed-in Tariff Case and Its Application to Green Energy Projects in the Developing World: The Abdication of the Subsidies and Countervailing Measures Agreement within Green Energy Conflicts (2016)等。对"加拿大-可再生能源案"之后的可再生能源补贴案件的分析研究,目前只检索到 Vivasvan Bansal, Chaitanya Deshpande, The India-Solar Cells Dispute: Renewable Energy Subsidies under World Trade Law and the Need for Environmental Exceptions(2017)一篇。

第三,从研究深度和研究角度来说,国外学者相对研究的更细致,视角更为宽广,就 WTO 规则对可再生能源补贴的限制这一问题,给出了更尖锐的评价。比如 Luca Rubini, Ain't Wastin' Time No More Subsidies for Renewable Energy, the SCM Agreement, Policy Space, and Law Reform(2012)对"加拿大-可再生能源案"上诉机构的分析提出了严厉批评,Aaron Cosbey, Petros C. Mavroidis, A Turquoise Mess: Green Subsidies, Blue Industrial Policy and Renewable Energy: The Case for Redrafting the Subsidies Agreement of the WTO(2014)则论证了同一套补贴制度适用于不同类型能源的不合理性,Henok Birhanu Asmelash, Energy Subsidies and WTO Dispute Settlement: Why Only Renewable Energy Subsidies Are Challenged(2015)通过对比化石燃料补贴和可再生

能源补贴的不同，分析了为何可再生能源补贴更易被诉。国外学者们还着眼SCM协定不可诉补贴制度恢复、SCM协定是否可以有机会援引GATT1994第20条展开分析论证，比如Robert Howse，Climate Mitigation Subsidies and the WTO Legal Framework：A Policy Analysis(2010)。此外，结合可再生能源补贴措施难以援引GATT1994第20条抗辩的情况，有学者结合条款内容和适用现状，建议对GATT1994第20条进行修改，比如Rick A. Waltman，Amending WTO Rules to Alleviate Constraints on Renewable Energy Subsidies(2016)。对于解决路径而言，相比国内研究现状，国外学者对于革新WTO框架下补贴制度的论证也相对更充分一些。有学者认为，研究的关键点在于“哪些可再生能源可以被认定为农产品，进而可以纳入《农业协定》的绿箱补贴”，如Paolo Davide Farah，Elena Cima，The World Trade Organization，Renewable Energy Subsidies，and the Case of Feed-in Tariffs：Time for Reform toward Sustainable Development?（2015）。有学者认为，可以将《农业协定》中已经失效的“和平条款”纳入可再生能源补贴制度体系，为部分可再生能源补贴提供特殊待遇，如Paolo. R. Vergano，Eugenia C. Laurenza，Subsidies to Renewable Energy Sources and International Trade：Issues and Tools to Reconcile Trade Rules and Environmental Policies(2010)。有学者认为，如果能源领域的贸易措施将继续留在WTO涵盖协定下进行评价，则应当在SCM协定中创建新的规则，明确什么是合规的可再生能源补贴措施，如Luca Rubini，Ain't Wastin' Time No More：Subsidies for Renewable Energy，The SCM Agreement，Policy Space，and Law Reform(2012)。有学者认为，WTO是贸易机构，在WTO框架下审视可再生能源发电设施争议，存在天生

的歧视，建议WTO回避管辖，交给国际可再生能源机构解决，以作为成员方开展可再生能源合作的替代方案，如Daniel Peat，The Wrong Rules for the Right Energy：The WTO SCM Agreement and Subsidies for Renewable Energy(2012)。

第四，国外学者对于CPTPP、USMCA、EPA文本涉及补贴、环境、国有企业相关内容的研究情况，大体和国内学者类似。

第五，对于他国可再生能源补贴法律制度的研究，有鉴于发达国家对可再生能源开发使用相对较早，相应的，发达国家固定电价制度、可再生能源电力配额制度等可再生能源补贴具体制度实践和研究要更丰富一些。加之，各国学者都会对本国可再生能源法律、措施加以研究，因此，国外的立法、司法实践和国外学者的研究成果，对于开展内国法比较研究来说，更具价值。比如约瑟夫·P·托梅因、理查德·D·卡达希《美国能源法》(2008)、约翰·霍德华《确保澳大利亚的能源未来》(2008)、Marjan Peeters，Renewable Energy Law in the EU：Legal Perspectives on Bottom-up Approaches(2014)、Kenneth Palmer，David Grinlinton，Developments in Renewable Energy Law and Policy in New Zealand(2014)、藤原淳一郎《日本能源法研究——以政府规制的法律与政策为中心》(2018)、Anton Ming-Zhi Gao，Chien Te Fan，Legal Issues of Renewable Energy in the Asia Region：Recent Developments in a Post-Fukushima and Post-Kyoto Protocol Era(2014)等。

第六，有鉴于中国越来越重要的国际地位，国外相关机构和学者也对中国的能源发展给予了高度的关注，如国外学者会同国内学者对我国可再生能源案例进行的介绍和研究，如Richard L. Ottinger，Renewable Energy Law and Development：Case Study Analysis第一部分；如国际能源署发布的《世界能源展望中国特别报告》(2017)等,从国外学者和国际机构的视角对中国能源发展、可再生能源发展情况进行了数据统计和分析介绍。

(三) 文献综述小结

就笔者当前检索并掌握的资料情况而言,中外学界对可再生能源补贴这一议题的研究还是存在不足,尤其缺乏对新近区域贸易协定中可再生能源补贴制度的研究、"加拿大-可再生能源案"之后的案例研究、内国法中可再生能源及其补贴法律政策最新发展的研究,因此,笔者认为,可再生能源补贴法律问题仍然存在进行拓展及细化研究的空间。在环境、资源危机日益凸显、可再生能源争端不断出现的当下,对可再生能源补贴相关法律问题进行研究具有十分重要的现实意义。笔者将持续关注可再生能源补贴相关法律问题在学界的研究情况和实践中的发展情况,为后续撰写提供资料储备和智力支持。具体而言,一要持续关注 WTO 环境、贸易议题谈判进程、SCM 协定修改议题的发展情况;二要持续关注 WTO 可再生能源争端案件的发展情况;三要持续关注区域性贸易组织对环境条款、环境与贸易关系的最新发展情况;四要持续关注代表性国家(地区)相关法律、政策和司法实践最近发展情况;五要持续搜集、关注国内外学界在相关领域的最近研究成果,及时、充分获取第一手研究资料。

四、主要研究方法

在本书的构思、撰写、整合过程中,笔者主要采用了以下七种研究方法:

(一) 案例研究法

案例研究法可以从实践层面扩充、丰富研究维度,为开展理论研究提供第一手的实践素材。本书着重对 WTO 可再生能源补贴争端案例进行梳理、分析、研究，进而从 DSB“司法造法”实践中总结、归纳 DSB 对可再生能源补贴这一绿色能源补贴的论证思路、合规性分析方法，为理论研究奠定实践基础。

（二）规范阐释法

法律有着自身严密的逻辑，法学研究自然离不开对既有法律框架体系、法律条文的规范阐释。本书通过对 WTO 一揽子协定可再生能源补贴相关法律条文、区域贸易协定可再生能源补贴相关法律条文、部分国家国内法可再生能源补贴相关法律条文进行分析、阐释，从制度文本角度展开研究，探究法律体系、法律条文如何理解，为展开价值分析创造条件。

（三）价值分析法

价值分析法是用以论证某一法律原则、规则或制度的正当性与合理性的分析方法，注重对应然范畴的考察。本书对可再生能源的价值、可再生能源补贴的价值展开了分析，也对不可诉补贴条文、GATT1994 第 20 条的制度价值进行了分析，为论证的展开提供了论据。

（四）比较研究法

本书注重通过比较的方法展开论证，通过与新能源的比较，界定了可再生能源的概念；通过与补贴概念的比较，界定可再生能源补贴的概念；通过不同经济贸易组织、不同区域贸易协定、不同国家对可再生能源补贴制度的比较，同一国家不同时期可再生能源补贴制度的比较，分别为多边层面和我国可再生能源补贴制度发展提供思路借鉴。

（五）历史研究法

历史研究法可以更好地展示法律制度的变迁和发展脉络。可再生能源补贴是近年来出现的新事物，是各国为了减少对不可再生能源的依赖、发展可再生能源的产物。本书在梳理内国法层面可再生能源补贴制度发展历程时，采用了历史研究法；在对GATT1994 第 20 条进行制度溯源分析时，也采用了历史研究法。

（六）归纳研究法

归纳研究法是从现象罗列梳理到归纳总结一般性结论的方法。本书通过对太阳能、风能、生物质能等可再生能源的介绍，归纳了可再生能源的特点；通过对 WTO 可再生能源补贴争端案例的分析，归纳了可再生能源补贴争端的发展特点和 DSB 对可再生能源补贴合规性的论证方法；通过对典型发达国家可再生能源补贴制度的分析，归纳了内国法层面可再生能源补贴制度的发展趋势。

（七）交叉研究法

可再生能源涉及环境资源保护法领域的知识，可再生能源补贴涉及国际经济法领域，尤其是世贸组织法领域的知识，补贴衡量、计算涉及经济学领域的知识，分析各国在环境、资源保护方面的政策措施涉及国际政治学领域的知识，可再生能源分类、能源转化原理、能源实践应用涉及自然学科的知识，因此本书的分析论证从多学科角度出发，在广泛搜集相关资料、知识的基础上，展开了交叉研究。

五、本书结构

本书从法学视角出发，聚焦可再生能源补贴法律问题，探讨了可再生能源及其补贴的价值、实施可再生能源补贴措施与贸易自由化的关系；分析了 WTO 框架下可再生能源补贴的相关制度，结合可再生能源补贴争端实践及 WTO 制度，归纳了 WTO 框架下可再生能源补贴合规论证所应遵循的逻辑思路；研究了区域贸易协定中可再生能源补贴相关制度，从诸边、双边层面为多边层面制度革新提供参考借鉴依据；讨论了可再生能源补贴专向性、不可诉补贴与可再生能源补贴的关系、可再生能源补贴与GATT1994第20条的关系等几个法律问题，就可再生能源补贴合规论证发展提出了建议；对标WTO既有规则体系及案例实践，审视了我国可再生能源补贴法律制度、政策措施的合规性，在结合他国立法、实践情况的基础上，审视国内可再生能源法律制度的体系性、科学性，为我国可再生能源补贴制度完善、可再生能源补贴问题的解决及可再生能源产业发展提出了建议。具体而言，本书由以下五章组成。

第一章　通过对可再生能源、可再生能源补贴概念的明确，分析了发展可再生能源、给予可再生能源补贴的必要性。在分析可再生能源面临的质疑、罗列可再生能源国际争端概况的基础上，展现当前可再生能源补贴的法律发展困境，为后续分析论证奠定了理论基础，提供了实践依据。

第二章　通过对WTO框架下可再生能源补贴制度依据的梳理，结合DSB可再生能源补贴争端实践，归纳了当前WTO框架下可再生能源补贴合规论证思路，并在把握可再生能源补贴争端实践发展特点的基础上，分析了WTO框架下可再生能源补贴的制度局限。

第三章　在非多边视角下，从诸边、双边层面归纳了区域贸易协定中可再生能源补贴相关制度内容，为多边层面可再生能源补贴制度发展提供了参考借鉴；分析了德国、美国、日本三个国家可再生能源补贴制度主要内容及其特点，在归纳制度发展趋势的基础上，为中国可再生能源补贴制度发展提供了内国法层面的参考借鉴。

第四章 在多边视角下，通过不可诉补贴制度革新和可再生能源补贴制度创新两个层面，为多边层面补贴制度革新提出了发展建议；在 GATT1994 第 20 条制度革新视角下，在多边补贴制度之外，为可再生能源补贴合规论证提供了发展思路。

第五章 对中国可再生能源补贴立法依据、政策依据进行了系统梳理，在归纳制度发展趋势的基础上，对既有制度问题进行了反思，并从推进中国可再生能源补贴制度的渐进式改革和助力国际可再生能源补贴制度的发展创新两个层面，分别提出了基本思路、具体做法和特别关注内容。

六、本书主要创新及不足

本书在法学视角下，聚焦可再生能源补贴法律问题这一问题，展开了系统论证、分析，主要具有以下几个创新点。

第一，系统梳理、分析了 WTO 框架下可再生能源补贴争端案件，案件分析涉及“加拿大-可再生能源案”之后的可再生能源补贴案件。本书采用了辩证唯物主义观点，一分为二地分析了 DSB 关于可再生能源补贴的论证逻辑，并认为该论证逻辑为非禁止性可再生能源补贴构建了暂时的绿色安全网；还在案例分析的基础上，归纳总结了可再生能源补贴争端实践发展特点，指出了 WTO 可再生能源补贴制度的局限所在。

第二，在区域贸易协定如火如荼发展的背景下，填补了学界对于 CPTPP、USMCA、EPA 可再生能源补贴制度研究的空白。本书在分析了区域贸易协定环境条款、非商业援助条款、补贴条款的基础上，归纳了区域贸易协定对 WTO 可再生能源补贴制度的改变，为多边层面可再生能源补贴制度发展变革提供了参考借鉴；就

EPA 中关于 GATT1994 第 20 条适用补贴制度的规定进行了分析，为在多边补贴制度之外，就可再生能源补贴开展合规论证提供了依据。

第三，在找出 WTO 框架下可再生能源补贴制度既有问题，分析借鉴诸边、双边层面既有经验的基础上，本书提出了多边层面的制度发展、变革思路。在既有多边补贴制度框架范围内，通过恢复、革新不可诉补贴制度，创新可再生能源补贴制度，提出了发展建议；在既有多边补贴制度框架范围之外，借鉴 EPA 制度经验，在 GATT1994 第 20 条制度革新视角下，就可再生能源补贴合规论证提出了发展建议。

第四，在分析典型发达国家可再生能源补贴制度发展脉络的同时，归纳了制度发展特点趋势，并结合中国可再生能源补贴制度，展开制度反思，找出了制度发展空间，并从中国可再生能源补贴制度的渐进式改革和国际可再生能源补贴制度的发展创新两个层面提出了建议。本书在展开内国法分析的时候，着重研究近三年内国法层面可再生能源补贴新近发展情况，弥补了既有研究对于内国法领域新近发展研究不足的情况。

当然，任何研究都难免存在一定不足，本书在以下几个方面还存在提升空间。

第一，本书主体内容在 2019 年年底前撰写完毕，无法预测全球新冠肺炎疫情蔓延对国际经济贸易、经济全球化造成的影响，新冠疫情背景下可再生能源补贴国际规则构建、国际合作开展的后续研究有待跟进。

第二，可再生能源补贴涉及法学、自然科学、经济学、国际政治学等多学科的知识，本书就法学学科之外理论分析的深度有待进一步提升。

第三，本书内国法领域的分析涉及非英语国家，受限于语言因素，对于非英语国家资料的搜集限于英语资料及翻译资料，未能直接阅读德文、日文文献，有所不足。

第一章　可再生能源补贴的法律发展困境

本章将以可再生能源、可再生能源补贴的概念演进为研究出发点，为开展可再生能源补贴法律问题的研究奠定理论基础，并将结合相关理论，论证发展可再生能源、给予可再生能源补贴必要性，从可再生能源补贴面临的质疑和遭遇的国际争端两个层面展现可再生能源补贴的法律发展困境。

第一节　可再生能源及其补贴的概念演进

对新能源、可再生能源、补贴、可再生能源补贴知识的科学认知是开展进一步研究的前提，本节将通过与新能源的比较，界定可再生能源的概念，通过对补贴、能源补贴概念的阐释，界定可再生能源补贴的概念，从基础理论层面明确本书的研究对象。

一、可再生能源的概念演进

基于气候变化逐渐成为焦点、能源需求与日俱增，能源供给越来越不稳定，能源价格剧增等事实，可再生能源发展成为重要产业和切实可行的替代能源。[①] 可再生能源的概念从何而来，经历了怎样的发展过程，哪些能源属于通常意义上的可再生能源，可再生能源呈现哪些主要特点，本部分将聚焦以上几个问题展开具体分析。

（一）可再生能源概念的产生

1. 并列使用的"新能源和可再生能源"概念

1978 年 12 月 20 日，在联合国第 33 届大会第 148 号决议中，将新能源和可再生能源用"New and Renewable Sources of Energy"一个词组加以表述，并将新能源和可再生能源的范围界定为：太阳能、地热能、风能、潮汐能、海洋波浪和温差能、生物质能转化、薪材、木炭、泥炭、牲畜能、油页岩、油砂、水能。[②] 1981 年 8 月 10 日至 21 日，联合国在肯尼亚首都内罗毕召开了"新能源和可再生能源大会"（The U. N. Conference on New and Renewable Sources of Energy），会议达成了《促进新能源和可再生能源开发利用的内罗毕行动纲领》[③]（Nairobi Programme of Action for the Development and Utilization of New and Renewable Sources of Energy，以下简称《内罗毕行动纲领》）。《内罗毕行动纲领》在表述"国际社会面临的主要挑战和机遇"时使用了"新能源和可再生能源"一词，[④] 还通过列举的方式指出"新能源和可再生能源"包括：水能、薪材和

---

① Lillian Wylie, Pascaline Winand ed., Energy and the Environmental Challenge: Lessons from the European Union and Australia, Peter Lang, 2011, p. 1.

② United Nations General Assembly Resolution 33/148 of 20 December 1978.

③ 该行动纲领的根本目的在于"帮助实现所有国家，特别是发展中国家的能源需求，推进能源转换（Energy Transition）领域的协同运作"。

④ 《内罗毕行动纲领》指出：国际社会面临的主要挑战和机遇是：通过符合各国需求和选择，且具备社会公平性、经济上、技术上可行、环境可持续的方式，实现有序、平稳的能源转换，即从当下国际经济以碳氢化合物为基础转换为更多的以新能源和可再生能源为基础。

木炭、生物质能(产出或转化)、太阳能、地热能、风能、油页岩和油砂、海洋能(包含温差能、波浪能、潮汐能)、牲畜能、泥炭。[1] 1992年,联合国环境与发展大会通过的《21 世纪议程》在谈及能源问题时,也将"新能源和可再生能源"并用,并在特别为本次大会召开而成立的开发利用新能源和可再生能源委员会的报告中指出:"新能源和可再生能源包括太阳能、太阳光伏能、风能、水能、生物质能、地热能、海洋能、牲畜能和人力"。[2] 1995 年 1 月,中国国家计委办公厅、国家科委办公厅、国家经贸委办公厅关于印发《新能源和可再生能源发展纲要》的通知也将新能源和可再生能源并列使用,指出"水能、生物质能资源、太阳能、风能、地热资源、海洋能源"是我国丰富的新能源和可再生能源。由此可见,在可再生能源概念产生之初,国际社会和我国都曾将"新能源和可再生能源"并列使用,但并未明确可再生能源概念,且在哪些能源属于"新能源和可再生能源"这一问题上也未形成统一观点。[3]

2. 单独使用的"可再生能源"概念

随着实践的发展,国际社会和我国对于可再生能源概念的表达,多以单独使用的方式加以呈现。国际能源署(International Energy Agency, IEA)认为:"可再生能源是源自于不断补充的自然过程,可再生能源的多种形式直接源自于太阳,又或是源自地球

---

① Report of the United Nations Conference on New and Renewable Sources of Energy, paras. 36—45.

② United Nations Conference on Environment & Development, Rio De Janerio, Brazil, 3 to 14 June 1992, Agenda 21, para. 9. 9, note1.

③ 《内罗毕行动纲领》与联合国 33/148 决议中表述的新能源和可再生能源的范围是一致的,只是罗列的先后顺序和具体的表达方式稍有不同;而《21 世纪议程》中表述的新能源和可再生能源的范围就明显不同了,并未将薪材、木炭、油页岩、油砂、泥炭列入其中,而增加了人力;我国《新能源和可再生能源发展纲要》中新能源和可再生能源的范围更加少。

深处产生的热能，可再生能源定义项下包括太阳、风、海洋、水、生物质、地热资源，以及可再生资源衍生出来的生物燃料、氢产生出的电和热。”[①]德国《可再生能源法》(The German Renewable Energy Act, EEG 2017 年修订)第三条规定：“可再生能源指的是包括波浪能、潮汐能、海洋浓度差能、海流能在内的水能，风能，太阳辐射能，地热能，沼气、生物甲烷、垃圾填埋气体、污水处理气体、源自家庭、工业的可被生物降解的垃圾产生的生物质能。”[②]《中华人民共和国可再生能源法》(2009 年修订)第二条对“可再生能源”做了如下界定：“本法所称可再生能源，是指风能、太阳能、水能、生物质能、地热能、海洋能等非化石能源。水力发电对本法的适用，由国务院能源主管部门规定，报国务院批准。通过低效率炉灶直接燃烧方式利用秸秆、薪柴、粪便等，不适用本法。”由此可见，当今国际社会和我国多将可再生能源单独使用，且倾向于通过“列举”的方式来阐释可再生能源的概念，就哪些能源属于可再生能源这一问题尚未完全达成一致。[③]

（二）可再生能源的主要类型

结合前文分析，当今国际社会虽就那些能源属于可再生能源尚未完全达成一致，但就“太阳能、风能、水能、生物质能、地热能和海洋能”属于可再生能源并无争议，因此，本部分将聚焦以上六种类型可再生能源，为归纳可再生能源特点、概念，总结可再生能源概念演进趋势提供依据和思路。

---

① International Energy Agency Renewable Energy Working Party, Renewable Energy... into the Mainstream (October 2002), p. 9.

② Section 3 of Renewable Energy Sources Act (EEG2017).

③ 国际能源署所指的可再生能源，相比德国、中国法律所指的可再生能源，还包括氢能(Hydrogen Energy)；德国《可再生能源法》(EEG，2017 年修订)和《中华人民共和国可再生能源法》(2009 年修订)相比，将水能和海洋能合并规定。

1. 太阳能

每一秒钟，太阳都会把超过 400 万吨自身物质（主要是氢和氦）转化为能量，向各个方向产生中微子和太阳辐射。① 《辞海》和《能源辞典》都将太阳能定义为“来自太阳的电磁辐射能量”。② 每年投射到地球表面的太阳能，相当于 130 万亿吨标准煤的发热量，是一种无污染的再生能源。③ 国际能源署认为，太阳能是将太阳光转化为可用能源的形式，太阳能光伏发电、太阳能热电、太阳能加热和制冷都是已经形成的较好的太阳能技术。④ 太阳能比较好地遍布全球，为人类提供了清洁、气候友好、非常丰富且取之不尽的能源。⑤ 但太阳能能量密度低，⑥太阳辐射具有波动性和分散性，⑦转换效率、转换成本、能量储存等因素都影响了太阳能的开发利用。

2. 风能

由于太阳辐射造成地球表面各部分受热不均匀，引起大气层中压力分布不平衡，在水平气压梯度的作用下，空气沿水平方向运

---

① International Energy Agency, Solar Energy Perspectives (2011), p. 31.

② 辞海编辑委员会编纂：《辞海》（第六版，彩图本），上海辞书出版社 2009 年版，第 2201 页；程惠尔主编：《能源辞典》，化学工业出版社 2011 年版，第 425 页。

③ 辞海编辑委员会编纂：《辞海》（第六版，彩图本），上海辞书出版社 2009 年版，第 2201 页。

④ International Energy Agency, Solar, at http://www. iea. org/topics/renewables/solar/, Jan. 29,2018.

⑤ International Energy Agency, Solar Energy Perspectives (2011), p. 19.

⑥ 阳光在照射地球表面的时候被地球大气层所削弱，抵达地球表面的阳光已经减少，在大气清澈且太阳接近天顶的条件也只有 1000 W/m^2, International Energy Agency, Solar Energy Perspectives (2011), p. 31。

⑦ 地球表面接受到的太阳能随季节、昼夜、天气条件而变，单位时间单位地球表面积接受到的能量较少，程惠尔主编：《能源辞典》，化学工业出版社 2011 年版，第 426 页。

动形成风，风能是空气流动产生的动能，通过风力机将风的动能转化成机械能、电能和热能等。① 风能既不直接排放温室气体，也不排放其他污染物（例如硫和氮的氧化物），还不消耗水，②属于清洁能源，包括陆上风能和海上风能两种形式，具备能量大、分布广、可再生等特点，风能的能源优点显著。截止 2017 年年底，全球已有 90 多个国家开发了风电。③ 公众倾向于投资风能产业，风能是目前最廉价的电力来源之一，不仅具有价格优势，其储量也是十分丰富。④ 然而，基于风力产生受自然条件影响，因此风能获得具有能量密度低、不稳定、不可预测性的特点，此外，风力发电场的设立可能影响景观、带来噪音，风塔叶片旋转也会产生误杀鸟类的小概率事件。⑤

3. 水能

水能是自然界天然水体由于重力作用而具有的做功能力，水能是一种成熟且具有价格竞争力的可再生能源，⑥水利发电是开发利用水能的主要方式。广义的水能包括江、河、湖、海中水体的能源资源，狭义的水能不包括海水能资源。水能为实现当下的混合发电发挥了重要作用，贡献了世界范围内 16%以上的发电量，

---

① 《中国大百科全书》第二版总编辑委员会：《中国大百科全书（第二版精粹本）上》，中国大百科全书出版社 2013 年版，第 395 页。

② International Energy Agency, Technology Roadmap: Wind Energy (2013 edition), p. 7.

③ 国家可再生能源中心、国家发展和改革委员会能源研究所可再生能源发展中心编著：《国际可再生能源发展报告 2018》，中国环境出版社 2018 年版，第 31 页。

④ Kristin Shrader-Frechette, What will Work: Fighting Climate Change with Renewable Energy, Not Nuclear Power, Oxford University Press, 2011, pp. 192 and 195.

⑤ Yazid Al-Rubyli, Renewable Energy Types, Sources & Benefits, Drawbacks, Lulu com, 2013, p. 7.

⑥ 辞海编辑委员会编纂：《辞海》（第六版，彩图本），上海辞书出版社 2009 年版，第 2115 页。

在可再生能源发电量中占比 85%。[①] 然而，水力发电厂运行成本低，可保护终端用户免收化石燃料价格波动的影响，但水力发电潜在的延长技术寿命带来了沉重的初始投资成本；[②]水能开发利用受地理地貌和水文条件等因素影响较大，当今世界继续增加水电规模的能力十分有限。[③]

4. 生物质能

生物质能是指生物直接或间接提供的各种能源或动力，[④]具体来说，是绿色植物通过叶绿素将太阳能转化为化学能，储存在生物质内部的能量，通常包括木材及森林工业废弃物、农业废弃物、水生植物、油料植物、城市和工业有机废弃物、动物粪便。[⑤] 千年来，通过燃烧收获的有机物质——生物质(Biomass)，满足了大多数人类的能源需求，现代科技可以把有机物质转化为固体、液体、气体形态，进而更有效地满足能源需求、代替化石燃料，经过一些步骤、过程，把生物质能原料转化为产品，这些产品可被用于发电、制热和运输。[⑥] 生物质能具备环境友好和再生永续双重属性，相比化石能源来说，生物质资源丰富且分布广泛。[⑦] 生物质能的增长需要依靠多种技术的结合，展现生物质能长期的潜质也依赖于

---

① International Energy Agency, Technology Roadmap: Hydropower (2012), p. 7.

② International Energy Agency, Technology Roadmap: Hydropower (2012), p. 8.

③ [美]戴维·古德斯坦、迈克尔·英特里利盖托著:《气候变化与能源问题——从自然科学与经济学视角》，王海林译，东北财经大学出版社 2018 年版，第 77 页。

④ 辞海编辑委员会编纂:《辞海》(第六版，彩图本)，上海辞书出版社 2009 年版，第 2024 页。

⑤ 程惠尔主编:《能源辞典》，化学工业出版社 2011 年版，第 388 页。

⑥ International Energy Agency, Technology Roadmap: Delivering Sustainable Bioenergy, p. 10. 比如沼气发电、生物质供热、生物质液体燃料(燃料乙醇、生物柴油)作为运输燃料。

⑦ 朱立志、刘静等著:《中国农村能源消费问题研究》，中国农业科学技术出版社 2011 年版，第 213—214 页。

一系列尚未完全成熟和商业化的新科技，[①]也就是说，现代生物质能的开发利用区别于传统的简单燃烧，且能量转化技术的进步发展是生物质能发展的重要因素。

5. 海洋能

海洋能通常是指蕴藏在海洋中的可再生能源，包括潮汐能、波浪能、潮流能(海流能)、温差能和盐差能等，[②]表现为海洋热能和海洋机械能两种形态。以温差能为例，海洋热能转换(The Ocean Thermal Energy Conversion，OTEC)的过程利用温差来实现热机运转，以产生电力。[③] 海洋能蕴藏量巨大，但能流密度小，能量转换装置庞大、复杂、投资大。[④] 目前海洋能技术的发展水平差异显著，潮汐能发电技术较成熟，潮流能(海流能)、波浪能发电技术创新研发活跃，温差能、盐差能仍处于理论研究和初试阶段，[⑤]预计在未来10年，只有取得重大技术突破，海洋能的竞争力才能凸显。[⑥]

6. 地热能

地热能是指地球地表内的岩石、热水和蒸汽中的可用热能，[⑦]

---

① International Energy Agency，Technology Roadmap：Delivering Sustainable Bioenergy，p. 7.

② 罗续业、夏登文主编：《海洋可再生能源开发利用战略研究报告》，海洋出版社2014年版，第3页。

③ William H. Avery，Chih Wu，Renewable Energy form the Ocean：A Guide to OTEC，Oxford University Press，1994，p. 1.

④ 辞海编辑委员会编纂：《辞海》(第六版，彩图本)，上海辞书出版社2009年版，第836页。

⑤ 国家可再生能源中心、国家发展和改革委员会能源研究所可再生能源发展中心编著：《国际可再生能源发展报告2018》，中国环境出版社2018年版，第96页。

⑥ 罗续业、夏登文主编：《海洋可再生能源开发利用战略研究报告》，海洋出版社2014年版，第40页。

⑦ 程惠尔主编：《能源辞典》，化学工业出版社2011年版，第80页。

其能量来源自地球内部。地热技术通过可再生能源(地热能)来发电、制热、制冷,同时排放出极少的温室气体。[①] 地热能热利用,包括直接热利用、地源热泵是目前地热能开发利用的主要方式,地热发电也保持平稳地增长。[②] 受限于技术上的原因,目前尚不能大规模廉价获取地热能,[③]在地底施工不仅昂贵,而且要克服地底高温,总体来说,地热能技术开发成本仍然较高,[④]然而,地热能有潜力依托先进技术的发展在全球范围内做出更重大的贡献。[⑤]

(三) 可再生能源的概念界定

结合可再生能源概念产生、可再生能源主要类型的分析,可以发现可再生能源和新能源有着千丝万缕的联系,本部分将在和新能源比较的基础上,总结可再生能源的特点,进而对可再生能源的概念进行界定。

理论界对新能源的内涵和外延还没有形成统一的认识,通常可以从广义、中义、狭义三个层面来加以理解。[⑥] 广义新能源主要包涵以下几个方面:高效利用能源;资源综合利用;可再生能源;代

① International Energy Agency, Technology Roadmap: Geothermal Heat and Power, p. 6.

② 国家可再生能源中心、国家发展和改革委员会能源研究所可再生能源发展中心编著:《国际可再生能源发展报告 2018》,中国环境出版社 2018 年版,第 88—91 页。地源热泵可以用来供暖或制冷,也能和热电联产电厂联合使用,应用潜力巨大,在过去 5 年间的平均年增长率达到 20%。

③ 程惠尔主编:《能源辞典》,化学工业出版社 2011 年版,第 80 页。

④ 国家可再生能源中心、国家发展和改革委员会能源研究所可再生能源发展中心编著:《国际可再生能源发展报告 2018》,中国环境出版社 2018 年版,第 92 页。

⑤ International Energy Agency, Technology Roadmap: Geothermal Heat and Power, p. 7.

⑥ 李艳芳等著:《新能源与可再生能源法律与政策研究》,经济科学出版社 2015 年版,第 3—4 页。

替能源；核能；节能。[①] 狭义的新能源有的被解释为“局限在可再生能源技术之中”，[②]有的被解释为“含氢能、天然气水合物、核聚变等研发尚未形成现实生产力的能源”。[③] 中义上的新能源被解释为“在新技术基础上开发利用的非常规能源，包括风能、太阳能、海洋能、地热能、生物质能、氢能、核聚变能、天然气水合物等”。[④]笔者也认为中义上的新能源相对更加科学，[⑤]包含可再生能源中的除了水能以外的其他五种能源和氢能、天然气水合物、核聚变、页岩气等研发尚未形成现实生产力的能源。笔者认为，中义上的新能源和通常意义上的可再生能源(包括前文六种主要类型)的关系可以在下图中得以说明。

能源分类示意图

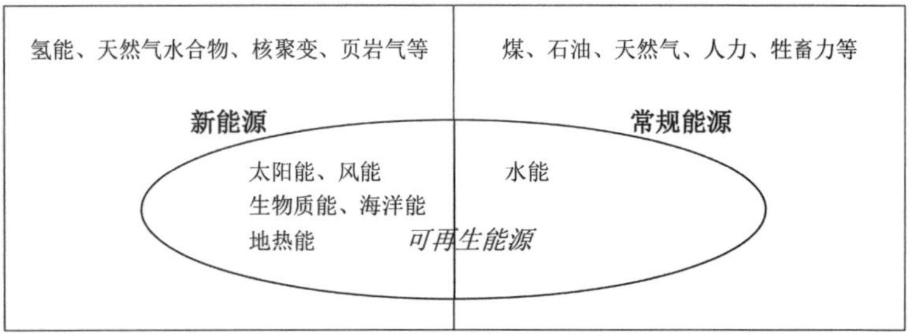

① 韩晓平:《关于“新能源”的定义》，载《节能与环保》2007年第6期，第22页。韩晓平还认为，广义新能源的“新”不仅区别于工业化时代的以化石燃料为主的能源利用形态，而且区别于旧式的只强调转换端效率，不注重能源需求侧的综合利用效率；只强调企业自身经济效益，不注重资源、环境代价的旧的传统能源利用思维模式。

② 韩晓平:《关于“新能源”的定义》，载《节能与环保》2007年第6期，第22页。

③ 江泽民:《对中国能源问题的思考》，载《上海交通大学学报》2008年第3期，第354页。

④ 参见《中华人民共和国能源法(讨论稿)》，2009年11月10日—11日由国务院法制办公室举行的“中欧能源法国际研讨会会议资料”，转引自李艳芳等著:《新能源与可再生能源法律与政策研究》，经济科学出版社2015年版，第4页。

⑤ 笔者同意李艳芳等著:《新能源与可再生能源法律与政策研究》中关于“中义上的新能源概念”。

结合上图，首先，由前文可知，国际社会在一段时间内曾将新能源和可再生能源并用，但具体而言，新能源和常规能源相对，又和可再生能源存在交叉，两者并非一个概念，存在区别。其次，可再生能源中的大部分能源是新能源的重要组成部分，也是新能源中目前被较多开发、利用和易于“在较短时间内进行商业化利用的”；①相比化石能源，新能源和可再生能源都具备环保、清洁、低碳的特点。再次，要用发展的眼光来看待新能源和可再生能源，结合前文可知，国际组织在上个世纪 70 年代末对新能源和可再生能源范围界定的部分能源，如“薪材、木炭、泥炭、牲畜能、油砂”目前就很少再被学界表述为新能源和可再生能源，而“氢能、天然气水合物、核聚变、页岩气”等出现在新能源之列，也就是说，随着技术的发展，新能源可能发展成为常规能源，新能源和可再生能源的范围会随着科技的发展和产业的推广而产生变化。

结合前文对可再生能源主要类型的分析，以及与新能源的比较可以发现，可再生能源具有以下几个主要特点。第一，可再生能源最显著的特点即“可再生性”。根据《辞海》中能源的分类标准，可再生能源与不可再生能源相对应。② 可再生能源取之不尽、用之不竭，国际社会开发、利用可再生能源的原因之一就是应对化石能源有限、不可再生带来的能源危机，因此，可再生能源具有可再生性、可持续发展性特点。第二，可再生能源具有“环境友好性”。与化石能源开发使用对环境的污染和资源的破坏相比，环境污染物排放为零或极低，较少或不排放温室气体，环保、低碳效果显著，

① 李艳芳等著：《新能源与可再生能源法律与政策研究》，经济科学出版社 2015 年版，第 10 页。

② 辞海编辑委员会编纂：《辞海》(第六版，彩图本)，上海辞书出版社 2009 年版，第 1653 页。

开发使用对环境和资源的影响相对较少，可再生能源清洁、低碳、环保特征显著。① 可再生能源的使用与新能源中的核能的使用相比，无论对于一国还是全球来说，都更具环境安全性。② 因此可再生能源属于“环境友好型”资源。第三，可再生能源能量密度低、趋于分散且不稳定。例如，太阳能、风能的能量密度低、分散，对开发设备、储能设备的技术性能、占地面积都提出了很高的要求；又如，太阳能、风能、海洋能受季节、温度等因素的影响，变动性很大，稳定性不够，发电存在间歇性和不连续性的特点。因此，可再生能源电力产品的品质要劣于常规能源发电，不利于保证既有电网的稳定性和安全性。③ 可再生能源能量密度低、分散、不稳定导致可再生能源开发利用难度相对较大，也提高了可再生能源产业发展的前期投入成本，对可再生能源的开发利用，特别是大面积推广和产业化、规模化发展带来了挑战。第四，可再生能源的开发使用与现代科学技术的进步紧密相连。可再生能源的开发使用比如风能发电、地热能发电区别于利用风能驾驶船舶取得动能、利用地热能温泉养生的传统使用方式，需要通过现代科技实现能量转化、能量输送和能量储存。可再生能源相对于化石能源处于初期发展阶段，因此可再生能源技术进步潜力仍然十分巨大。④ 可再生能源的开发、使用、推广对科学技术进步的依赖程度高，科学技术的进步对

---

① 2006 年权威的斯特恩报告《气候变化经济学》阐述了气候变化对全球经济产生的严重不良后果，大力主张发展新能源技术来应对气候变化。

② Kristin Shrader-Frechette, What will Work: Fighting Climate Change with Renewable Energy, Not Nuclear Power, Oxford University Press, 2011, pp. 205—211.

③ 吕晓杰：《可再生能源政策与 WTO 补贴制度的相符性分析——以加拿大可再生能源案为中心的考察》，载《江汉论坛》2016 年第 8 期，第 97 页。

④ 国务院发展研究中心、壳牌国际有限公司著：《全球能源转型背景下的中国能源革命》，中国发展出版社 2019 年版，第 278 页。

可再生能源的开发、使用成本的降低，以及可再生能源产业化、规模化发展起到了决定性作用。

结合可再生能源概念产生、主要类型分析、特点归纳，参照我国立法实际，笔者采用“一般条款式＋列举式”的综合定义模式，将可再生能源的概念界定为：可再生能源是一种源自于不断补充的自然过程，通过现代科学技术从自然界获取并不断补充的清洁性能源资源，可再生能源的多种形式直接源自于太阳，又或是源自地球深处产生的热能，对环境无害或危害很小，目前通常意义上包括太阳能、风能、水能、生物质能、海洋能、地热能等非化石能源。[①]

二、可再生能源补贴的概念演进

保护环境避免气候变化，以及降低对化石燃料的依赖以实现能源供给安全，这两个原因促使很多政策落地、支持可再生能源。[②] 但是，在国际贸易法领域和各国的内国法中，并未就可再生能源补贴的概念作出明确界定，结合本书的研究范围和对象，本部分将在国际贸易法的范畴下，从补贴概念、能源补贴概念分析出发，界定可再生能源补贴的概念。

（一）补贴的概念

不同学科对补贴概念的阐释角度不尽相同，因“补贴”一词较多地被应用到国家贸易政策和财政政策中，也经常作为经济学上

---

① 国际能源署和部分学者，如 Yazid Al-Rubyli，认为氢能也属于可再生能源，有鉴于氢能在氢气的制备、储运、安全性等技术上还相对不成熟，参照德国立法和我国立法实际，笔者未将氢能纳入可再生能源范畴。

② Fátima Ramírez Carmona，The Feed-in Tariffs Entanglement：A Comparative Study of the Analytical Approaches Followed by the EU and WTO Judiciary Bodies regarding Renewable Energy Subsidies，Legal Issues of Economic Integration，Vol. 43，2016，p. 201.

的术语出现。1776年亚当·斯密在《国富论》中表述:“在大不列颠,常常有人请求对某些国内产业的产品发放出口奖金,并且政府有时也确实发放了这种奖金,人们认为,有了出口奖金,我国商人和制造商在国外市场上就可以与竞争者同样低廉或更低廉的价格出售货物。”①这段话中详细表述了当时英国对出口实行的官方财政支持措施——“出口补贴”,也部分阐释了补贴政府调节经济、促进出口、协助产业发展的正向作用。国际补贴、反补贴与美国内国立法、实践密切相连,1979年之前,美国立法和实践中一直用《1879年关税法》“奖励或补助”(Bounty or Grant)来表述补贴。《布莱克法律字典》将补贴诠释为:“通常指由政府向企业给予的补助,其目的是为公共谋利益,虽然政府有时会给予诸如现金补助的直接补贴,但补贴通常是间接的,表现为研发支持、税收减免、低于市场价格提供全材料、政府机构担保的低息贷款或低息出口信贷。”②

虽然如何实施补贴是一国的经济主权,然而补贴具有双重性质,③从国际贸易角度来分析,部分补贴会产生影响国际贸易的正常流向、扭曲国际社会资源分配、破坏国际公平贸易秩序的恶果,有鉴于此,国际社会一直在构建补贴法律制度体系。1947年订立GATT时,各缔约方就在GATT1947第6条和第16条中就补贴问题做了原则性规定,东京回合谈判更是将补贴问题列为了重点议题之一。然而,GATT1947以及东京回合都没有对补贴下一个

---

① [英]亚当·斯密著:《国富论》,孙善春、李春长译,中国华侨出版社2010年版,第167页。

② Bryan A. Garner, Black's Law Dictionary, 11th ed., Thomson Reuters West, 2019, p. 1728.

③ 黄东黎、何力著:《反补贴法与国际贸易——以WTO主要成员方为例》,社会科学文献出版社2013年版,第27页。

较为明确的法律定义，各国对补贴的内涵与外延予以不同的理解，造成了补贴法律概念的不确定。[①] 经过努力，乌拉圭回合谈判达成的 SCM 协定在东京回合的基础上又更进一步，各成员方对法律意义上的补贴形成了较为统一的认识。[②]

SCM 协定第 1. 1 条规定："就本协议而言，如果出现以下情况，补贴应被认定存在：

(a)(1)在某一成员方(在本协议中称"政府")领土内，存在由政府或任何公共机构提供的财政资助，即

(i) 政府行为涉及资金的直接转移(如赠与、贷款和投股)、潜在的资金或债务的直接转移(如贷款担保)；

(ii) 放弃或不征收在其他情况下应予以征收的政府收入(如税收抵免之类的财政鼓励)；

(iii) 政府提供的一般基础设施外的货物或服务，或购买货物；

(iv) 政府向筹资机构支付款项，或委托或指示私营机构行使以上(i)到(iii)项列举的一种或多种通常应属于政府的职能，而且这种做法与政府通常采取的做法没有实质上的差别；或

(a)(2)存在 GATT1994 第 16 条含义下任何形式的收入支持或价格支持；以及

(b) 因此而授予的某项利益。"

SCM 协定第 1. 2 条规定："上述第 1 款定义的补贴应当遵守第二部分(禁止性补贴)的规定，或只有在根据第 2 条的规定该项

---

① 曹建明、贺小勇著：《世界贸易组织》(第三版)，法律出版社 2011 年版，第 171 页。

② 王传丽编著：《补贴与反补贴措施协定条文释义》，湖南科学技术出版社 2006 年版，第 14 页。

补贴具有专向性时，才应遵守第三部分（可诉性补贴）或第五部分（反补贴措施）的规定。”①

结合 SCM 协定第 1 条可以发现，受 SCM 协定规制的补贴必须具备以下几个条件：第一，补贴是一种广义上的政府行为。补贴的提供者既可以是中央、地方政府、任何公共机构，也可以是接受政府委托或指示，行使政府职能的私营机构。第二，补贴是财政行为，主要形式包括财政资助、收入或价格支持。财政资助包括 SCM 协定第 1 条(a)(1)项下列举的四种财政资助形式及 GATT1994 第 16 条意义上的任何形式的收入或价格支持。第三，补贴存在“利益”的授予。没有“利益”的授予，就没有补贴，一般认为“利益”是基于补贴而产生的，使被补贴方在竞争中处于优势地位。第四，补贴须具有专向性。与普遍性补贴相比，专向性补贴扭曲了市场对资源的有效配置，会造成国际贸易中的不公平竞争，根据 SCM 协定第 1.2 条，只有具备专向性的补贴才能被采取反补贴措施。

结合 SCM 协定条文及分析，笔者将 SCM 协定含义下补贴概念归纳为：在某一成员方的领土内，由政府、任何公共机构、或受政府委托或指示的私营机构提供的财政资助或采取 GATT1994 第 16 条意义上的任何形式的收入或价格支持，并使接受者获得利益授予的措施。

（二）能源补贴的概念

能源补贴一直用来帮助促进、支持和扩充能源资源，几乎所有的能源都获得了一定程度的补贴。② 根据国际经合组织（OECD）对补

① Article 1 of Agreement on Subsidies and Countervailing Measures (SCM Agreement).

② ［美］克劳斯·博塞尔曼等主编：《可持续发展的法律和政治》，王曦、卢锟等译，上海交通大学出版社 2017 年版，第 167 页。

贴概念的界定,可以将能源补贴概念界定为:为消费者将能源价格保持在市场水平以下,或为生产者将能源价格保持在市场水平以上,或将生产者和消费者的成本同时降低的任何措施。① 美国能源信息管理局(US Energy Information Administration)将能源补贴概念界定为:旨在影响能源市场结果的任何政府行为,无论是通过经济刺激、规章制度、研究开发或公共企业来实现。② 国际能源署将能源补贴概念界定为:主要针对能源行业,用以降低能源生产的成本、提高能源生产者接收的价格或降低能源消费者支付的价格的任何政府行为。③ 国际经合组织认为,能源补贴的狭义概念,也可能是最常见的概念是:政府给予能源生产者或消费者的直接现金支付,以刺激生产或使用某种燃料或某种形式的能源;能源补贴更广义的概念是:对能源价格或成本造成直接或间接影响的任何政府干预措施。④

结合以上概念分析可见,虽然国际社会并没能就能源补贴形成统一的概念,但大致可以明确:第一,能源补贴大多由政府提供;第二,能源补贴至少出现于生产环节和消费环节;第三,能源补贴可以使生产者和/或消费者获得比市场价格更优惠的待遇,这种优惠待遇可以是生产者降低生产成本,也可以是生产者获得更高生

---

① OECD Sustainable Development Studies, Subsidy Reform and Sustainable Development: Economics, Environmental and Social Aspects, p. 7. According to one OECD definition, "A subsidy is a measure that keeps prices for consumers below market levels, or keeps prices for producers above market levels or that reduces costs for both producers and consumers by giving direct or indirect support".

② United Nations Environment Programme, Reforming Energy Subsidies: Opportunities to Contribute to the Climate Change Agenda, p. 8.

③ International Energy Agency, World Energy Outlook 1999: Looking at Energy Subsidies: Getting the Price Right, p. 43.

④ United Nations Environment Programme, Reforming Energy Subsidies: Opportunities to Contribute to the Climate Change Agenda, p. 8.

产利润，还可以是消费者降低消费成本。

能源补贴有许多不同的形式，联合国环境规划署(United Nations Environment Programme，UNEP)曾就能源补贴的主要类型进行了梳理，具体见下表。

能源补贴的主要类型①

政府干预	举例	补贴通常是如何运作的？		
		降低生产成本	为生产者提高价格	为消费者降低价格
直接财政转移	对生产者的赠款	●		
	对消费者的赠款			●
	低利率或优惠性贷款	●		
优惠性税收待遇	特许权使用费、销售税、生产者税和关税的退回或免除	●		
	税收抵免	●		●
	对能源供应设备的加速折旧补助	●		
贸易限制	配额、技术限制和贸易禁运		●	
政府直接提供的与能源相关服务，费用低于全部成本	对能源基础设施的直接投资	●		
	公共研发	●		
	责任保险和设施退役费用	●		
能源行业的管理	需求保障和强制使用率	●	●	
	价格控制		●	●
	市场准入限制		●	

① United Nations Environment Programme，Reforming Energy Subsidies：Opportunities to Contribute to the Climate Change Agenda，p. 9.

根据上表可以发现，第一，联合国环境规划署所做的分类不仅仅包括狭义能源补贴的"直接现金支付"，而是从较为广义的角度对能源补贴进行了分类。第二，表中使用了"政府干预"的表述方式，可见能源补贴的实施者以政府为主，可以归结为政府行为。第三，有些能源补贴对成本或价格产生直接影响，例如赠款和免税；有些能源补贴对成本或价格产生间接影响，例如使市场偏向某一种特殊燃料的法规、政府资助科技研发的法规。① 第四，能源补贴既包括积极的给付型补贴，也包括优惠性税收待遇的减免型补贴，从正、反两个层面丰富了补贴的类型。第五，能源补贴给予的对象十分广泛，涵盖生产者、消费者、能源供应设备、能源基础设施、研发技术、能源产品等。第六，能源补贴包括贸易限制这类政府干预措施，因此能源补贴不仅仅是国内措施，还可能因"贸易限制"的实施而引发能源补贴国际争端，应当从国际、国内两个层面来审视能源补贴。

（三）可再生能源补贴的概念

结合前文补贴、能源补贴的概念分析，不难粗略得出可再生能源补贴的概念。有鉴于 WTO 广阔的成员覆盖面、详实的补贴规则、多年的争端实践，②笔者在界定可再生能能源补贴概念时，认为有必要结合 SCM 协定的补贴概念及构成要件加以分析，其中需要特别明确：

---

① United Nations Environment Programme, Reforming Energy Subsidies: Opportunities to Contribute to the Climate Change Agenda, p. 9.

② WTO 成员方覆盖了全球绝大部分的国家、地区；相比新近达成的区域贸易协定而言，补贴规则更为详实（具体将在后文区域贸易协定补贴规则中加以论证）；被约翰·H·杰克逊（John H. Jackson）誉为"皇冠上明珠"的 WTO 争端解决机制（DSB），虽然因为美国阻扰上诉机构成员遴选而遭遇了巨大挫折，然而多年来 DSB 积累的案例分析、规则解析对于国际贸易领域补贴规则的发展还是具有借鉴、指导意义。

第一，可再生能源补贴的授予主体主要是具有公权力的政府，由政府加以干预或实施，具体包括中央政府、地方政府；同时，结合SCM协定中补贴的概念，可再生能源补贴的主体还应当包括接受政府委托或指示，行使政府职能的私营机构，也就是说，要具体审视可再生能源补贴的授予主体是否是政府或实质上行使了政府的职权。

第二，简而言之，可再生能源补贴的对象是可再生能源，但开发、利用可再生能源必须依托具体对象，因此可再生能源补贴的对象具体来说既包括生产者、消费者等开发、使用、推广人，也包括可再生能源设备设施（能源供应设备、能源基础设施）、可再生能源技术（研发技术）、可再生能源产品等实际载体。

综上，笔者从广义角度将可再生能源补贴的概念界定为：在任一成员方的领土内，由政府、任何公共机构、或受政府委托或指示的私营机构向开发、经营、推广、使用可再生能源的自然人、法人、其他组织或对可再生能源设备设施、技术开发、产品等直接或间接提供的各种类型的财政资助或支持，并使接受者获得比市场价格更优惠的待遇的措施。

广义可再生能源补贴的实施方式多种多样，从不同角度、按照不同标准对可再生能源补贴的分类可以深化对可再生能源补贴概念的理解。

能源补贴包括给付型补贴和减免型补贴，同样的，可再生能源作为能源补贴的一种，也可以做这样的分类。美国政府将税收刺激作为一种鼓励可再生能源投资的重要手段，[①]例如美国政府创

---

① Virginia R. Hildreth, Renewable Energy Subsidies and the GATT, Chicago Journal of International Law, Vol. 14, 2014, p. 708.

设的“生产税抵免”(Production Tax Credit, PTC)属于减免型补贴。

目前,通常意义上的可再生能源涵盖太阳能、风能、水能、生物质能、海洋能、地热能等形式的能源,倘若补贴措施仅仅针对一种类型可再生能源,则可以根据具体补贴的可再生能源种类来加以分类,如太阳能补贴、风能补贴。如日本政府启动的 1974 年“阳光计划”(Sunshine Project)和 1993 年“新阳光计划”(New Sunshine Project),聚焦太阳能的开发利用。①

可再生能源补贴的具体对象众多,由此可以分为可再生能源生产者补贴、可再生能源消费者补贴、可再生能源设备设施补贴、可再生能源技术补贴、可再生能源产品补贴等。如英国政府 2009 年正式出台的《低碳转型计划》国家战略文件中,引入了“清洁能源现金返还”方案,对使用清洁能源的居民、商户、社区给予现金回馈,此类补贴就属于典型的消费者补贴措施。②

沿着产业链脉络,可以将可再生能源补贴分为可再生能源投资补贴、可再生能源生产补贴、可再生能源销售补贴,其中可再生能源投资补贴主要包括可再生能源供应设备补贴、可再生能源基础设施采购建设补贴和技术研发补贴等;可再生能源生产补贴可以针对可再生能源生产商,也可以针对可再生能源产品;可再生能源销售补贴可以针对可再生能源生产商,也可以针对可再生能源消费者。例如美国政府创设的“投资税抵免”(Investment Tax Credit, ITC)属于投资补贴,能够通过税收抵免在一定程度上降低

① 曹新、陈剑、刘永生著:《可再生能源补贴问题研究》,中国社会科学出版社 2016 年版,第 50 页。

② 杨泽伟主编:《从产业到革命:发达国家新能源法律政策与中国的战略选择》,武汉大学出版社 2015 年版,第 95 页、第 98 页。

这些项目的成本，该补贴是基于可再生或者可持续发展能源设施或这种设施的所有权成本而非能源产品本身。①

根据补贴对国际贸易影响的不同，结合 SCM 协定下补贴的分类方式，可以将可再生能源补贴分为禁止性补贴、可诉补贴、不可诉补贴，②该分类对于在 WTO 框架下判定可再生能源补贴的合规性十分重要，具体将在后文加以展开。

第二节 可再生能源补贴的法律争议

本章第一节从可再生能源及其补贴概念演进的角度实现了对可再生能源及其补贴的科学认知。本节将在对发展可再生能源、给予可再生能源补贴必要性分析的基础上，梳理可再生能源补贴面临的质疑和遭遇的国际争端，展现实践中可再生能源补贴法律争议的基本态势。

一、发展可再生能源的必要性

本章第一节界定了可再生能源的概念、特点，本部分将在对比化石能源使用情况的基础上，分析发展可再生能源的必要性。

（一）基于可再生能源环境气候价值的论证

18 世纪煤炭得到迅速推广使用，1859 年出现了商业石油，20 世纪 20 年代早期又出现了管道天然气，化石能源使得瓦特的蒸汽机、工业革命、城市发展和网络时代成为可能，推动了人类社会进

---

① [美]克劳斯·博塞尔曼等主编：《可持续发展的法律和政治》，王曦、卢锟等译，上海交通大学出版社 2017 年版，第 168 页。

② 虽然不可诉补贴已经于 2000 年失效，但笔者认为该类型补贴仍有现实意义，故在此处列入，具体意义将在下文中加以分析。

入现代文明。[①] 煤炭和石油助力很多国家的经济增长，但是它们在电厂、工业设施和车辆中的持续燃烧使用是造成室外污染的主要原因，由此导致每年约 300 万人早亡，[②]1952 年伦敦烟雾事件、[③]2013 年以来中国大部分地区出现的高强度、大面积雾霾现象，[④]都是化石能源粗放式开发使用带来的环境污染问题。全球燃料燃烧排放的二氧化硫，约有 60%源自煤炭燃烧，而二氧化硫正是引发呼吸系统疾病和导致酸雨的元凶。[⑤] 此外，高强度的煤炭资源开发会严重破坏矿区及周边地区生态环境，造成"采空区"和"水土流失"；石油天然气资源开发消耗大量水资源，降低地下含水层水位从而导致水循环失衡。[⑥]

化石能源在造成环境污染的同时，也因为其高排放的特质在影响着气候的变化。能源部门产生的温室气体排放量约占所有人为温室气体排放量的三分之二，而且能源部门二氧化碳排放量在过去一个世纪中上升到了更高的水平。[⑦] 化石燃料持续满足 80%

---

① ［美］卢安武、洛基山研究所著：《重塑能源》，秦海岩、鉴衡认证中心译，湖南科学技术出版社 2015 年版，第 4 页。

② International Energy Agency, World Energy Outlook Special Report: Energy and Air Pollution, p. 13.

③ 1952 年 12 月 5 日到 9 日，英国首都伦敦上空受反气旋影响，大量工厂生产和居民燃煤取暖排放的废气难以扩散，导致交通瘫痪、居民健康受到严重损害的事件，大雾期间丧生者达到 5000 多人，其后两个月内有 8000 多人相继死亡，被誉为 20 世纪十大环境公害事件之一，一般称为 Great Smog of 1952 或 Big Smoke。

④ 王仲颖、单国瑞(Kaare Sandholt)等著：《中国可再生能源展望 2016》，科学出版社 2017 年版，第 8 页。

⑤ International Energy Agency, World Energy Outlook Special Report: Energy and Air Pollution, p. 13.

⑥ 王仲颖、单国瑞(Kaare Sandholt)等著：《中国可再生能源展望 2016》，科学出版社 2017 年版，第 8 页。

⑦ International Energy Agency, World Energy Outlook Special Report: Energy and Climate Change, p. 20.

以上的初级能源总需求量，90%以上的与能源相关的二氧化碳排放源自于化石燃料燃烧。[①]

结合本章第一节可再生能源特点分析，对比化石能源对环境、气候造成的负面影响，可以发现，可再生能源的"环境友好性"特点决定了可再生能源的环境价值和气候价值。第一，可再生能源环境污染物排放为零或极低，环保效果显著，推进可再生能源发展，提高可再生能源在能源结构中的比重可以降低化石燃料燃烧对环境造成的污染和破坏。第二，可再生能源不排放或较少排放温室气体，低碳效果显著。任何试图减少温室气体排放量的策略都需要以"实现高碳到低碳能源生产使用的转变"为中心，在这点上来看，依托可再生能源产出能源就起了关键的作用。[②] 有鉴于可再生能源具有保护环境、应对气候变化的价值，发展可再生能源具有必要性。

（二）基于可再生能源经济社会价值的论证

能源驱动世界，我们既依靠能源来取暖、制冷、烹饪、运输、制造，也依靠能源来经营我们的工厂、家庭和医院，在过去的一个半世纪，大部分能源都来自于碳氢化合物或煤、石油、天然气等化石燃料。[③] 能源既是现代化的基础和动力，[④]也是人类社会生存发展的重要物质基础，攸关国计民生和国家战

---

① International Energy Agency, World Energy Outlook Special Report: Energy and Climate Change, p. 25.

② Luca Rubini, Ain't Wastin' Time No More: Subsidies for Renewable Energy, The SCM Agreement, Policy Space, and Law Reform, Journal of International Economic Law, Vol. 15, 2012, p. 526.

③ Donald N. Zillman, Catherine Redgwell et al, Beyond the Carbon Economy: Energy Law in Transition, Oxford University Press, 2012, p. 3.

④ 王仲颖、单国瑞(Kaare Sandholt)等著:《中国可再生能源展望 2016》,科学出版社 2017 年版,第 3 页。

略竞争力。[①] 当今世界的能源需求还在持续增长,[②]化石能源资源的有限性引发了对能源安全的担忧。[③] 由下图可知,生产任何有限资源通常遵循一个"钟型曲线"模型,开始的时候产出较少,然后在一段时间内增加,继而达到最高生产率,在此之后开始进入下降的曲线部分;从现在开始到 2025 年,我们将要看到每种类型的有限燃料资源达到能源峰值(Peak Energy);在达到能源峰值以后,我们会见证这些燃料能源的快速减少,进而极有可能导致全球经济的最大衰退,且这个大衰退可能会触发载入史册的国际性危机。[④]

全球化石能源生产及预测[⑤]

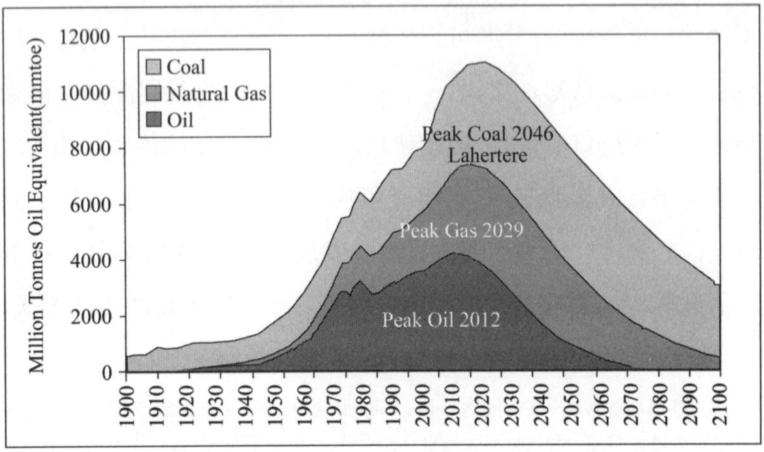

① 国家能源局编写:《能源发展"十三五"规划》辅导读本,中国电力出版社 2017 年版,第 1 页。

② International Energy Agency, World Energy Outlook 2016 Executive Summary, p. 1.

③ [丹]亨里克·隆德著:《可再生能源》,王育明译,中国三峡出版社 2017 年版,第 12 页。

④ Jeff Siegel, Chris Nelder, Nick Hodge, Investing in Renewable Energy: Making Money on Green Chip Stocks, Wiley, 2008, p. 4.

⑤ Euan Mearns and luis de souse, cited in Jeff Siegel, Chris Nelder, Nick Hodge, Investing in Renewable Energy: Making Money on Green Chip Stocks, Wiley, 2008, p. 24.

也就是说，当今世界正面临着“能源峰值”的严峻挑战，[①]寻找替代能源成为人类社会可持续发展的必由之路。人类曾经对核能寄予过较高的期望，1986 年切尔诺贝利核电站事故让人们意识到核能使用的安全隐患，2011 年由地震和海啸引发的日本福岛核事故更是警示了核电相关的难度和危险，[②]让各国对核电的作用和定位重新进行了反思，德国、瑞士已经决定彻底废弃核电。[③]

在化石能源存量有限且“能源峰值”即将来临、核能安全性广受质疑且被部分弃用、人类社会生存发展需要持续能源补给的情况下，寻求替代能源已经成为经济社会可持续发展无法回避的重要问题。可再生能源的“可再生性”一方面可以解决化石能源有限性带来的能源枯竭现象，另一方面也可以减轻化石能源贫乏国家地区对能源进口的依赖，构建独立、安全的能源结构体系。相比之核能的潜在安全隐患，可再生能源的“环境友好性”也让各国更具研发信心和推广动力。随着科技的发展，可再生能源的经济社会价值显著，[④]可再生能源产业将会为每一个人引入新的生活方式，

---

① Jeff Siegel, Chris Nelder, Nick Hodge 认为，如果不采取果断、直接措施，“能源峰值”将会被证明是一种比世界大战更具毁灭性、比瘟疫更难对付，比作物歉收更具破坏性的危机。Jeff Siegel, Chris Nelder, Nick Hodge, Investing in Renewable Energy: Making Money on Green Chip Stocks, Wiley, 2008, p. 4.

② [美]戴维·古德斯坦、迈克尔·英特里利盖托著：《气候变化与能源问题——从自然科学与经济学视角》，王海林译，东北财经大学出版社 2018 年版，第 72 页。

③ 李严波著：《欧盟可再生能源战略与政策研究》，中国税务出版社 2013 年版，第 161—163 页。德国、瑞士都拥有相对较多的核电站，核电在能源结构中的比重也较高，现做出“弃核”选择。

④ 国际能源署 2017 年《世界能源展望》摘要显示，“清洁能源技术的快速部署和成本下降是全球能源体系四大变化之一，2016 年，太阳能光伏发电的增长量比其他任何形式能源发电的增长量都多，2010 年以来，新太阳能光伏的成本下降了 70%，风力发电成本下降 70%，蓄电池成本下降了 40%”。International Energy Agency, World Energy Outlook 2017 Executive Summary, p. 1.

也会为投资者们带来新一代的财富。[①]

美国著名未来经济学家杰里米·里夫金(Jeremy Rifkin)从第三次工业革命五个支柱的高度阐释了使用、开发、储存、共享、推广可再生能源的重要性。[②] 而今，人类社会正在向第四次工业革命迈进，事实上，第四次工业革命不仅仅是人工智能，新能源的开发使用也是第四次工业革命的内容之一。[③] 有鉴于人类社会可持续发展的需求，谁开发、发展好清洁安全的可再生能源，充分发挥可再生能源的经济社会价值，谁就将在这场以绿色、智能和可持续为特征的科技革命和产业革命中占得先机。

（三）基于开发利用可再生能源国家责任的论证

鉴于国际环境问题的紧迫性、不确定性及复杂性特点，保护环境的国际条约，特别是造法性条约，较多地是采用“框架公约＋议定书＋附件”的形式，或称为“框架公约模式”。[④]

以1992年联合国环境与发展大会通过的《关于环境与发展的里约宣言》(以下简称“《里约宣言》”)为例，就其性质而言，有的学者认为：“《里约宣言》虽为各国所宣誓接受，但就其本身性质而言，不是国际条约，而只是一份表明各国对全球环境保护的

---

① Jeff Siegel, Chris Nelder, Nick Hodge, Investing in Renewable Energy: Making Money on Green Chip Stocks, Wiley, 2008, p. 219.

② 杰里米·里夫金认为，向可再生能源转型、分散生产收集可再生能源、存储间歇式能源、建设全球能源共享网络、通过洲际共享电网平台买卖电动车所需要的电并实现交通工具向电池动力转化是第三次工业革命的五个支柱。[美]杰里米·里夫金著：《第三次工业革命——新经济模式如何改变世界》，张体伟、孙豫宁译，中信出版社2012年版，第32页。

③ 清华大学薛澜教授认为，第四次工业革命是由人工智能、生命科学、物联网、机器人、新能源、智能制造等等一系列创新所带来的物理空间、网络空间和生物空间三者的融合。薛澜：《第四次工业革命来临，中国准备好了吗?》，http://www.sohu.com/a/256097970_505837，(访问日期：2020年1月21日)。

④ 王曦编著：《国际环境法》，法律出版社1998年版，第66页。

战略、策略及措施等方面的态度和立场的非法律性的政治文件”。①

根据《国际法院规约》第38条，国际习惯法也属于国际法的渊源。② 因此，也有学者认为，“《里约宣言》的各项原则、规则无论是在国际法现有基础上发展的原则，还是通过各国环境法制的国际化而形成的原则，均是现代国际环境领域发展形成的国际习惯，是国际法习惯规则的新兴的组成部分，《里约宣言》的原则、规则具有习惯国际法的普遍的约束力”。③

《里约宣言》原则二和1972年《人类环境宣言》第21条的内容十分接近，④通过“保证在一国管辖或控制范围内的活动不对其它国家或不在其管辖范围内的地区的环境造成危害”的规定明确了国家环境责任，《里约宣言》原则十五“为了保护环境，各国应根据它们的能力广泛采取预防性措施”的规定明确了“不采取预防性措施”的“不作为”也违背了国际义务，会构成国际不法行为而产生国家环境责任。作为国际法基本主体的国家，既享有权利，也应履行义务，当“一国的行为已违背国际义务，也就是一国的行为不符合国际义务”，⑤就满足了国际不法行为的客观要素而可能需要承担

---

① 杜群、刘晓翔：《试析〈关于环境与发展的里约宣言〉》，载《武汉大学学报（社会科学版）》，1993年第4期，第66页。

② 《国际法院规约》第38条规定：“国际习惯，作为通例之证明而经接受为法律者。”学者们将国际习惯定义为：“在国际交往中，经国家反复多次的实践，被世界各国公认为法律而逐渐形成的不成文的行为规则”。王虎华主编：《国际公法学（第三版）》，北京大学出版社、上海人民出版社2008年版，第17页。

③ 杜群、刘晓翔：《试析〈关于环境与发展的里约宣言〉》，载《武汉大学学报（社会科学版）》，1993年第4期，第66页。

④ 按照联合国宪章和国际法原则，各国有自己的环境政策开发自己资源的主权；并且有责任保证在他们管辖或控制之内活动，不致损害其他国家的或在国家管辖范围以外地区的环境。

⑤ 2001年《关于国家责任的条款草案》第13条。

国家责任。具体到国际环境保护领域，由于环境污染、破坏并无国界，损害范围广，带来的损失往往无法精确计算且无法加以弥补，因此，国家作为国际法的基本主体，受本国签订并批准的国际条约以及习惯国际法约束而承担国家环境责任。

2015 年，《联合国气候变化框架公约》近 200 个缔约方在巴黎气候变化大会上达成《巴黎协定》，这份气候协议明确了实施环境保护、应对气候变化的"硬指标"，在国际环境法领域具有里程碑式意义。结合国际环境法的发展趋势、关注重点，以及既有能源结构、化石能源的使用对环境造成了严重的破坏的现状，国家应当积极作为，采取有效措施调整能源结构，进而减少温室气体排放。因此，为了减少传统化石能源的使用，开发利用可再生能源实现减排指标，成为了一国履行国际环境法领域国际义务的必然选择。

二、给予可再生能源补贴的必要性

结合前文发展可再生能源的必要性分析，可以明确，加大可再生能源的研发、促进可再生能源产业的发展不仅是国民经济可持续发展的不竭动力，也是一国向低碳经济发展模式转型、履行国际环境义务的必然选择。本部分将聚焦可再生能源补贴在可再生能源研发、可再生能源产业发展过程中的必要性展开分析。

（一）基于幼稚产业保护理论的论证

自从 1791 年美国开国元勋、第一任财政部长亚历山大·汉密尔顿（Alexander Hamilton）在其递交给美国国会的《关于制造业的报告》（Report on the Subject of Manufactures）中提出要对美国的幼稚产业进行关税保护之后，1841 年，德国经济学家弗里德里希·李斯特（Friedrich List）在其著作《政治经济学的国民体系》

(The National System of Political Economy)中全面阐述了以关税为主要贸易保护手段的幼稚产业保护理论(Infant Industry Theory),之后又有一些经济学家对该理论进行了发展性研究。

一般可以将该理论的主要内容概括为:一国的新兴产业在初创阶段,对该产业采取适当的、有节制的、有期限的保护措施,可以降低生产成本,提高产业竞争力,进而对国民经济发展做出贡献,在该产业达到一定的规模、发展程度,具有一定的市场竞争力后,要逐步降低、减弱保护程度,直至取消保护。具体到可再生能源产业,首先需要明确的是:可再生能源产业是否属于幼稚产业。学者们就什么产业才是幼稚产业的争论持续不断,尚未就界定幼稚产业的标准达成一致观点。① 笔者将在国际贸易视角下,结合产业的发展阶段,综合评判可再生能源产业是否属于幼稚产业。②

从产业发展阶段来看,产业生命周期包括幼稚期、成长期、成熟期和衰退期,所以一国幼稚产业一定是处于本国产业发展初级阶段的产业,③笔者结合可再生能源特点分析如下。

第一,在产业建设初期,基于可再生能源特点,与传统能源相比,可再生能源产业需要大量的基础设施建设和研究开发成本的投入。例如,传统火力发电相关技术已经相对成熟,在研发成本上无需过多支出,而"目前,除了水电、太阳能热利用等相对成熟,在

---

① 主要代表性的界定标准有穆勒标准(强调成本优势)、巴斯塔布尔标准(强调未来收益与当前成本的比较)和肯普标准(将外部效应加入判断标准)。

② 黄基伟认为:在新的国际经济与贸易形势下,对那些产业属于幼稚产业要从国际贸易和产业发展等方面来综合地加以认识。黄基伟著:《开放条件下幼稚产业保护问题研究》,中国科学技术出版社 2014 年版,第 158 页。

③ 黄基伟著:《开放条件下幼稚产业保护问题研究》,中国科学技术出版社 2014 年版,第 158 页。

全球范围内,风电、太阳能发电等新兴可再生能源技术还处于成长阶段,开发利用成本仍然较高”①。在自由市场中,高额的初期建设、开发成本必然会通过提高产品价格来平衡,那么,可再生能源产品在与传统能源产品的竞争中自然无法获得优势,如果可再生能源产业通过降低产品价格来竞争,必然无法实现成本的回收和生产的维系。也就是说,可再生能源产业在初创阶段对于补贴的需求远大于传统能源产业,适当的投资补贴、研发补贴、税收减免等措施能有效帮助可再生能源产业渡过初创期。

第二,“可再生能源能量密度低、分散、不稳定”的特点对开发利用、储存及产业化发展提出技术和成本难题,可以说“可再生能源能量密度低、分散、不稳定特点与能源使用的持续性需求”是可再生能源产业发展必须面对和解决的既存矛盾。以风力发电为例,受季节、温度等不可控自然因素的影响,其与火力发电相比,电力产出的稳定性、持续性显然较差,出于对电力供应稳定性的考虑,在没有国家和政府干预的市场经济条件下,电网公司在同等条件下显然会优先考虑选择购买火力发电产品。也就是说,在科学技术尚未能完全解决可再生能源产出稳定性问题之前,可再生能源及其产品在市场竞争中仍然举步维艰。

第三,结合“可再生能源的开发利用与现代科学技术的发展紧密相连”的特点不难发现,该产业的发展在现代科学技术没有突破性发展之前还将长期处于产业发展的初级阶段,距离成熟期还有很长一段路要走,投资可再生能源产业会涉及到在能源转化、运输、储存等领域的长期性研发支出,因为只有技术的持续进步才能

---

①　王仲颖、单国瑞(Kaare Sandholt)等著:《中国可再生能源展望 2016》,科学出版社 2017 年版,第 14 页。

降低长期生产成本，在竞争中获得优势地位，该产业对现代科学技术的依赖远远大于传统能源，市场和资本的逐利性会影响市场理性人进入可再生能源产业从事相关产品的生产。

因此，可再生能源产业从整体层面而言属于幼稚产业，适用幼稚产业保护理论。从第一次石油危机开始到而今，依托政策支持和产业保护措施，丹麦可再生能源在一次能源供应中的占比从1972年的0，增加到2012年的20％，证明了自身推动能源系统显著变革的能力，能源供应稳定性在类似国家中的表现非常抢眼。①有鉴于可再生能源及其产业本身的特殊性，补贴对可再生能源的开发和可再生能源产业的发展就具有了必要性，可再生能源补贴作为一种常用的保护方式，其价值在促进可再生能源产业发展、壮大的过程中得以体现和彰显。

（二）基于外部性理论的论证

外部性理论(Externality Theory)是经济学的重要理论，一般经济学文献按照萨缪尔森的定义，将“外部性理论”诠释为“经济主体在经济活动中对其他主体造成了影响，而这种影响未计入市场交易的成本之中”，如果某人的行为给他个人带来的收益小于该行为带来的社会收益，则他的这一行为就具有正外部性(外部经济)；如果某人的行为给他个人的带来的成本小于该行为造成的社会成本，那他的这一行为就具有负外部性(外部不经济)。②

外部性理论在能源领域集中反映为：一方面，传统化石能源使用带来的负外部性和可再生能源使用带来的正外部性。传统化石能源的使用者，尤其是早期使用者，如发达国家，他们长期、大量生

---

① ［丹］亨里克·隆德著：《可再生能源》，王育明译，中国三峡出版社2017年版，第3—4页。

② 肖岚主编：《西方经济学》，西南财经大学出版社2017年版，第146页。

产、使用传统化石能源收获了生产力的进步，却造成了全球环境破坏、资源减少，无法补偿对其他国家、后代子孙，这可以归结为传统化石能源生产使用带来的负外部性，一直以来大量的化石能源补贴又加剧了这种负外部性的影响。可再生能源的使用对环境、社会的影响恰恰相反。另一方面，对比传统化石能源，可再生能源“可再生性”“清洁性”的特点可以直面回应环境破坏挑战和能源枯竭危机，给环境保护、能源续航、持续发展带来福音，但这种好处并不能给可再生能源的生产和使用本身带来额外的收益。也就是说，在缺乏政府干预、完全依靠市场的情况下，传统化石能源对环境、气候的不利影响，透支子孙后代使用额度的不利影响，或者说外部成本没有被计入成品成本之中；对之相对应，可再生能源为环境、气候带来好处，为子孙后代节约传统化石能源的益处支出了研发、开发等大量成本而无法获得有效经济回报，高额的初期产品成本只能由开发者自行买单。

由于市场是通过每个理性经济人追求其个人利益最大化的行为来配置资源的，因此当存在外部性时，从社会的角度看，市场配置资源的结果往往不是最优的。[①] 举例而言，价格对于消费者选择使用电力很重要，在有相对廉价的火力发电产生的电力可以选择的情况下，消费者不会支出更高的费用来特别支持可再生能源产生的电力。基于外部性的影响，市场在调节资源配置上失灵了，在收益与成本不对称的情况下，可再生能源无法与传统能源相竞争，这种在无政府干预市场中的竞争，看似平等，实则不公平。经济学理论认为，当市场无法处理这种外部性时，政府干预也就具有了必要性。有鉴于此，一方面，应当根据“污染者付费”原则（the

---

① 肖岚主编：《西方经济学》，西南财经大学出版社 2017 年版，第 146 页。

Polluter Pays Principle，PPP），[1]通过减少补贴、征收“污染税”、严格环境保护法律、细化污染物排放标准等方式，提高传统化石能源企业的成本，并促使其改进生产方式，提升能耗率，促使传统化石能源企业朝着节能减排的方向发展，强化传统化石能源企业的社会责任。另一方面，应当根据“受益者负担”原则，[2]可以通过对可再生能源给予投资、研发补贴，减免税收等方式，降低可再生能源企业的生产运行成本，通过对可再生能源消费者提供消费补贴，降低可再生能源产品的市场价格，扩大消费市场，进而为可再生能源企业增加收益，将可再生能源企业带来环境资源益处的正外部性内在化。通过这两方面的措施，虽然表面上对传统能源和可再生能源产业给予了看似“不平等”的待遇，但传统化石能源使用的负外部性和可再生能源使用的正外部性造成的产品价格差距可以得到有效控制，对可再生能源及其产业发展给予补贴具有必要性，可再生能源补贴的价值，在平衡化石能源使用负外部性和可再生能源使用正外部性过程中得以体现和彰显。

三、可再生能源补贴面临的法律争议

在可再生能源价值凸显，给予可再生能源补贴必要性得以充分论证的背景下，可再生能源及其产业发展之路似乎并非一路平

---

① 污染者付费原则在经济合作与发展组织 1972 年 5 月 26 日的建议中首先提出，在 1974 年 11 月 14 日的建议中重新确认，污染者应承担“由政府当局决定的确保环境处于可接受状态”的措施的实施费用；该原则被确定为 1992 年《联合国环境与发展宣言》的原则 16；该原则的含义随着时间也得到了发展，不仅覆盖污染预防和控制措施，也包括责任。参见[美]克劳斯·博塞尔曼等主编：《可持续发展的法律和政治》，王曦、卢锟等译，上海交通大学出版社 2017 年版，第 400—401 页。

② 社会人都因传统化石能源的适用而获益，所以都属于获益者，补贴来源于国家财政资助的给予，免税来源于国家财政资助的放弃，表面上来自于国家财政，实质上是由社会人共同分摊。

坦，可再生能源补贴在实践中颇具争议、相关国际争端不断，似乎陷入了发展困境，本部分将从可再生能源补贴面临的质疑和可再生能源补贴国际争端两个维度出发，揭示可再生能源补贴面临的法律争议。

（一）可再生能源补贴面临的质疑

对于目前使用相对较广的太阳能、风能等可再生能源来说，2006—2015 年，全球风电装机超过核电装机规模，风电发电量快速增长，全球太阳能发电装机高速增长，太阳能源发电量增长 42 倍。[①] 然而，相比传统火力发电，风能、太阳能发电不稳定性突出，受制于储存、调度难题，并网消纳困难，“弃风”“弃光”现象自然难以避免。“弃风”“弃光”问题并非中国特有，但中国的实际情况确实不容乐观。数据显示，2015 年中国风电装机、太阳能发电装机均居世界首位，风电发电量居世界第二位，太阳能发电量居全球首位，[②]然而，2015 年我国全国弃风率达 15%，弃光率达 11%；[③] 2019 年我国风光资源富集的甘肃酒泉新能源基地弃风、弃光率大幅下降，但截至 11 月底，弃风率、弃光率还是分别为 9.7%和 4.7%。[④] 政府给予补贴的愿意是促进可再生能源及其产业的发展壮大，发挥应有的环境气候价值和经济社会价值，然而频频出现的“弃风”“弃光”现象引发了对可再生能源补贴的质疑。

---

① 国网能源研究院有限公司编著：《全球能源分析与展望 2017》，中国电力出版社 2017 年版，第 41—44 页。

② 国网能源研究院有限公司编著：《全球能源分析与展望 2017》，中国电力出版社 2017 年版，第 41—44 页。

③ 王仲颖、单国瑞(Kaare Sandholt)等著：《中国可再生能源展望 2016》，科学出版社 2017 年版，第 15 页。

④ 《甘肃酒泉弃风弃光率大幅下降 将打造多能互补示范基地》，http://www.nea.gov.cn/2019—12/31/c_138669357.htm，（访问日期：2020 年 1 月 21 日）。

根据幼稚产业保护理论，幼稚产业发展到一定程度、存在市场竞争力时，可以逐步减少、取消补贴保护，部分可再生能源产业是否达到了建立补贴退出机制的发展程度，有待调研评估。此外，补贴本身具有"双重性质"，可再生能源补贴作为补贴的一种，因此，也应该重视其在使用过程中可能产生的扭曲市场价格、破坏资源配置、影响被补贴企业、产业竞争力的负面作用。比如，在自由市场中，市场的优胜劣汰是企业、产业革新技术、提升竞争力的原动力，可再生能源补贴在是否减轻了企业、产业自我提升的动力，有待调研评估。再者，可再生能源补贴源自财政支出，不可避免加重了政府的财政负担，在经济形势不景气的时候，政府对于可再生能源开发、可再生能源补贴投入的补贴，产出的实际价值，比如研发成果、技术突破、投资增长等有待测评，带来长期综合价值，比如能源结构优化、环境气候效益等有待评估。

需要明确的是，就补贴问题而言，一国政府采取什么样的境内及政策，实施何种具体的方法，对哪些行业给予补贴，都是一国的内政，其他国家无权干涉，①一国可以通过法律、政策的推行来回应对可再生能源补贴的质疑。

（二）可再生能源补贴国际争端的出现

从国际贸易的角度来看，一国对国内产业或产品的补贴会直接或间接影响其对外贸易，以至于在出口产品上形成某种优势。② 一国在国内产业因市场开放而遭受严重损失，或因其他国家或其他国家企业的不公平贸易行为而遭受损失时，可能会通过采取反倾销措

① 王传丽编著：《补贴与反补贴措施协定条文释义》，湖南科学技术出版社 2006 年版，第 2 页。

② 王传丽编著：《补贴与反补贴措施协定条文释义》，湖南科学技术出版社 2006 年版，第 2 页。

施、反补贴措施、保障措施等贸易救济措施来缓解国内产业的压力。

2014年3月，联合国贸易和发展会议(United Nations Conference on Trade and Development，UNCTAD)《针对可再生能源产业贸易救济措施》(Trade Remedies：Targeting the Renewable Energy Sector)将全球范围内可再生能源贸易救济措施以官方的形式全面展现。该报告显示：自从2008年全球性经济危机爆发后，全球范围内有针对生物燃料、太阳能和风能产品的反倾销和反补贴案件共计41起；其中26起是反倾销案件，15起是反倾销反补贴案件；16起案件涉及生物燃料，18起案件涉及太阳能产品，7起案件涉及风能产品。[①] 该报告中列出的"可再生能源救济措施针对的绿色产品贸易额(约320亿美元)和涉案可再生能源产品的预计贸易减退额(约140亿美元)"[②]直观反映了实施可再生能源贸易救济措施对可再生能源产业发展的巨大影响。事实上，反倾销和反补贴案件的数量要比诉至WTO争端解决机构的同类争端多得多。[③]

由"WTO可再生能源争端案件统计表"统计情况可知，自从2010年"加拿大可再生能源案"进入WTO争端解决程序后，被诉至WTO的可再生能源争端不断出现。通过对下表中案件的分析可以发现：第一，自2010年起，WTO争端解决机制下共有可再生能源案件共计16起，其中2010年2起，2011年1起，2012年4起，2013年3起，2014年1起，2016年1起，2018年3起，2019年1起，在2012年—2013年达到案件数量的峰值，并且在2018年又有明

---

① Trade Remedies：Targeting the Renewable Energy Sector，pp. 1—5.

② Trade Remedies：Targeting the Renewable Energy Sector，pp. 5 and 7.

③ 由于WTO争端解决程序时间长、花费多，不允许追溯性赔偿，且只有政府而不可由公司作为申诉方和补申诉方，因此比之诉至WTO争端解决程序，国家直接采取针对倾销或补贴进口的贸易救济措施具有更多优势。

显增幅。第二，涉案可再生能源涉及太阳能、风能、生物质能、水能这几类开发、使用相对较多的可再生能源，尤其以太阳能、生物质能、风能为最多，而未涉及海洋能、地热能这两类尚处于研发阶段、相对开发使用难度较大的可再生能源。第三，可再生能源争端类型几乎全部集中在贸易救济措施领域，其中涉及反补贴措施的案件最多，共计有 11 起，占了整个可再生能源争端案件的近 70%。

WTO 可再生能源争端案件统计表①

<table>
<tr><th>序号</th><th>案　号</th><th>申诉方</th><th>案件名称</th><th>提请磋商时间</th><th>涉案可再生能源</th><th>案件主要类型及其他说明</th></tr>
<tr><td>1</td><td>WT/DS412</td><td>日本</td><td>加拿大-影响可再生能源发电行业特定措施案</td><td>2010 年 9 月</td><td rowspan="2">太阳能、风能、生物质能、水能</td><td rowspan="2">1. 反补贴措施
2. 合并审理</td></tr>
<tr><td>2</td><td>WT/DS426</td><td>欧盟</td><td>加拿大-与固定电价项目相关措施案</td><td>2011 年 8 月</td></tr>
<tr><td>3</td><td>WT/DS419</td><td>美国</td><td>中国-涉及风能设备的措施案</td><td>2010 年 12 月</td><td>风能</td><td>反补贴措施</td></tr>
<tr><td>4</td><td>WT/DS437</td><td>中国</td><td>美国-中国特定产品反补贴措施案</td><td>2012 年 5 月</td><td>太阳能、风能②</td><td>反补贴措施</td></tr>
<tr><td>5</td><td>WT/DS449</td><td>中国</td><td>美国-中国特定产品反补贴和反倾销措施案</td><td>2012 年 9 月</td><td>太阳能、风能③</td><td>反补贴措施、反倾销措施</td></tr>
<tr><td>6</td><td>WT/DS452</td><td>中国</td><td>欧盟和特定成员国们-影响可再生能源生产行业的特定措施案</td><td>2012 年 11 月</td><td>太阳能、生物质能</td><td>反补贴措施</td></tr>
</table>

① 数据来源：WTO 官方网站，笔者根据 DSU 案件统计情况整理，统计截止日期为 2020 年 4 月 3 日。

② 本案包括但不限于可再生能源。

③ 本案包括但不限于可再生能源。

（续表）

序号	案　号	申诉方	案件名称	提请磋商时间	涉案可再生能源	案件主要类型及其他说明
7	WT/DS456	美国	印度-太阳能电池和太阳能组件特定措施案	2013年2月	太阳能	反补贴措施
8	WT/DS443	阿根廷	欧盟和一个成员国-关于进口生物柴油的特定措施案	2012年8月	生物质能	GATT1994、与贸易有关投资措施
9	WT/DS459	阿根廷	欧盟和特定成员国们-关于进口、销售生物柴油的特定措施以及支持生物柴油行业的措施案	2013年5月	生物质能	反补贴措施
10	WT/DS473	阿根廷	欧盟-生物柴油案	2013年12月	生物质能	反倾销措施
11	WT/DS480	俄罗斯	欧盟-生物柴油（印度尼西亚）案	2014年6月	生物质能	反倾销措施
12	WT/DS510	印度	美国-关于可再生能源行业的特定措施案	2016年9月	太阳能、生物质能、风能	反补贴措施
13	WT/DS545	韩国	美国-对光伏产品的保障措施案	2018年5月	太阳能	保障措施
14	WT/DS563	中国	美国-涉及可再生能源的特定措施案	2018年8月	可再生能源	国民待遇、与贸易有关投资措施、反补贴措施
15	WT/DS572	阿根廷	秘鲁-对来自阿根廷的生物柴油的反倾销、反补贴案	2018年11月	生物质能	反倾销措施、反补贴措施
16	WT/DS593	印度尼西亚	欧盟-对棕榈油和棕榈作物生物燃料的特定措施案	2019年12月	生物质能	GATT1994、反补贴措施、技术贸易壁垒措施

从制度的设计初衷来看,WTO 框架下补贴、反补贴相关制度是为了规制那些影响国际贸易正常流向、对国际贸易或其他国家的利益造成扭曲或损害的补贴措施。反补贴作为补贴的伴生物,也具有维护国际贸易正常秩序和实施贸易保护主义的双重性质。[①] 然而,对外国公司采取的贸易救济措施很可能会增加针锋相对的可再生能源贸易争端发生的可能性,[②]前文数据也显示可再生能源反补贴案件频繁被诉至 WTO 争端解决机制,这其间,反补贴措施发挥的是维护国际贸易正常秩序的作用,还是作为实施贸易保护主义的工具,并不明确。但可以肯定的是,可再生能源补贴很容易受到 WTO 法律规则的挑战,无论这种挑战是出自于政治、经济或法律原因,都会给实施可再生能源补贴的成员方带来确保措施实施符合现行国际贸易规则的负担。[③]

能源行业在全世界而言,都是给予补贴最多的行业之一。[④] 化石燃料补贴规模惊人,而且随着石油价格的上涨而增长。[⑤] 根据 2017 年国际经合组织和国际能源署的统计,2014 年、2015 年、2016 年世界各国对化石能源补贴的金额分别为 4548.24 万美元、3091.79 万美元和 2619.33 万美元,[⑥]虽然补贴金额明显在逐年下

---

① 何海燕、任杰、乔小勇著:《贸易安全与实践研究——补贴与反补贴新论》,首都经济贸易大学出版社 2011 年版,第 15 页。

② Trade Remedies: Targeting the Renewable Energy Sector, p. 13.

③ Daniel Peat, The Wrong Rules for the Right Energy: The WTO SCM Agreement and Subsidies for Renewable Energy, LSU Journal of Energy Law and Resources, Vol. 1, 2012, p. 66.

④ Henok Birhanu Asmelash, Energy Subsidies and WTO Dispute Settlement: Why Only Renewable Energy Subsidies Are Challenged, Journal of International Economic Law, Vol. 18, 2015, p. 261.

⑤ Hany Gamil Besada, Michael Olender, Fossil Fuel Subsidies and Sustainable Energy for All: The Governance Reform Debate, Global Governance, Vol. 21, 2015, p. 80.

⑥ IEA fossil-fuel Subsidies Database.

降，但从整体金额来看，还是有很大的体量。相比之下，2016 年国际能源署《世界能源展望（执行摘要）》指出，当前对可再生能源的补贴约为 1500 亿美元，其中约 80% 用于电力行业，18%用于交通运输业，1%用于热力。① 化石补贴的负外部性是巨大的，会引起化石能源的过度消费，减少投资于能源效率和可再生能源的激励，这种过度消费接着又会加剧全球变暖和当地污染；②而可再生能源发展及其补贴的必要性已在上文加以论证。也就是说，世界范围内化石能源补贴多于可再生能源补贴、并且化石能源补贴负面效应凸显的情势下，"可再生能源补贴日益成为 WTO 贸易争端的一个主要来源，WTO 争端解决机制却对更大体量且对环境更有害的化石能源补贴保持了相对静默"。③

结合补贴本身具有"双重性质"和可再生能源补贴面临的质疑，可再生能源补贴从来不是完美无瑕的，如何科学、合理设置可再生能源补贴制度规则是更好发挥补贴"正向价值"的前提和基础。结合可再生能源补贴国际争端，对比未有化石能源补贴诉至 WTO 争端解决机制的现实，可以判断，在既有 WTO 制度框架下，可再生能源补贴更容易受到 WTO 法律规则的挑战。结合发展可再生能源的必要性、给予可再生能源补贴必要性相关分析，可再生能源补贴面临"相对正当，但在 WTO 制度框架下存在合规论

① International Energy Agency, World Energy Outlook 2016 Executive Summary, p. 4.

② 本内迪克特·克莱门茨、大卫·科迪、斯蒂芬妮·法布里奇奥、圣吉夫·古普塔、特雷弗·阿莱恩、卡洛·萨德莱列维奇著：《能源补贴改革经验、教训与启示》，史丹、李玉婷、马翠萍译，东北财经大学出版社 2017 年版，第 20 页。

③ Henok Birhanu Asmelash, Energy Subsidies and WTO Dispute Settlement: Why Only Renewable Energy Subsidies Are Challenged, Journal of International Economic Law, Vol. 18, 2015, pp. 261—262.

证风险，可再生能源补贴合规性备受质疑”的法律争议。在环境、气候、能源问题日益突出的当下，该法律争议对于可再生能源补贴设计规制、可再生能源产业发展壮大提出了新的挑战，这也成为学界关注可再生能源法律问题的动因所在。

本章小结

本章通过可再生能源、可再生能源补贴概念的界定，明确了文章的研究对象，从基础理论层面为开展进一步研究奠定了基础。结合发展可再生能源的必要性分析可以发现，环境、气候、资源问题的日益突出及环境问题的无国界特征，寻求发展替代能源，大力发展可能再生能源已经成为了国际社会的共识。结合“幼稚产业理论”和“外部性理论”两种经济学理论的分析，政府通过“有形的手”，采取相应的保护措施合理化能源产品的最终成本，为可再生能源产业发展创造良好环境符合自然法的公平价值和理性精神，体现了自然法的核心诉求。在综合政策的支持下，可再生能源产业竞争力的提升有空间、可实现，国际社会的认可度高，可再生能源补贴作为各国政府常用的政府干预手段和调控措施，其存在必要性在再实践中也得到了体现。然而，对可再生能源补贴的质疑、可再生能源补贴贸易救济措施、可再生能源补贴贸易争端频发，可再生能源补贴“深陷”国际法律争议，可再生能源补贴的合规性备受质疑，成为了笔者就可再生能源法律问题进一步展开研究的动因所在。具体来说，可再生能源补贴国际争端的处理结果和发展态势如何？多边、诸边、双边、内国法层面可再生能源补贴制度如何规制，和一般补贴制度有无区别，发展态势如何？如何设置、实施内国法层面的可再生能源补贴制度可以避免、降低引发国际补贴争端、更多地发挥补贴“双重性质”中的正向价值？笔者在后文中，将从多边、诸边、双边、内国法多个角度，围绕可再生能源补贴的法律争议，探析可再生能源补贴是否合规的论证路径、可再生能源补贴法律制度的发展趋势，为寻求可再生能源产业有效保护和参与竞争的平衡点提供法律思路。

第二章　WTO 框架下可再生能源补贴的制度适用

由第一章可知，一方面，发展可再生能源、给予可再生能源补贴存在必要性，另一方面，可再生能源补贴贸易争端频发、可再生能源补贴“深陷”国际法律争议。虽然给予可再生能源补贴是一国的经济主权，然而如果延伸至国际贸易领域并引发国际贸易争端，就成为国际法领域的问题。一般而言，和平解决国际贸易争端的方法包括“权力导向型”和“规则导向型”两类。[①] 在国际经济法领域，从 GATT1947 到 WTO 争端解决机制的发展体现了通过“规则”来解决国际贸易争端的发展趋势。[②] 而今，WTO 新规则谈判举步维艰，WTO 上诉机构因美国阻挠法官遴选面临运转危机，但目前还未有一个国际经贸协定中的成员方数量、补贴规则的详细程度、争端解决机制的成熟程度超过 WTO，加之 WTO 争端解决机构曾就可再生能源补贴国际争端做出过相关裁定，因此，本章将从系统梳理 WTO 框架下可再生能源补贴相关法律制度依据，并

---

① John H. Jackson, The World Trading System: Law and Policy of International Economic Relations, 2nd ed., US: Massachusetts Institute of Technology, 1997, p. 109.

② 曹建明、贺小勇著：《世界贸易组织(第三版)》，法律出版社 2011 年版，第 43 页。

结合 WTO 争端解决机制对可再生能源补贴争端案件的分析，归纳 WTO 争端解决实践中可再生能源补贴合规论证方法和实践发展趋势，并结合其中的问题，对 WTO 框架下可再生能源补贴制度及其适用进行反思。

第一节 WTO 框架下可再生能源补贴的合规分析

本节将在 WTO 框架下，梳理可再生能源补贴相关制度，为合规分析提供制度依据；并将结合争端解决机构对可再生能源补贴争端的处理实践，归纳可再生能源补贴的认定方法、论证逻辑等合规分析要点。

一、WTO 框架下可再生能源补贴的制度依据

国际社会早已注意到在世界范围内补贴、反补贴措施可能对国际贸易造成的影响，早在关税及贸易总协定（General Agreement on Tariffs and Trade，GATT）时期，各缔约方就基于“限制出口补贴”的共识，在 GATT1947 第 6 条、第 16 条中就补贴、反补贴措施做出了简单的原则性规定；1955 年第九次缔约方大会在 GATT1947 第 16 条增补了 4 个条款，纳入了禁止性补贴——初级产品出口补贴的内容；20 世纪 70 年代，东京回合谈判达成《关于解释、适用关税与贸易总协定第 6 条、第 16 条和第 23 条的协定》，形成了补贴、反补贴措施领域相对成体系的国际法律规则，但因缔约方有限，因此实际效用有限。[①] 经过乌拉圭回合的谈判努

① 曹建明、贺小勇著：《世界贸易组织（第三版）》，法律出版社 2011 年版，第 170—171 页。

力,WTO成立并通过了“一揽子”协定文本,GATT1947发展成为GATT1994,与此同时,调整补贴、反补贴措施的SCM协定,规范特殊贸易领域的《农业协定》,规范服务贸易的《服务贸易总协定》(General Agreement on Trade in Services,GATS)产生,由此,WTO框架下的补贴制度全部得以形成。因此可以说,WTO框架下补贴制度散见于WTO涵盖协定之中,这些制度中有无关于可再生能源补贴的特殊规定,能否作为可再生能源补贴合规分析的制度依据,需要逐一加以分析。

(一) SCM协定中可再生能源补贴的制度依据

相比双边、区域贸易协定中的补贴与反补贴条款来说,①SCM协定是国际上第一个就补贴与反补贴措施进行规定的多边协定,②也是内容最详尽、规范最全面的一个反补贴法典。③ WTO框架下涉及补贴的规定也主要集中于SCM协定,有鉴于可再生能源补贴作为补贴的一种,因此在WTO框架下寻找制度依据应当从SCM协定着手。

由第一章第一节可知,构成SCM协定含义下的补贴必须具备“广义政府行为”“财政行为”“利益授予”“专向性”四个要件。结合条文含义和争端解决实践,第一,“广义政府行为”要件中,如果行为主体是公共机构或私营机构,要结合具体案情中就政府是否和前述机构存在“委托”“指示”关系,是否事实上行使了政府的职能,以防止因主体确认错误而影响补贴认定的展开。第二,“财政

① 黄东黎、何力著:《反补贴法与国际贸易——以WTO主要成员方为例》,社会科学文献出版社2013年版,第18页。

② 曹建明、贺小勇著:《世界贸易组织(第三版)》,法律出版社2011年版,第171页。

③ 王传丽编著:《补贴与反补贴措施协定条文释义》,湖南科学技术出版社2006年版,第8页。

行为”要件中，条文中描述的四种类型的财政资助是“排他性清单”，也就是说，只有符合条文清单内的四种类型的措施，才能构成SCM协定含义下的“财政资助”；[①]除了“财政资助”，“GATT1994第16条意义上任何形式的收入或价格支持”也属于SCM协定含义下的“财政行为”。第三，“利益授予”要件中，关键要比照“市场基准”，判定被补贴方是否因为广义政府的财政行为，获得了原本在公平市场上无法获取的优惠，以判定是否存在利益的授予。第四，“专向性”要件中，包括以下几种具体的类型：企业/产业专向性、法律专向性、事实专向性、地区专向性、禁止性补贴，笔者同意禁止性补贴具有“拟制专向性”的观点，[②]只有具有“专向性”的补贴，才会受SCM协定的规制，因此专向性要件又被学者誉为评判补贴是否合法的“过滤器”。

美国在东京回合谈判中第一次提议用“信号灯”的方法来区分补贴，欧共体将不可诉补贴议题重新拉回乌拉圭回合谈判轨道，成员方们经过讨论协商，最终达成了妥协。SCM协定结合补贴、反补贴措施对国际贸易及其他成员方的不利影响程度，通过“红绿黄灯方法”将补贴分为了三种不同的类型：禁止性补贴（红灯补贴）、可诉补贴（黄灯补贴）、不可诉补贴（绿灯补贴）。所谓禁止性补贴，就是由于对国际贸易产生严重的扭曲影响，成员方不得给予或维

---

① WT/DS194/R, para. 8.69.

② SCM协定第2.1条规定了法律专向性、事实专向性，第2.2条规定了地区专向性，第2.3条规定了出口补贴和进口替代补贴两种禁止性补贴，部分学者认为禁止性补贴具有“拟制专向性”。比如以下书籍、文章中都使用了“拟制专向性”的表达方式。何海燕、任杰、乔小勇著：《贸易安全与实践研究——补贴与反补贴新论》，首都经济贸易大学出版社2011年版，第24页；杨旭：《论补贴与反补贴中的专向性标准》，载《学术探索》2005年第4期，第69页；陈利强：《〈补贴与反补贴措施协定〉之专向性问题初探》，载《西北大学学报（社会科学版）》2008年第3期，第127页。

持的补贴，包括出口补贴和进口替代补贴，前者以出口实绩为条件，后者以使用国产货物为条件，一旦争议补贴措施被证明属于禁止性补贴，则无需进行“专向性”分析。所谓可诉补贴，是指不被一律禁止，可被提起诉请，不能自动免除合法性测评的补贴。成员方可根据“对国内产业造成损害”或“存在利益丧失或减损”或“利益的严重侵害”来证明争议补贴措施对自身经济贸易产生了不利影响。不可诉补贴指的是不被其他成员方反对、不得对此类补贴采取反补贴措施的补贴，SCM 协定第 8 条是不可诉补贴制度核心内容的体现。然而遗憾的是，根据 SCM 协定第 31 条“临时适用”的规定，“本协定第 6 条第 1 款、第 8 条和第 9 条的规定自 WTO 协定生效之日起，应有 5 年的试用期”，[①]也就是从 1995 年 1 月 1 日起，至 1999 年 12 月 31 日止，自 2000 年 1 月 1 日开始，不可诉补贴已经过期失效，根据 SCM 协定既有生效条文，不可诉补贴具有了可诉性，目前 SCM 协定框架下，实际上只有禁止性补贴和可诉补贴两种类型。

综上，在 WTO 框架下，申诉方和被申诉方需要首先要证明争议措施是否属于 SCM 协定含义下的补贴，其次需要证明争议措施属于前述哪种类型的补贴，如争议措施属于禁止性补贴，则无需进行“专向性”分析，如争议措施属于“可诉补贴”，则要根据 SCM 协定第三部分对其他成员方经济贸易不利影响情况及争议补贴措施和损害的因果关系进行证明。相比而言，对于申诉方来说，可诉补贴的证明难度相比禁止性补贴来说，明显要更困难。有鉴于不可诉补贴制度的失效，当前，可再生能源补贴无法基于不可诉补贴的规定而得到豁免，加之 SCM 协定中没有关于可再生能源补贴

---

① SCM Agreement, Article 31.

的特殊规定，因此，根据目前 SCM 协定制度，可再生能源补贴的认定、论证遵循前述一般补贴论证规则。

（二）SCM 协定之外可再生能源补贴的制度依据

在 SCM 协定之外，WTO 框架下的补贴制度还散见于 GATT1994、GATS、《农业协定》之中，本部分将聚焦前述协定中补贴相关制度，重点分析其是否可以在 SCM 协定之外，成为可再生能源补贴认定、论证的制度依据。

1. GATT1994 第 6 条、第 16 条、第 23 条

从法律溯源来看，GATT1994 第 6 条、第 16 条源自 GATT1947 对应条款，也是 SCM 协定的制度基础。其中 GATT1994 第 6 条沿袭了 GATT1947 第 6 条将反倾销税和反补贴税并列的立法模式，并就反补贴税的内容进行了粗略规定；GATT1994 第 16 条就一般补贴纪律和出口补贴做出了概要的规定。从内容上来看，GATT1994 中的补贴规则是原则、笼统的规定，远不如 SCM 协定规定的详细。从适用规则来看，WTO 关于附件一 A 的"一般解释说明"明确表明，在 GATT1994 的一项条款和《WTO 协定》附件一 A 某一协定的条款相冲突的时候，在冲突范围内，附件一 A 某一协定的条款优先适用；根据 SCM 协定第 10 条，成员方要确保反补贴税征收符合 GATT1994 第 6 条以及 SCM 协定的规定，但反补贴税只能根据 SCM 协定和《农业协定》的规定发起调查并加以征收。因此，无论从条文内容，还是适用规则来看，GATT1994 第 6 条、第 16 条的规定相对原则、笼统，无法在 SCM 协定之外成为可再生能源补贴认定、论证的制度依据。

2. GATS 第 15 条

GATS 是乌拉圭回合达成的关于国际服务贸易的协定，相比 SCM 协定属于货物贸易多边协定下子协定的性质，基于 GATS

是服务贸易多边协定的性质和调整范围，GATS 中的补贴条款——第 15 条，其调整范围针对“服务领域”。GATS 第 15 条包括两款内容，主要涉及“各成员方可通过谈判制定必要的多边纪律，以避免特定情况下补贴在服务领域可能造成的扭曲效应；考虑发展中成员方在服务补贴领域灵活性方面的需要；成员方因其他成员方服务补贴受到不利影响时，可提起磋商请求”的原则性规定。由此可见，GATS 并未明确什么是“服务补贴”，加之“GATS 第 15 条授权进行的服务领域补贴谈判在过去十年中没有取得什么进展”，[①]因此相比货物贸易领域，服务贸易领域的补贴规定十分粗略。在这种情况下，一方面，GATS 第 15 条只是服务补贴原则规定，无法为服务补贴认定提供充分依据；另一方面，如能将可再生能源补贴中的部分类似服务的补贴纳入 GATS 范畴加以规制，可能会基于 GATS 本身补贴规则的不健全而获得更多的机会，不过性质模糊的补贴是否可纳入 GATS 范畴，还有待实践检验。以“成员方对其境内电力生产、分配、传输和供应所进行的补贴”为例，并不是所有情况下将电力归为服务范畴都是合适的，也难以得到所有成员方的认可。[②] 因此，GATS 第 15 条无法在 SCM 协定之外成为可再生能源补贴认定、论证的制度依据，至于是否可基于服务补贴模糊的性质为可再生能源补贴提供庇护，尚不明确。

3.《农业协定》的补贴制度

《农业协定》是乌拉圭回合达成的针对所有农产品补贴措施的多边贸易协定，也建立了“国际社会评价农业政策最权威的评

---

① Rudolf Adlung, Negotiations on Safeguards and Subsidies in Services: A Never-ending Story? Journal of International Economic Law, Vol. 10, 2007, p. 265.

② 温慧卿著：《中国可再生能源补贴制度研究》，中国法制出版社 2012 年版，第 99—100 页。

价体系之一”。[①]《农业协定》第 21. 1 条规定:“GATT1994 和《WTO 协定》附件一 A 所列的其他多边贸易协定的条款在遵守本协定规定的前提下适用”,也就是说,《农业协定》是在 SCM 协定之外,以补贴涉及产业性质为基础设置的特殊类型的补贴制度,《农业协定》如有不同于 SCM 协定的特殊补贴制度,优先适用《农业协定》的特殊补贴制度。根据 WTO 争端解决实践中发展出来的适用方法,《农业协定》与 SCM 协定应同时、累积和协调地适用于农业补贴争端,不过《农业协定》“和平条款”(Peace Clause)[②]的终止适用,降低了 SCM 协定适用于农业补贴的门槛。[③]

农业出口补贴体现在《农业协定》第 1 条 e 项、第 3. 3 条、第 9. 1 条和第 10. 1 条之中。其中第 1 条 e 项指出,本协定含义下的“出口补贴”指的是“视出口实绩给予的补贴”,第 9. 1 条列明了《农业协定》含义下六种出口补贴类型,第 10. 1 条是对未列入第 9. 1 条,但实际规避出口补贴义务行为的补充规制。[④]《农业协定》第 3. 3 条规定:“成员方可向列入减让表的农产品提供第 9. 1 条所列的六类出口补贴,但该补贴不得超过其承诺的预算支出或数量水平。”也就是说,对于《农业协定》第 9. 1 条含义下的出口补贴而言,《农业协定》的规定相比 SCM 协定来说,为不超过消减承诺水平

---

① 李先德、宗义湘著:《农业补贴政策的国际比较(上)》,中国农业科学技术出版社 2012 年版,第 28 页。

② “和平条款”指的是《农业协定》第 13 条“适当的克制”,该条对于不同的农业支持措施基于不同程度的保护,在该条实施期内,符合《农业协定》出口补贴和国内支持承诺的补贴免于 WTO 涵盖协定下的绝大多数指控,该条现已终止适用。

③ 李晓玲:《WTO 框架下的农业补贴纪律》,华东政法大学 2007 年博士学位论文,第 237 页。

④ 《农业协定》第 10. 1 条:未列入第 9. 1 条的出口补贴,不得以产生或威胁导致规避出口补贴承诺的方式加以实施,也不得使用非商业性交易以规避此类承诺。

的农业出口补贴提供了豁免空间，不过有鉴于“和平条款”的终止适用，成员方还是可以根据SCM协定第5条、第6条提出指控。从理论上来说，如可再生能源补贴属于第9.1条含义下的农产品出口补贴，相比SCM协定中的出口补贴来说，一方面，可通过数量证明获得在《农业协定》下的豁免机会；另一方面，即便有成员方就此类措施提出SCM协定下的诉请，有鉴于SCM协定第3.1条a项中“除非另有规定”的表述，以及《农业协定》和SCM协定的适用关系，申诉方无法直接援引SCM协定第3.1条a项，也就无法把争议措施定性为禁止性补贴，而是要根据可诉补贴的论证逻辑加以展开，相对加大了申诉方的举证责任和证明责任，客观上会对成员方提起诉请造成影响，进而使争议措施获得了更多豁免机会。

《农业协定》本身和WTO争端解决实践都未就“国内支持”给出权威的定义，“国内支持”和“国内补贴”相比，两个概念非常相似，却也不同。《农业协定》根据国内支持措施对贸易扭曲的程度，将国内支持措施分为了“绿箱”支持措施、“蓝箱”支持措施和“黄箱”支持措施三类。“和平条款”的终止适用后，理论上三类支持措施都可能成为SCM协定下的可诉补贴或禁止性补贴，可能被征收反补贴税，可能被提起GATT下的“非违反之诉”。[①] 但具体到“绿箱”国内支持措施，由于该措施“对农业贸易和生产不会产生扭曲性影响或至多仅有微小影响”，因此，属于“绿箱”国内支持措施事实上难以对另一成员方利益造成影响并引发补贴争端，即便涉

① 李晓玲：《WTO框架下的农业补贴纪律》，华东政法大学2007年博士学位论文，第227—228页。“非违反之诉”：指一成员方实施的措施，虽然不违反WTO框架一揽子协定，但是，如果该措施致使其他成员方在WTO框架一揽子协定下的利益丧失或遭致损害，又或妨碍了WTO目标的实现，那么其他成员方可以向WTO争端解决机构对实施前述措施的成员方提起诉讼。

入争端，也难以被证明具有专向性而被认定违法。因此，如果能将可再生能源补贴与“绿箱”国内支持措施对接，纳入“绿箱范畴”，就具有了事实上的不可诉性。具体来说，“绿箱”国内支持措施与可再生能源补贴最相关的包括以下类型。第一，《农业协定》附件二第 2 段“一般服务”清单 a 项的“研究”，包括一般性研究、与环境计划相联系的研究、与特定产品相关的研究计划；g 项的“基础设施服务”，包括电力网络、道路和其他运输种类、市场和港口设施、供水设施、堤坝和排水系统以及与环境计划相关联的基础设施工程。在 SCM 协定不可诉补贴失效的情况下，前述“绿箱”国内支持措施可为《农业协定》范畴可再生能源研发补贴、基础设施建设补贴提供制度依据。第二，《农业协定》附件二第 12 段“环境计划下的支付”和第 13 段“地区援助计划下的支付”，不难发现，前述两类支付情形与 SCM 协定已经失效的不可诉补贴制度中的“环保补贴”和“落后地区补贴”虽然在具体表述上不尽相同，但从性质上来说还是有着一定的相似性，也就是说，虽然不可诉补贴制度对非农产业已经失效，但基于《农业协定》“绿箱”国内支持措施的存在，《农业协定》范畴可再生能源补贴还是可以基于环保或落后地区因素获得豁免的机会。

可再生能源补贴如果要获得《农业协定》的“庇护”，无法回避的问题就是“被认定为农产品”，最可能相关的就是“生物质能”中的“生物燃料”。然而在 WTO 框架下，生物燃料究竟属于哪一类货物，迄今没有定论，根据世界海关组织《商品名称及编码协调制度的国际公约》的规定，①生物燃料中的生物柴油列

① 《商品名称及编码协调制度的国际公约》(International Convention for Harmonized Commodity Description and Coding System)，简称协调制度(Harmonized System，缩写为 HS)，该制度下的商品分类即为 HS 编码。

入第38章，属于非农产品，而生物燃料中的乙醇则列入第22章，属于农产品，[①]如果对前述两种产品都给予补贴，虽然两者都属于生物燃料，适用的补贴规则却有所不同。在这种情况下，可再生能源补贴能在《农业协定》获得“庇护”的种类十分有限。

也就是说，SCM协定之外的补贴相关制度没有关于可再生能源补贴的特殊规定，既无法为可再生能源补贴认定分析提供充分依据，也无法为可再生能源补贴合规论证提供充分豁免空间。不过结合《农业协定》中“绿箱”国内支持措施的相关分析，其中与SCM协定不可诉补贴制度相似的“环境计划下的支付”和“地区援助计划下的支付”措施，似乎为不可诉补贴制度的恢复、修订又提供了一点依据。笔者认为，在农业补贴规则和一般补贴规则出现融合发展趋势的时候，不论农产品还是非农产品，都应有可以适用的“不可诉补贴制度”，为与环境和发展相关的特殊类型补贴提供更多的制度空间。

综合WTO框架下可再生能源补贴制度依据的分析，笔者认为，除了SCM协定，其他协定中的补贴制度对可再生能源补贴的适用可能性并不大；当前WTO框架下补贴制度没有规制可再生能源补贴的特殊内容，因此，从制度层面来看，可再生能源补贴的合规论证应当遵循一般补贴论证规则。

二、WTO框架下可再生能源补贴的合规论证

《争端解决规则和程序的谅解协定》(Understanding on Rules

---

① 余敏友、唐旗：《论WTO构建能源贸易规则及其对我国能源安全的影响》，载《世界贸易组织动态与研究》，2010年第2期，第19页。

and Procedures Governing the Settlement of Disputes，DSU）第3.2条[①]赋予了争端解决机构（Dispute Settlement Body，DSB）以"阐明权"，DSU第7.2条[②]和第17.6条[③]明确了WTO规则的阐明权是由专家组和上诉机构在具体争端的审理过程中加以行使的。可再生能源补贴争端案件合规论证在争端解决实践中有无特殊之处，笔者将结合DSB实践，归纳WTO框架下可再生能源补贴案件的合规论证路径。

（一）DSB对可再生能源补贴合规论证的分析

由"WTO可再生能源补贴相关案件统计表"可知，在进入争端解决机制的可再生能源补贴案件中，专家组和/或上诉机构做出裁定的有"加拿大-影响可再生能源发电行业特定措施案""加拿大-与固定电价项目相关措施案"（两案合并审理，简称"加拿大-可再生能源案"）"印度-太阳能电池和太阳能组件特定措施案""美国-关于可再生能源行业的特定措施案"。DSB对可再生能源补贴合规论证的分析集中于"加拿大-可再生能源案"，[④]该案作为可

---

① DSU第3.2条规定：各成员方认识到，DSU可用来保证各成员方在各个涵盖协定中的权利与义务，并用按国际公法解释（条约）的习惯规则，"阐明"（Clarify）这些协定中的现有规定，DSB的各项建议与裁定不得增加或减少各涵盖协定规定的权利与义务。

② DSU第7.2条规定：专家组应处理争端各方引用的任何适用协定的有关规定。

③ DSU第17.6条规定：上诉限于专家组报告包括的法律问题，以及专家组所作的法律解释。

④ 日本和欧盟分别就加拿大安大略省的特定措施提出的申诉，涉及安大略省电力系统和输配电、价格及管理体系。为了鼓励可再生能源的使用，安大略省对使用不同能源发的电制定了不同的价格，案件涉及的FIT项目是安大略省政府能源局向符合条件的发电厂购买电力时支付的保证价格，该项目向安大略所有使用风能、太阳能、可再生生物、生物气体、土地填埋气体和水能发电的发电厂开放，但是对10千瓦以上的风能和10兆瓦以下的太阳能规定了"国内成分要求"，只有符合所有条件的发电厂才可能获得供电合同。该案除了涉及补贴问题，还涉及TRIMs协定和GATT1994的国民待遇等问题。"加拿大-影响可再生能源发电行业特定措施案"和"加拿大-与固定电价项目相关措施案"两案并案审理，简称"加拿大-可再生能源案"。

再生能源措施第一案，其专家组报告和上诉机构报告关于可再生能源补贴的论证具有很强的分析价值。

WTO可再生能源补贴相关案件统计表①

序号	案号	申诉方	案件名称	所处阶段
1	WT/DS412	日本	加拿大-影响可再生能源发电行业特定措施案	上诉机构报告通过
2	WT/DS426	欧盟	加拿大-与固定电价项目相关措施案	
3	WT/DS419	美国	中国-涉及风能设备的措施案	磋商
4	WT/DS437	中国	美国-中国特定产品反补贴措施案	上诉机构报告通过
5	WT/DS449	中国	美国-中国特定产品反补贴和反倾销措施案	上诉机构报告通过
6	WT/DS452	中国	欧盟和特定成员国们-影响可再生能源生产行业的特定措施案	磋商
7	WT/DS456	美国	印度-太阳能电池和太阳能组件特定措施案	上诉机构报告通过
8	WT/DS459	阿根廷	欧盟和特定成员国们-关于进口、销售生物柴油的特定措施以及支持生物柴油行业的措施案	磋商
9	WT/DS510	印度	美国-关于可再生能源行业的特定措施案	上诉机构报告通过
10	WT/DS563	中国	美国-涉及可再生能源的特定措施案	磋商
11	WT/DS572	阿根廷	秘鲁-对来自阿根廷的生物柴油的反倾销、反补贴案	磋商
12	WT/DS593	印度尼西亚	欧盟-对棕榈油和棕榈作物生物燃料的特定措施	磋商

① 根据WTO官网争端解决机制案件统计情况整理成本表，统计截止日期为2020年4月3日。WT/DS412和WT/DS426合并审理，WT/DS437和WT/DS449包括但不限于新能源产业。

1. 专家组的观点

专家组[1]按照一般补贴案件论证路径，围绕对“涉案措施是否构成 SCM 协定含义下的补贴”展开了论证。在关于“利益授予”的分析过程中，结合 SCM 协定第 14(d)条的规定，[2]专家组认为，证明涉案措施授予了利益的一种方法就是：“政府[3]向使用风力和太阳能光伏发电技术的 FIT 项目发电商购买电力所支付的补偿高于安大略省电力‘市场’中同样的生产商的价格”[4]。在关于电力批发市场利益分析的相关问题中，什么是合适的市场基准(Market Benchmark)成为了本案焦点问题。对于申诉方提出的安大略省小时电价(Hourly Ontario Electricity Price，以下简称 HOEP)、省外市场基准、竞争性电力批发市场的替代性基准[5]作为市场基准，专家组都认为这些市场基准受政府干预较多，都不符合有效竞争市场(Effective Competition)标准，[6]因此，专家组认定申诉方未能证明本案存在“利益的授予”。

---

① 在本案可再生能源补贴认定分析这一焦点问题中，专家组意见并未达成一致，本处所指专家组是多数专家组成员的意见。

② SCM 协定第 14(d)条：政府提供产品或服务，或购买产品不得视为授予利益，除非提供所得低于适当的报酬，或购买所付高于适当的报酬。报酬是否适当应与所涉产品或服务在提供国或购买国现行市场情况相比较后确定(包括价格、质量、可获性、适销性、运输和其他购销条件)。

③ 该案这里的政府指的是加拿大的 Ontario Power Authority。

④ WT/DS412/R, WT/DS426/R, para. 7. 272.

⑤ 专家组认为，HOEP 是受安大略省政府电价政策、混合电力供应政策和规范严重影响的价格；基于供求关系的不同、存在政府干预因素的考虑，专家组也没有接受申诉方提出的省外市场基准；竞争性电力批发市场的替代性基准分别是电力进出口价格和受规制价格计划(Regulated Price Plan, RPP prices)，专家组认为这两项替代性基准与 HOEP 存在内在联系，受到安大略省政府的价格政策和决定、规章的影响。

⑥ 结合 DSB 之前的实践，作为“市场基准”的市场必须是存在有效竞争的市场，所购买产品的价格必须通过不受限制的供求关系形成，且不受政府的干涉。

2. 一位专家组成员的观点

在本案专家组中，有一位专家组成员对多数专家组就“SCM协定第1.1(b)条含义下的利益的授予”的认定分析持反对意见。他认为，安大略省能够存在(Could Exist)竞争性电力批发市场应当是利益分析的适当关注点，通过财政资助本身为特定技术进入市场提供便利，就可被视为授予了利益。[①] 在他看来，高成本、低效率的可再生能源电力进入安大略省竞争性电力批发市场，正是得益于被诉措施，因此，该专家组成员认为被诉措施已经构成了“SCM协定第1.1(b)条含义下的利益的授予”。

3. 上诉机构的观点

在与SCM协定相关的诉请中，上诉机构在“利益”诉请分析过程中，虽然肯定了专家组分析SCM协定第1.1(b)条含义下的“利益”的法律方法，[②]但是也认为，专家组在进行“利益”分析时存在问题。[③] 上诉机构认为，基于成本结构、运营成本和特征的差异，风力和太阳能光伏发电商无法与其他发电商相竞争，政府的规定(Government Regulation)是风力和太阳能光伏发电进入市场的唯一原因，政府对混合电力供应发电技术的选择，为风力和太阳能光伏生产的电力创建了市场，因此，政府创建市场的干预措施本身，不能被认定为存在SCM协定第1.1(b)条含义下利益的授予。[④] 上诉机构接着从“相关市场”分析着手，创造了可再生能源

---

① WT/DS412/R, WT/DS426/R, p. 141.

② 上诉机构也认为应当适用“若非法”，即与没有这一财政资助情况相比，看财政资助是否使得接受方获得优势来判定利益是否存在。

③ 上诉机构认为，应当先分析相关市场，再进行利益分析；且在分析相关市场定义时，需方和供方两个角度都应当被考虑。

④ WT/DS412/AB/R, WT/DS426/AB/R, paras. 5. 174 and 5. 175. “政府的规定”意指政府的干预。

补贴措施“相关市场”分析的全新视角。上诉机构明确，当政府创造一个市场的时候，不能说政府干预扭曲了这个市场，因为如果没有政府创造市场，这个市场根本不会存在，政府创造市场本身不能认为构成 SCM 协定含义下的补贴；当政府对既有市场的干预，当存在财政资助，亦或收入或价格支持，又或向特定企业或产业授予利益的情况时，可能构成补贴。[①] 随后，上诉机构尝试进行是否存在“扭曲市场”的分析，认为通过竞争性招标程序形成的魁北克省可再生能源电力收购价格，可以考虑作为比较的基准。[②] 但有鉴于在专家组阶段，当事方未就相关证据展开充分辩论，专家组也未就相关证据进行事实上的认定，因此上诉机构进行利益分析缺乏事实证据，无法确定争议措施是否授予了利益，也就无法认定争议措施是否构成了 SCM 协定含义下的补贴。

（二）对 DSB 可再生能源补贴合规论证的辩证评析

“加拿大-可再生能源案”作为 WTO 争端解决机制处理的第一个可再生能源补贴案件，也是目前唯一一个就可再生能源补贴合规论证作出分析的案件，引发了学界的关注和探讨，不同学者对其褒贬不一。笔者将在此基础上，采用辩证唯物主义观点加以评析。

1. 对专家组观点的辩证评析

专家组在明确争议措施属于财政资助后，先后就申诉方提出的几个市场基准进行了分析，最终以申诉方举证不能为由，否定了争议措施中补贴的存在。上诉机构几乎全部否定了本案专家组的

---

① WT/DS412/AB/R，WT/DS426/AB/R，para. 5. 188.

② 魁北克省的可再生能源电力收购价格，由本案申诉方欧盟在提交专家组的第二次书面申请中最先提出；相对于安大略省 FIT 价格来说，魁北克省的可再生能源电力收购价格可以被称为“省外价格”。

论证过程,[①]由于该案上诉机构报告对这两方面问题进行了系统的驳斥,笔者在此不多加赘述。笔者认为,专家组的认定分析的遗憾主要在于加重了申诉方的举证责任,有可能造成存在“国内成分要求”(Domestic Content Requirement)[②]的可再生能源补贴争议措施无法构成补贴,进而无法受到SCM协定约束的后果。笔者也认为,专家组的认定分析还是有一定的积极意义。第一,专家组对申诉方提出的几个省内外市场基准的一一驳斥,表明了可再生能源补贴市场基准举证难的特性,事实上为可再生能源补贴免受SCM协定约束提供了充分的空间,体现了专家组对采取支持性措施助力可再生能源及其产业发展的应有之意。第二,专家组在进行补贴利益分析中考虑了政府干预电力市场的公共政策目标,将“获得可靠的电力系统”和“追求人类健康和环境”目标在利益分析中加以考虑,[③]不论该方式本身是否合法、适当,至少体现了专家组认可可再生能源及其产业价值,想通过DSB实践尝试为可再生能源补贴利益分析探索新路径的善意初衷,专家组也以实际行动在可再生能源补贴利益分析新方法探索中迈开了第一步。

2. 对一位专家组成员观点的辩证评析

就一位持反对意见的专家组成员的分析认定而言,其分析意见的本质与DSB案例实践中的“若非法”是一脉相承的,因其最终没有得到大多数专家组成员的认同,所以学界对其分析和认同度都不是很高。按照该专家组成员的分析逻辑,如果政府干预措施

---

① 上诉机构的驳斥理由主要集中于两个方面:一是专家组对于从产品供应角度分析相关市场的论证确实不够,无法说明需求角度的“同类产品”为何不同;二是从文义解释的角度来看,结合政策目的来分析SCM协定第1.1(b)条缺乏依据。

② 外文资料有时也会表述为Local Content Requirement(LCR),即“当地成分要求”,本书统一表述为“国内成分要求”。

③ WT/DS412/R, WT/DS426/R, para. 7.309.

让本不能在统一电力市场中存在的可再生能源电力得以进入并存在，就证明了利益的授予而构成补贴，那么该分析方法是十分严格的。那么对可再生能源相关产品、设备给予的支持性措施，都会因非常容易被认定为 SCM 协定含义下的补贴而屡受规制，无法发挥可再生能源及其产业的正外部性，该分析方法无助于可再生能源补贴合规性的论证。不过笔者也认为，能在案件分析过程中形成独立的思考见解本身就是值得肯定的，对自身观点的坚持更是从侧面凸显了可再生能源补贴法律问题的复杂性及 SCM 协定对这一法律问题规范的模糊与缺失。

3. 对上诉机构观点的辩证评析

上诉机构通过对相关市场和市场基准证明先后顺序的纠正，对统一电力市场不同类型发电商供方角度的差异分析，以及“政府创建市场”的创造性观点的提出，得出了无法确定利益是否存在的观点。由于上诉机构的裁定代表了 DSB 的最终裁决结果，因此学界对“加拿大-可再生能源案”的评价主要围绕上诉机构报告展开，并对“政府创建市场”观点和“市场基准”论证提出了诸多质疑。

针对“政府创建市场”观点，第一，上诉机构就“政府创建市场”和“政府干预既有市场”的区分做法在 SCM 协定中缺乏法律基础，[①]在补贴认定这个前提问题上，上诉机构已经将一部分具有政策合理性的补贴排除在 SCM 协定适用范围之外，[②]因此这种分析认定方法与 SCM 协定中补贴的分析认定方法相背离。笔者在本

① Aaron Cosbey, Petros C. Mavroidis, A Turquoise Mess: Green Subsidies, Blue Industrial Policy and Renewable Energy: The Case for Redrafting the Subsidies Agreement of the WTO, Journal of International Economic Law, Vol. 17, 2014, p. 27.

② 吕晓杰:《可再生能源政策与 WTO 补贴制度的相符性分析》，载《江汉论坛》2016 年第 8 期，第 101 页。

章开头根据SCM协定文本,就一般补贴分析认定方法进行了概述,加之DSB在之前的案件审理过程中从未就补贴论证进行类似本案的分析,因此笔者也认为,本案上诉机构虽然否定了专家组在对SCM协定第1.1(b)条分析时考虑了政府政策目的做法,但上诉机构创建的"政府创建市场"观点的论证逻辑,确实有把可再生能源补贴合理性同时加以考虑的嫌疑。第二,上诉机构报告中"政府创建市场"和"政府干预既有市场"区分方法的创新,对于如何区分新市场和既有市场没有给出清晰的指引。① 在这种分析认定方法的指引下,成员方难以判断、明确什么方式、范围、程度的干预属于"政府创建市场"的合规行为,什么方式、范围、程度的干预又属于"政府干预既有市场"的违规行为。笔者假定上诉机构"政府创建市场"的分析认定方法成立,但"政府创建市场"和"政府干预既有市场"的评判标准仍不明确,笔者认为这里存在一个"度"的把握困难问题,对于"度"的解释不明和适用困难给未来可再生能源补贴的实践运用带来了很大的未知风险和不确定性,无法发挥广义法律法理层面的指引、预测功效。

针对"市场基准"的论证,因本案中当事方和专家组未就涉及"市场基准"部分的事实进行充分辩论,基于事实证据的缺乏,上诉机构虽然提出了可能用以比较的"市场基准",②但并未明确,也没

① Aaron Cosbey, Petros C. Mavroidis, A Turquoise Mess: Green Subsidies, Blue Industrial Policy and Renewable Energy: The Case for Redrafting the Subsidies Agreement of the WTO, Journal of International Economic Law, Vol. 17, 2014, p. 27.

② 上诉机构在分析"通过竞争性招标程序形成的魁北克省可再生能源电力收购价格"是否可以考虑作为"市场基准"时,指出可能的认定利益的方式:政府创造市场形成的价格(Government-administered Prices)是否高于"充分补偿"(Adequate Remuneration),或政府创造市场形成的价格是不是根据竞标或协议价格等价格发现机制而形成的。WT/DS412/AB/R, WT/DS426/AB/R, para. 5.228.

有就此展开论证并进行利益比较分析，因此笔者认为，本案上诉机构事实上未通过DSB案例的形式明确可再生能源补贴案件中合适的市场基准是什么，给未来类似情形"市场基准"的判断留下了不确定性。笔者也认为，不同地区可再生能源的开发、使用、运营成本和销售市场也不尽相同，不同国家和地区对可再生能源产业的管制、支持措施不尽相同，省外可再生能源竞争性价格是否客观、可以作为合适的市场基准，并不明确。因此，有学者认为，上诉机构解决本案争议措施的"方法"存在一系列问题，因此很难再次重复使用。①

当然，上诉机构认定分析也存在积极意义。第一，上诉机构通过对"政府创建市场"观点的阐释，赋予并肯定了政府干预创建可再生能源市场的权力，在既有制度体系未对可再生能源补贴进行特殊规制，且既有制度体系对可再生能源产业发展没有优惠待遇的情况下，从规则解析层面将争议措施避免认定为补贴，事实上为政府对可再生能源产业发展提供支持性措施创造了绿色空间。第二，上诉机构创造了当前WTO制度框架下可再生能源补贴合规性论证方法。第一步，分析政府干预措施是否属于政府或任何公共机构提供的财政资助；第二步，进行利益授予的分析，首先综合考虑相关因素，确定利益比较的相关市场——可再生能源市场是否基于政府干预措施而创建，如符合"政府创建市场"，那么相应的干预措施不能被视为利益的授予；如果不符合"政府创建市场"或超越了"政府创建市场"的干预限度，那么相应的干预措施就存在利益授予的可能；第三步，如果存在利益授予的可能，应在可再生

① Aaron Cosbey, Petros C. Mavroidis, A Turquoise Mess: Green Subsidies, Blue Industrial Policy and Renewable Energy: The Case for Redrafting the Subsidies Agreement of the WTO, Journal of International Economic Law, Vol. 17, 2014, p. 12.

能源市场而不是各种能源并存的市场中寻找比较的利益基准，比如从“充分补偿的价格”“竞标或协议价格等价格发现机制”中寻找合适的利益基准，再进行是否存在利益授予的分析。第三，上诉机构着力从不同类型发电商供方角度的差异化分析，明晰了不同能源发电具体情况的区别，以及政府干预措施对太阳能、风能等可再生能源发电的重要性，从现实层面论证了政府对可再生能源产业发展给予干预措施的必要性，[①]为对可再生能源补贴等政府干预措施给予特殊化的实践待遇，以及在将来实现特殊化的制度待遇提供了论证基础和实践支持。第四，通过否定专家组在分析 SCM 协定第 1.1(b)条时考虑政策目的的做法，强调了补贴基本理论分析过程中，明确协定文本依据的重要性，对客观理解、分析补贴基础条文有一定的指导意义。

根据以上一分为二的辩证分析，DSB 在“加拿大-可再生能源案”的论证观点既有现实价值和积极意义，也存在论证局限和发展空间。但笔者更愿意多肯定一点 DSB 为论证可再生能源补贴所做出的努力，因为不论该论证逻辑是否完全符合 SCM 协定文本，最终通过的上诉机构报告中的“政府创建市场”观点确实在既有制度框架下，为可再生能源产业发展留下了绿色空间，值得肯定。从 WTO 性质看，WTO 本质上还是一个以“促进自由贸易”为目的的国际组织，在面对“环境与贸易关系”存在矛盾的本案中，专家组和上诉机构如此一致地重视争议措施环境目的、肯定可再生能源补贴的正外部性，为今后 DSB 实践处理类似案件、成员方发展可再生能

① 专家组认为，基于电力的专有特点和电力批发市场的竞争性质，政府干预通常成为了必需，以从长远角度保证电力供应的安全、可靠和持续。WT/DS412/R, WT/DS426/R, para. 7.284.

源产业还是有不应忽视的指导意义和促进价值。事实上,公众对于WTO法律是否会给符合社会利益的环境政策设置障碍一直存有疑虑,“加拿大-可再生能源案”专家组和上诉机构的处理方式很大程度上降低了前述疑虑。① 在多边谈判拟定新规则困难重重的背景下,通过现有制度初步确立了可再生能源补贴法律分析论证框架,既是DSB无奈的选择,也是实现在贸易组织对环境、资源问题予以关注、照顾的最为现实、及时、有效的选择。正如有学者指出的那样:“如果成员方在谈判过程或相关委员会实践中不采取行动,争端解决的诉讼实践则被迫扮演了规则制定者的角色”。② 当然,DSB在该案中确立的可再生能源补贴认定方法、论证路径并不完善,有待发展,比如“市场基准”“相关市场”的明确和利益比较分析的缺憾有待DSB实践在今后类似案件中进一步明确。

第二节　WTO框架下可再生能源补贴的实践反思

英国国际经济法学家罗温菲尔德曾经指出:“在国际贸易法上,没有哪个问题比补贴问题更有争议、更复杂。”③结合前文可知,“加拿大-可再生能源案”中专家组成员就同一争议措施做出了不同解读,上诉机构和专家组采用不同认定方法就可再生能源补贴的展开

① Steve Charnovitz, Carolyn Fischer, Canada-Renewable Energy: Implications for WTO Law on Green and Not-So-Green Subsidies, World Trade Review, Vol. 14, 2015, p. 208.

② Luca Rubini, "The Good, the Bad, and the Ugly." Lessons on Methodology in Legal Analysis from the Recent WTO Litigation on Renewable Energy Subsidies, Journal of World Trade, Vol. 48, 2014, p. 937.

③ Andresa F. Lowenfeld, International Economic Law, 2nd edition, Oxford University, 2008, p. 216.

了论证，由此可见，可再生能源补贴是一种比一般补贴问题更有争议、更复杂的特殊类型的补贴。虽然上诉机构在“加拿大-可再生能源案”的论证规则从环境角度来看好像是好消息，但是毕竟争议措施的绿色空间是来自于未被认定为补贴，政策制定者不应当依赖对这一法律技巧在类似案件重现的期望。[①] 事实上，“加拿大-可再生能源案”对于 SCM 协定如何规制政府资助的可再生能源项目这一问题没有给出答案，从而带来了法律上的不确定性。[②] 本章将结合 WTO 争端解决机制发展最新实践，归纳可再生能源补贴合规论证方法，把握实践发展特点，探究特点形成原因，反思制度本身局限。

一、可再生能源补贴争端实践发展特点

笔者虽然肯定了“加拿大-可再生能源案”中可再生能源补贴认定方法的现实价值和积极意义，但同时也认为需要对可再生能源补贴认定方法加以发展。由前文可知，在进入 WTO 争端解决机制的可再生能源补贴案件中，专家组和/或上诉机构做出裁定的有“加拿大-可再生能源案”“印度-太阳能电池和太阳能组件特定措施案”“美国-关于可再生能源行业的特定措施案”。笔者将主要围绕以上三个案例的论证路径展开分析，[③]归纳可再生能源补贴合规论证发展特点，为把握 WTO 框架下可再生能源补贴案件的

---

① Aaron Cosbey, Petros C. Mavroidis, A Turquoise Mess: Green Subsidies, Blue Industrial Policy and Renewable Energy: The Case for Redrafting the Subsidies Agreement of the WTO, Journal of International Economic Law, Vol. 17, 2014, p. 28.

② Sophie Wenzlau, Renewable Energy Subsidies and the WTO, Environmental Law and Policy Journal, Vol. 41, 2018, pp. 363—366.

③ 前文就“加拿大-可再生能源案”中的争议措施是否违反构成 SCM 协定含义下的补贴进行了分析，本部分将聚焦争议措施是否违反 GATT1994 第 3.4 条和 TRIMs 协定展开。

发展趋势提供思路。

（一）可再生能源补贴争端的“非补贴”化处理

“加拿大-可再生能源案”除了涉及 SCM 协定项下义务，还涉及争议措施是否违反 GATT1994 第 3.4 条和 TRIMs 协定第 2.1 条。该案专家组围绕争议措施是否属于 GATT1994 第 3.8(a)条中国民待遇例外的情形展开了分析，[①]在分析“供政府使用、不以商业转售为目的或不以生产供商业销售为目的”中“政府使用”和“商业转售”两个概念的基础上，认为加拿大政府会将通过 FIT 项目购买的电力最终转售给消费者使用，因此，加拿大安大略省政府 FIT 项目采购电力是为了“商业转售”的目的，无法援引 GATT1994 第 3.8(a)条中国民待遇例外条款。[②] 接着，基于“‘国内成分标准最低要求’要求购买或使用原产自加拿大或加拿大来源的产品”，以及“‘国内成分标准最低要求’是为了获得一项优惠所必须”两个层面的肯定性结论，专家组认为，争议措施属于 TRIMs 协定示例清单第 1(a)段的情形，根据 TRIMs 协定第 2.2 条，该争议措施违反了 GATT1994 第 3.4 条，也因此违反了 TRIMs 协定第 2.1 条。[③] 上诉机构基于“政府购买的是电力、受到不同待遇的是发电设备，两者不是同类产品”的分析，就争议措施不属于 GATT1994 第 3.8(a)条中国民待遇例外情形给出了不同的解释。[④] 综合前述分析，在“加拿大-可再生能源案”中，DSB 未完成 SCM 协定框架下可再生能源补贴的认定分析，而是基于 GATT1994 第 3.4 条和 TRIMs 协定第 2.1 条项下的

---

① GATT1994 第 3.8(a)条：本条的规定，不得适用于有关政府机构购买供政府使用、不以商业转售为目的或不以生产供商业销售为目的的产品采购的法律、法规或规定。

② WT/DS412/R, WT/DS426/R, paras. 7.137—7.154.

③ WT/DS412/R, WT/DS426/R, paras. 7.155—7.166.

④ WT/DS412/AB/R, WT/DS426/AB/R, paras. 5.54—5.85.

分析得出了争议措施违反 WTO 涵盖协定下义务的结论。

在随后的“印度-太阳能电池和太阳能组件特定措施案”①中，值得注意的是，申诉方美国在其提出的第一次磋商请求文本中援引了 SCM 协定条款，并认为印度的被诉措施违反了 SCM 协定中进口替代补贴的规定，②但美国在提出的第二次磋商请求文本、成立专家组的申请中都没有涉及 SCM 协定内容，有鉴于此，DSB 实践未有机会完成“加拿大-可再生能源案”中可再生能源补贴的后续认定分析。事实上，“印度-太阳能电池和太阳能组件特定措施案”的争议焦点在于被诉措施是否违反了 TRIMs 协定第 2.1 条、GATT1994 第 3.4 条，以及被诉措施能否援引 GATT1994 第 20 条 d 项、j 项得以豁免。基于对“国内成分要求”措施指南文件的分析，专家组确认了要想参加计划获优惠，就要购买或使用国产太阳能电池或电池板；确认了“国内成分要求”措施规定的合同义务以及违反规定的后果，且这些规定根据印度法律的可实施性，因此认定“国内成分要求”措施属于 TRIMs 协定示例清单第 1(a)段的措施，违反了 TRIMs 协定第 2.1 条，进而也违反 GATT1994 第 3.4 条。③ 专家组还就“国内成分要求”措施的实施是否符合 GATT1994 第 20 条项下 d 项、j 项的抗辩进行了分析，并得出了否定性结论。④ 上

---

① 根据 Jawaharlal Nehru 国家能源计划，印度新能源和可再生能源部(NMRE)负责制定发布购电条件指南文件，并先后委托 NVVN 和 SECI 两家国有公司负责选择供电公司、签订供电合同，“国内成分要求”散见于一系列不同的文件之中，对签约的太阳能电力公司都涉及“国内成分要求”，争议焦点在于印度对太阳能电池的“国内成分要求”措施是否违反了 WTO 涵盖协定下的义务。

② WT/DS456/1, G/L/1023, p. 2.

③ WT/DS456/R, paras. 7.36—7.187. 虽然专家组认为属于 TRIMs 协定示例清单第 1(a)段的措施必然违反 TRIMs 第 2.1 条，但专家组还是就 GATT1994 第 3.4 条的诉请进行了分析，并得出了“国内成分要求”违反 GATT1994 第 3.4 条以及不属于 GATT1994 第 3.8(a)条国民待遇例外情形的结论。

④ WT/DS456/R, para. 7.265.

诉机构支持了专家组的认定意见。

在“美国-关于可再生能源行业的特定措施案”中，申诉方印度认为，美国国内数个州实施了共计 11 项可再生能源措施，这些措施违反了 WTO 涵盖协定下的义务。该案专家组首先就争议措施的审查范围进行了明确。① 随后，专家组就前述措施是否符合 GATT1994 第 3.4 条逐一进行了分析，先后证明了“争议措施中的进口产品和国内产品属于 GATT1994 第 3.4 条含义下的同类产品”“争议措施是影响进口产品国内销售、许诺销售、购买、运输、分销或使用的法律、法规或要求”“相比同类国内产品，给予了进口产品低于同类国内产品的待遇”，因此专家组认定争议措施违反了 GATT1994 第 3.4 条。② 基于对 DSB 既往案例的分析，专家组认为，如果美国履行义务使争议措施符合 GATT1994 第 3.4 条，那么也会消除这些措施违反 TRIMs 协定第 2.1 条、第 2.2 条、SCM 协定第 3.1(b)条、第 3.2 条的不符情况，因此对争议措施是否违反了 TRIMs 协定第 2.1 条、第 2.2 条以及 SCM 协定第 3.1(b)条、第 3.2 条采用了司法节制（Judicial Economy）。③ 由于对 SCM 协定第 3.1(b)条采用了司法节制，对 SCM 协定第 25 条的分析也就失

① 印度提出诉请中涉及的措施包括：华盛顿州 1 项（措施 1）、加利福尼亚州 2 项（措施 2 和措施 3）、蒙大拿州 3 项（措施 4、措施 5、措施 6）、康涅狄格州 1 项（措施 7）、密歇根州 1 项（措施 8）、特拉华州 1 项（措施 9）、明尼苏达州 1 项（措施 10）、马萨诸塞州 1 项（措施 11），共计 11 项。专家组首先确认，措施 3 和措施 11 不属于专家组的审查范围。有鉴于在专家组成立后，措施 1、措施 2、措施 8 进行了修改，措施 10 被废除，因此专家组根据既往案例确立的原则就争议措施的审查范围进行了明确：修改后的措施 1、修改之前和之后的措施 2、措施 4、措施 5、措施 6、措施 7、修改后的措施 8、措施 9、措施 10 中的明尼苏达州的太阳能生产激励措施（Solar Energy Production Incentive, SEPI）。

② WT/DS510/R, paras. 7.84—7.340.

③ WT/DS510/R, paras. 7.347—7.368. 国内学者也将“Judicial Economy”翻译为“司法经济”，本书统一翻译为“司法节制”。

去了基础,因此专家组也对 SCM 协定第 25 条采用了司法节制。

综合本章第一节及本部分前述案例的相关分析可以发现,WTO 争端解决实践在可再生能源补贴认定方法、论证路径中的困境并未得以解决,三个案例都未明确怎样才能构成 SCM 协定含义下的补贴。有鉴于此,前述案例都无法在 SCM 协定下完成可再生能源补贴的合规论证。无论申诉方是否选择回避 SCM 协定下的诉请,最终的结果都是:专家组和/或上诉机构基于非 SCM 协定下诉请的分析,得出了争议措施是否违反 WTO 涵盖协定下义务的结论。无独有偶,前述三个案例中都有集中分析是否符合 GATT1994 第 3.4 条和 TRIMs 协定第 2.1 条的内容。就目前争端解决实践来看,可再生能源措施案件的"非补贴"化处理特点明显。

(二)"国内成分要求"的高频度嵌入

根据"WTO 可再生能源补贴相关案件'国内成分要求'统计表",当下 WTO 可再生能源补贴相关案件,争议焦点涉及"国内成分要求"争议案件比例高达三分之二。

WTO 可再生能源补贴相关案件"国内成分要求"统计表①

序号	案号	申诉方	案件名称	争议焦点是否涉及"国内成分要求"
1	WT/DS412	日本	加拿大-可再生能源案	是
2	WT/DS426	欧盟		
3	WT/DS419	美国	中国-涉及风能设备的措施案	是
4	WT/DS437	中国	美国-中国特定产品反补贴措施案	否

① 笔者根据 WTO 官网争端解决机制案件统计情况整理成本表,统计截止日期为 2020 年 4 月 2 日。WT/DS412 和 WT/DS426 合并审理,WT/DS437 和 WT/DS449 包括但不限于新能源产业。是否涉及"国内成分要求"统计区间包括 WTO 争端解决程序四个阶段之一(磋商程序、专家组程序、上诉机构程序、执行程序)中是否涉及"国内成分要求"问题。

（续表）

序号	案号	申诉方	案件名称	争议焦点是否涉及“国内成分要求”
5	WT/DS449	中国	美国-中国特定产品反补贴和反倾销措施案	否
6	WT/DS452	中国	欧盟和特定成员国们-影响可再生能源生产行业的特定措施案	是
7	WT/DS456	美国	印度-太阳能电池和太阳能组件特定措施案	是
8	WT/DS459	阿根廷	欧盟和特定成员国们-关于进口、销售生物柴油的特定措施以及支持生物柴油行业的措施案	是①
9	WT/DS510	印度	美国-关于可再生能源行业的特定措施案	是
10	WT/DS563	中国	美国-涉及可再生能源的特定措施案	是
11	WT/DS572	阿根廷	秘鲁-对来自阿根廷的生物柴油的反倾销、反补贴案	否
12	WT/DS593	印度尼西亚	欧盟-对棕榈油和棕榈作物生物燃料的特定措施	否

在“加拿大-可再生能源案”中，加拿大安大略省 FIT 项目要求“有能力生产 10 千瓦以上的风能项目和有能力生产 10 兆瓦以下的太阳能项目”必须达到“国内成分标准的最低要求”（Minimum Required Domestic Content Level）才能获得供电合同。专家组分析日本提交的“FIT 项目中表述的国内成分标准的最低要求”（见下

① WT/DS459/1, pp. 1—13. 申诉方阿根廷在磋商文件中指出，有的争议措施似乎是禁止性补贴，因为该补贴取决于产自欧盟的生物柴油的使用，有的争议措施似乎违反了国民待遇条款，因为该措施给予了原产自欧盟或其某个成员国的生物柴油更优惠的待遇，因此，涉及“国内成分要求”。

表)指出,当某一"指定活动"以与FIT合同设施相关的方式加以呈现时,将获得一个"合格的百分比"(Qualifying Percentage);例如,如果风力发电项目的风力涡轮机叶片"在安大略省的模具中铸造",并且"叶片内的仪器已在安大略省组装",则该合同设施将达到16%的"合格百分比"。[①] 专家组通过对证据的审查,认为至少需要使用一些安大略省产品(因此是加拿大国产品)才能达到"国内成分标准的最低要求",加之符合"国内成分标准的最低要求"是电力生产商签订FIT合同的必要条件和前提,因此,专家组认定"国内成分标准的最低要求"属于TRIMs附录清单的措施,违反了TRIMs协定第2.1条。[②] 该观点也得到了该案上诉机构的支持。

FIT项目中表述的国内成分标准的最低要求[③]

	风能(FIT)		太阳能光伏(FIT)		太阳能光伏(微型FIT)	
商业运营的时间段	2009—2011	2012—	2009—2010	2011—	2009—2010	2011—
国内成分标准的最低要求	25%	50%	50%	60%	40%	60%

由前文可知,在"印度-太阳能电池和太阳能组件特定措施案"中,专家组主要围绕印度对太阳能电池的"国内成分要求"措施是否违反了WTO涵盖协定下的义务展开分析。该案"'国内成分要求'事实方面统计表"(见下表)直观展示了是否允许外国产品投入、外国产品使用存在逐渐减少的事实,从客观层面展示了"国内成分要求"措施实施带来的抑制外国产品使用的结果。

---

① WT/DS412/R, WT/DS426/R, paras. 7.159—7.160.

② WT/DS412/R, WT/DS426/R, paras. 7.163—7.166.

③ WT/DS412/R, WT/DS426/R, p.77,根据上表,风能、太阳能光伏FIT合同和太阳能光伏微型FIT合同,其设备的国内成分标准必须达到25%—60%的比例。

“国内成分要求”事实方面统计表①

阶段和批次	机　构	项目选择期间	是否允许外国晶体硅模块	是否允许外国晶体硅电池	是否允许外国太阳能薄膜模块或聚光光伏电池	电力购买合同总数	使用外国电池和/或组件	使用印度电池和/或组件
第一阶段（第1批次）	印度新能源和可再生能源部（NMRE）/NV-VN公司	2010—2011	否	是	是	28	14电力购买协议（70兆瓦）	14电力购买协议（70兆瓦）
第一阶段（第2批次）	印度新能源和可再生能源部（NMRE）/NV-VN公司	2011—2012	否		是	27	19电力购买协议（260兆瓦）	8电力购买协议（70兆瓦）
第二阶段（批次1—A）	印度新能源和可再生能源部（NMRE）/印度太阳能公司（SECI）	2013—2014	否			22	0	22电力购买协议（375兆瓦）

① WT/DS456/R，para. 7. 14.

结合可再生能源补贴争端“国内成分要求”高频度嵌入的现实和既有案例分析情况，一方面，可再生能源补贴案件中“国内成分要求”的表现形式多样，包括配件采购企业的性质、配件的铸造、组装地点、国内成分的百分比等，具体事实证据有赖于申诉方证据的系统收集、梳理管理和完整呈现。另一方面，涉案的“国内成分要求”无一例外，都被DSB认定违反了WTO涵盖协定下的义务，主要涉及违反TRIMs协定第2.1条和GATT第3.4条，结合分析内容不难发现，“国内成分要求”相关措施在WTO涵盖协定下有很大的被诉和败诉风险。

综合以上分析，可再生能源补贴认定方法、论证路径的发展似乎进入了一种“停滞”的困境。WTO争端解决实践未就可再生能源补贴“市场基准”“相关市场”等问题展开分析，自然无法完成可再生能源补贴认定及合规论证，相应也无法完成SCM协定下“国内成分要求”性质的认定。“印度-太阳能电池和太阳能组件特定措施案”中，申诉方就“国内成分要求”诉请会避开补贴相关条款，转而选择WTO框架下的其他涵盖协定，不失为一种诉讼策略上的选择。就目前情况而言，在明确“市场基准”、完成“利益授予分析”之前，无法认定可再生能源补贴的存在，自然无法被认定违反SCM协定中的义务，因此当下可再生能源补贴相关措施，只要不涉及类似“国内成分要求”等违反WTO涵盖协定义务的内容，该措施事实上是不具有可诉性的。即便可再生能源补贴的“市场基准”问题在将来得以明确，创造了在SCM协定含义下分析可再生能源是否合法的条件，只要不涉及类似“国内成分要求”的内容构成禁止性补贴，那么至多构成可诉补贴。影响成员方正式诉诸WTO争端解决机制的因素有很多，就可诉补贴而言，申诉方举证责任更重。考虑到申诉成本、胜诉风险，以及各国普遍实施可再生能源补贴政策的现实，为了防止贸易反制，成员方就非禁止性可再生能源补贴提起诉请的可能性相对有限。

二、WTO 框架下可再生能源补贴的制度局限

根据前文分析，WTO 框架下缺乏关于可再生能源补贴的特殊规定，一般补贴制度即为可再生能源补贴合规论证的制度依据；虽然备受质疑，DSB 在实践中形成了可再生能源补贴合规论证的初步的论证逻辑，但实践发展不足，合规论证进入“停滞发展”状态。如果只是等待 WTO 争端解决机构在实践中通过“司法造法”的方式明确可再生能源补贴合规论证路径，未免过于消极，无法确保实现，至少无法在短时间加以实现。[①] 虽然笔者也认为，WTO 争端解决实践关于可再生能源补贴认定的困境，反而为非禁止性可再生能源补贴在事实上构建了暂时的绿色安全网，但还是应当对既有合规论证逻辑和制度局限进行分析，为推进可再生能源补贴合规论证发展找寻制度革新的出发点。

（一）WTO 框架下补贴认定制度的局限性

制度分析和实践论证都表明，可再生能源补贴认定、论证都适用 SCM 协定中的一般补贴制度和一般补贴认定、论证规则。可再生能源补贴争端解决实践显示，一般补贴制度难以确定“相关市场”和“市场基准”，可再生能源补贴认定陷入发展困境。本部分假定“利益授予”问题得以解决，将在与化石燃料补贴比较的视野下，分析 SCM 协定补贴认定制度是否还存在局限性。

---

① Sophie Wenzlau, Renewable Energy Subsidies and the WTO, Environmental Law and Policy Journal, Vol. 41, 2018, pp. 365—366.

结合第一章分析可知，相比化石燃料，可再生能源更具环境资源价值和经济社会价值，WTO争端解决机制对具有“造成浪费性消费，扭曲市场，阻碍投资清洁能源，破坏应对气候变化的努力”①“未能在燃料成本中考虑到环境外部性”的化石燃料补贴，未曾有所规制，然而，可再生能源补贴却屡次遭遇WTO争端诉讼，②SCM协定框架下化石燃料补贴与可再生能源补贴被诉境遇存在巨大反差。不可否认，被诉境遇反差有着政治、经济各个方面的原因，但“取得WTO诉讼胜利可能性”③的考虑可能是造成这种被诉境遇反差的直接原因。

乌拉圭回合达成的SCM协定文本通过引入“具有专向性才能受协议相关条款约束的”方法，④明确了“补贴专向性”的审查原则。结合前文分析，根据SCM协定一般补贴论证规则，具有专向性的补贴，才能被认定为SCM协定项下的补贴进而存在被规制的可能。在“加拿大-可再生能源案”上诉机构报告裁定做出之前，学界和实务界无法预测DSB会就可再生能源补贴认定方法做出区别于一般补贴认定方法的裁定，那么结合一般补贴论证规则，明确存在“利益授予”之后，自然要进行专向性分析；在“加拿大-可再

① G20, Leaders' Statement: The Pittsburgh Summit September 24—25 2009, p. 14.

② Leslyn Lewis, The WTO Canada Renewable Energy Feed-in Tariff Case and Its Application to Green Energy Projects in the Developing World: The Abdication of the Subsidies and Countervailing Measures Agreement within Green Energy Conflicts, Asper Review, Vol. 16, 2016, p. 152.

③ Henok Birhanu Asmelash, Energy Subsidies and WTO Dispute Settlement: Why Only Renewable Energy Subsidies Are Challenged, Journal of International Economic Law, Vol. 18, 2015, p. 279.

④ SCM协定第1.2条：如按第1款定义的补贴依照第2条的规定属于专向性补贴，则此种补贴应符合第2部分或符合第3部分或第5部分的规定。

生能源案"上诉机构报告裁定做出之后，只要可再生能源市场基准得以确认，在SCM协定文本不进行本质修改的情况下，也无法回避补贴专向性的分析。

结合一般补贴论证规则中的专向性分析方法，来审视可再生能源补贴和化石燃料补贴，"迄今为止，被诉至WTO的可再生能源支持项目是针对风能、太阳能或可再生能源整体生产商的"。[①] 事实上，鉴于可再生能源行业只是整个能源市场的一个特定的部分，因此给予可再生能源生产商的补贴非常可能被认定具有"专向性"。[②] 相比而言，化石燃料补贴中，化石燃料消费补贴远远高于生产补贴，因此很难认定化石燃料消费补贴具有事实专向性。[③] 即使有学者想通过"化石燃料消费补贴主要由能源密集型产业使用"[④]来论证化石燃料补贴的专向性，但要完成这个事实专向性论证并非易事。而且笔者也同意，在各国广泛使用化石燃料补贴的情况下，没有成员方有兴趣提起可能招致对方的报复，正如有学者指出的那样，"没有人愿意扔出石头却最终伤害了自身"[⑤]。

---

① Henok Birhanu Asmelash, Energy Subsidies and WTO Dispute Settlement: Why Only Renewable Energy Subsidies Are Challenged, Journal of International Economic Law, Vol. 18, 2015, p. 273.

② Luca Rubini, The Subsidization of Renewable Energy in the WTO: Issues and Perspectives, NCCR (Swiss National Centre of Competence in Research) Trade Working Paper No 2011/32, June 2011, pp. 26—27.

③ Henok Birhanu Asmelash, Energy Subsidies and WTO Dispute Settlement: Why Only Renewable Energy Subsidies Are Challenged, Journal of International Economic Law, Vol. 18, 2015, pp. 266 and 273.

④ Robert Howse, Climate Mitigation Subsidies and the WTO Legal Framework: A policy Analysis, International Institute for Sustainable Development (IISD), May 2010, p. 9.

⑤ Luca Rubini, Ain't Wastin' Time No More: Subsidies for Renewable Energy, The SCM Agreement, Policy Space, and Law Reform, Journal of International Economic Law, Vol. 15, 2012, p. 555.

通过与化石燃料补贴的对比可以发现，无论可再生能源补贴的市场基准如何确认，既有 SCM 协定框架下一般补贴论证规则中的专向性分析对于可再生能源产业的支持性措施来说，是合规论证过程中无法回避的论证环节。而结合可再生能源产业及支持性措施的特点分析，相比化石燃料补贴来说，可再生能源补贴很容易被认定具有专向性，而成为 SCM 协定所规制的对象。也就是说，SCM 协定既有的一般补贴论证规则对各国的可再生能源产业补贴措施来说，论证合规的难度相对较大，这与可再生能源补贴的环境资源、经济社会价值是不相适应的。因此，在与化石燃料补贴相比较的视野下，SCM 协定一般补贴论证规则适用于可再生能源补贴国际争端，对可再生能源产业来说相对不利、有失偏颇；加上既有 SCM 协定一般补贴论证规则无法回应可再生能源补贴的市场基准、相关市场的实践问题，因此，笔者认为，就可再生能源补贴的合规论证而言，既有 SCM 协定补贴认定制度存在局限性。

（二）WTO 框架下补贴分类制度的局限性

SCM 协定第 8 条规定了不可诉补贴制度，其中的环境补贴条款为各国基于特定正当目的而采取的补贴措施打开绿灯，堪称 WTO 绿色补贴制度的雏形。[①] 结合第一章第一节的分析可知，不可诉补贴制度具有临时适用性，并早已失效，因此，本部分将结合不可诉补贴内容，分析当前 SCM 协定补贴分类是否存在局限。

根据 SCM 协定第 8 条规定，不可诉补贴包括两种类型。第一种类型是第 8.1(a)条中“不属于第 2 条含义下的专向性补贴”，[②]也就是不具有专向性的补贴，具体指的是那些不针对特定

---

① 黄志雄、罗嫣：《中美可再生能源贸易争端的法律问题——兼论 WTO 绿色补贴规则的完善》，载《法商研究》2011 年第 5 期，第 40 页。

② SCM Agreement, Article 8.1(a).

企业、特定产业和特定地区的具有普遍性的补贴。第二种类型是第8.1(b)条中的“虽然具有第2条含义下的专向性,但只要符合第8.2(a)条、第8.2(b)条、第8.2(c)条中的所有条件”,[①]也属于不可诉补贴。其中第8.2(a)条[②]被学界称之为“研发补贴”,体现了对研发活动正外部性加以考虑,并加上一定限制的立法初衷;第8.2(b)条[③]被学界称之为“落后地区补贴”,体现了“在对落后地区补贴不超过为消除或减少地区差异适当的限度”[④]情况下,对落后地区、发展中国家发展给予特殊待遇的立法初衷;第8.2(c)条[⑤]被学界称之为“环保补贴”,体现了贸易协定立法者们对环境因素的考量。第8.3条、第8.4条和第8.5条分别就不可诉补贴计划的通知、审查和仲裁作出了程序性要求。第9条主要涉及不可诉补贴适用救济相关内容,建立了不可诉补贴的适用救济制度。也就是说,在通常情况下,不对不可诉补贴采取反措施或征收反补贴税,但在一成员方认为不可诉补贴计划的实施已导致对本国国内产业造成严重不利影响的情况下,可以先后通过磋商、提交委员

---

① SCM Agreement, Article 8.1(b).

② SCM协定第8.2(a)条:对公司从事研究活动提供的援助,或对高等教育机构或科研机构与公司签约进行研究活动的援助,但援助不得超过工业研究成本的75%或竞争前开发活动成本的50%,且这种援助仅限于人员成本、研究设备工具等成本、研究咨询服务等成本、因研究活动直接发生的额外间接成本及其他日常费用。

③ SCM协定第8.2(b)条:根据区域发展总体框架,对某一成员方领土内落后地区的援助,且在符合条件的地区内实施的这种援助符合第2条含义下的非专向性。

④ 王传丽编著:《补贴与反补贴措施协定条文释义》,湖南科学技术出版社2006年版,第114页。

⑤ SCM协定第8.2(c)条:为推进现有设施适应法律和/或规章实施的新的环境要求而给予的援助,这些新的环境要求会对公司造成更多的约束和财政负担,提供的援助应当是(1)一次性、不会重复的措施;(2)限于适应性成本的20%;(3)不包括本应由公司全部负担的辅助投资的重置和运营成本;且(4)与公司减少废弃物和污染的计划有直接联系且成适当比例,不包括任何可获得的制造成本节省;且(5)能够采用新设备和/或新生产工艺的所有公司都可以获得。

会、委员会要求不可诉补贴实施方修改补贴计划消除不利影响、直至委员会授权申诉方采取适当反措施获得救济。[①]

根据对不可诉补贴相关条文的分析，笔者认为，第 8.2(a)条的"研发补贴"和第 8.2(c)条的"环保补贴"与可再生能源补贴的联系较为直接、紧密。就第 8.2(a)条的"研发补贴"而言，虽未明示对可再生能源补贴的特殊规定，但根据"法无禁止皆可为"的一般法律原则，应当认为可再生能源研发补贴包含在此处的"研发补贴"之内，这就为可再生能源补贴中的研发补贴的合规论证提供了制度依据，也为政府分担可再生能源产业前期巨大的研发成本提供了制度空间。就第 8.2(c)条的"环保补贴"而言，主要是针对"环保设备更新"而设置的，应当说不是完整意义上的"环保补贴"，而只是代表了"环保补贴"中的一部分。但是，该条文为企业更新设备适应新环境要求扫除了后顾之忧，在贸易协定中凸显了对环境保护的重视，且极具前瞻性的发展眼光，为能源产业更新环保设备、可再生能源产业实现技术升级获得政府财政补贴提供了制度依据，不能因为其只是"环保补贴"中的一部分而忽视其制度价值。第 8.2(b)条考虑到不同成员方的经济发展情况而对落后地区给予了更优惠的补贴待遇，说明了 SCM 协定拟定之初对不同经济发展阶段成员方的分类考虑，为今后拟定相关制度时采用类似的思路具有借鉴意义。第 8.3 条、第 8.4 条、第 8.5 条的复杂程序规定以及第 9 条设置的"不可诉补贴"救济措施，实质上为不可诉补贴制度的适用设置了较高的适用条件和审查程序要求，加大了不可诉补贴制度的适用难度，从制度上降低了绿灯补贴的实践适用性。因此，笔者认为不可诉补贴相关制度是 SCM 协定原有框架

① SCM Agreement, Article 9.

下与“可再生能源补贴”认定、论证关系最密切，最具可行性的条文依据。

虽然早在1999年下半年不可诉补贴制度临近失效的时候，也有部分成员方对不可诉补贴失效后补贴制度的框架逻辑、对环境保护的不利后果表达了担忧，[①]然而，由于成员方之间未就SCM协定第31条“临时适用”条款的延长使用问题达成一致性有效决议，SCM协定第8条、第9条中不可诉补贴的相关规定已经于2000年1月1日正式到期失效。笔者认为，部分成员方在20多年前就不可诉补贴失效表示的担忧十分具有预见性。SCM协定第8条、第9条的失效使得绿灯补贴从SCM协定文本中消失，导致所有符合定义和专向性的补贴全部落入到禁止性补贴和可诉性补贴的范围，这在很大程度上剥夺了WTO成员采取补贴方式纠正“市场失灵”的可能性，[②]SCM协定缺乏对于环境补贴的明示豁免，制度上呈现“SCM协定未区分合理补贴与不合理补贴”的境况。[③] 补贴类型的缺乏使得可再生能源补贴在目前的WTO规则下处于十分脆弱的地位，可再生能源补贴的合规性备受质疑。在这种制度框架下，如果一项措施被认定为SCM协定含义下的补贴，即使该措施具有政策设置目的上或实施意义上的必要性、正当价值，既无法获得豁免的机会，也无法享受特殊的待遇，类似“可再生能源补贴陷入法律发展困境”的情形也就不可避免地出现了。不可诉补贴制度的失效，的确削弱了WTO涵盖协定，尤其是

---

① WTO, Committee on Subsidies and Countervailing Measures, Minutes of the Regular Meeting Held on 1—2 November 1999, G/SCM/M/24, paras. 24, 25 and 39.

② 吕晓杰：《可再生能源政策与WTO补贴制度的相符性分析——以加拿大可再生能源案为中心的考察》，载《江汉论坛》2016年第8期，第101页。

③ 梁蓉：《WTO体制下可再生能源补贴的困境与出路》，载《武大国际法评论》2016年第1期，第175页。

SCM 协定处理环境问题的能力，使得可再生能源补贴的合规认定在既有制度框架内举步维艰。

本章小结

本章围绕 WTO 框架下的可再生能源补贴制度适用这条主线，在第一节分析了 WTO 框架下 SCM 协定、GATT1994、GATS 和《农业协定》中的与可再生能源补贴相关的制度，及其与可再生能源补贴的适用关系。经过逐一分析，笔者认为，除了 SCM 协定，其他协定中的补贴制度都无法为可再生能源补贴认定提供充分依据；除了《农业协定》中的“绿箱”国内支持措施，其他涵盖协定中均无肯定可再生能源补贴环境价值、正外部性的补贴制度。有鉴于《农业协定》适用对象的特定性，当前 WTO 框架下没有专门适用于可再生能源补贴的特殊补贴制度。因此，从制度层面来看，可再生能源补贴认定、论证遵循一般补贴认定、论证规则。在第二节中，结合 WTO 可再生能源补贴争端解决实践，以“加拿大-可再生能源案”为例，详细分析了 WTO 争端解决实践中确定的可再生能源补贴合规论证规则；并结合 DSB 裁决正、反两方面的评价肯定了既有合规论证规则的价值，同时也指出了其中的问题所在；并结合 WTO 补贴争端实践发展，发现可再生能源补贴争端呈现“非补贴”化处理和高频度嵌入“国内成分要求”两个显著发展特点。而今，WTO 框架下可再生能源补贴合规论证路径发展呈现“停滞”状态，结合实践发展反思制度本身，发现 WTO 框架下补贴认定制度和分类制度都存在局限性，不利于可再生能源补贴合规论证的展开，无法在既有补贴制度框架内为可再生能源补贴提供豁免机会。DSB 实践中形成的可再生能源补贴合规论证方法，是根据当前 WTO 框架下补贴制度做出的最无奈，也是最积极的选择，这种合规论证方法虽然暂时为非禁止性可再生能源补贴在事实上构建了暂时的绿色安全网，但从解决问题和长远发展的角度来说，依然不是根本之道。

第三章　非多边视角可再生能源补贴制度的发展

第二章在 WTO 框架下，从多边法律层面，就可再生能源补贴的制度依据、合规论证、发展特点进行了系统分析，发现 WTO 补贴制度对于可再生能源补贴合规论证来说，具有局限性。当今世界，在经济全球化深入发展的同时，逆全球化浪潮[①]也在深刻影响全球政治经济，WTO 规则机制缺乏突破性发展、被誉为“皇冠上明珠”[②]的争端解决机制面临运转危机，多边经贸规则发展方向前景不明、举步维艰。因此，笔者认为，有必要在多边之外，尝试从非多边视角出发，归纳非多边视角下可再生能源补贴相关制度的内容、特点，为多边层面可再生能源补贴制度的发展提供充分参考依据。

---

① 逆全球化(Deglobalization)与以资本、生产和市场在全球层面加速一体化的全球化过程背道而驰，是指重新赋权于地方和国家层面。有学者认为，在人类历史的长河中，逆全球化的事件与国际一体化的事件是同样多，甚至更多的。David J. Bederman, Globalization and International Law, Palgrave Macmillan, 2008, p. 43.

② [美]约翰·H·杰克逊(John H. Jackson)著:《国家主权与 WTO——变化中的国际法基础》，社会科学出版社 2009 年版，第 160 页。

第一节　区域经济一体化视角下的可再生能源补贴制度

与多边经贸规则发展停滞不前相比，区域贸易协定（Regional Trade Agreements，RTAs）不断出现、生效[①]（详见下图），并拟定、适用了不同的区域性经贸规则。区域经济一体化的迅速发展已引起了世界范围内的重视。[②] 结合多边贸易体制的发展历史，其建立是国家间博弈的结果，既有国际经贸规则的形成一般经历了“大国主导、集合相同利益诉求的国家集团、吸引其他国家加入，扩展成全球性多边规则”的过程，[③]因此，本节将就重点区域贸易协定中的补贴、可再生能源补贴制度进行梳理，聚焦法律制度重心，结合政策制度内容，[④]探究、把握区域经济一体化下视角下，诸边、[⑤]双边层面可再生能源补贴制度的变革机遇。

---

① RTAs 按照其组织性质、合作方式的不同可以分为多种类型，在 WTO 制度体系下，RTAs 区域贸易协定主要分为以下几种类型：FTA（Free Trade Agreement）、CU（Customs Union）、EIA（Economic Integration Agreement）、PSA（Partial Scope Agreement），有的区域贸易协定可能同时符合以上列举的两种类型，当前，FTA 是 RTAs 中最多的类型。根据 WTO 区域贸易协定数据库（Regional Trade Agreements Database）数据，目前生效并向 WTO 报告的 RATs 共计 303 个，数据统计截止 2020 年 4 月 3 日。

② 车路遥：《论区域经济一体化对多边贸易体制的碎片化作用》，载《武大国际法评论》2013 年第 2 期，第 205 页。

③ 东艳：《全球经贸规则的发展趋势与中国的机遇》，载《国际经济评论》2014 年第 1 期，第 47 页。

④ 关税同盟、内国法层面的可再生能源补贴制度大都采取法律和政策相结合的方式加以呈现，为了研究的全面性，本部分可再生能源制度的研究也会部分涉及可再生能源补贴政策领域，但还是以可再生能源补贴法律分析为主。

⑤ “诸边”又被称之为“复边”，源自 WTO 诸边贸易协定，与多边相对，本文统一称为“诸边”。

2010 年以来向 WTO 报告且有效的 RTAs 个数明细图①

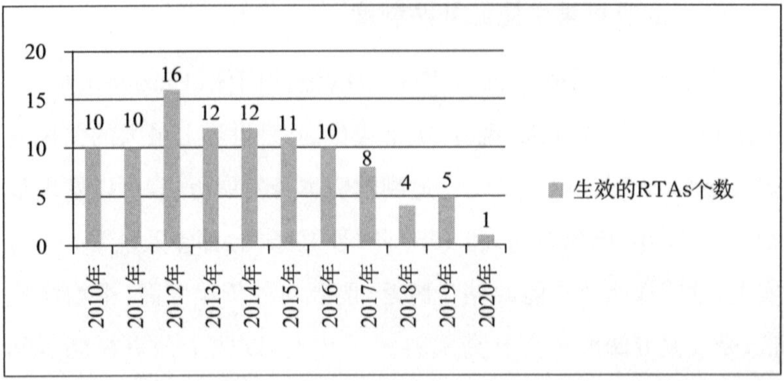

2010 年以来向 WTO 报告且有效的 RTAs 类型分类对比图②

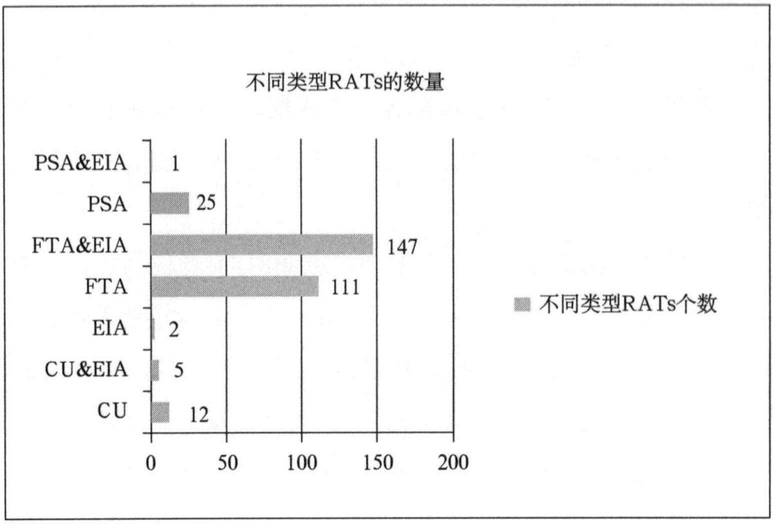

① “2010 年以来向 WTO 报告且有效的 RTAs 个数明细图”，是根据 WTO 区域贸易协定数据库(Regional Trade Agreements Database)数据整理而成，数据时间截止 2020 年 4 月 3 日。

② “2010 年以来向 WTO 报告且有效的 RTAs 类型分类对比图”，是根据 WTO 区域贸易协定数据库(Regional Trade Agreements Database)数据整理而成，数据时间截止 2020 年 4 月 3 日。

一、欧盟可再生能源补贴制度

欧盟(European Union, EU)由欧洲共同体(European Community, EC)发展而来,现有27个成员国,是世界上最大的关税同盟(Customs Union, CU)。[①] 追溯欧盟本身发展历程,可以发现最初的1951年《巴黎条约》和1957年《罗马条约》都涉及能源。[②] 事实上,欧盟探明化石能源储量匮乏,能源对外依赖度高,平均海拔低,受气候变暖海平面升高威胁大,[③]因此,欧盟十分重视能源问题,从开发使用新能源、可再生能源,到建立发展能源法律、政策体系,都有着很多可借鉴之处。

(一)欧盟可再生能源补贴制度渊源

欧盟采用法律与政策相结合的方式促进和规范新能源的发展,[④]具体到可再生能源制度领域,也包括法律与政策两种制度形式。

欧盟法的渊源分为初级渊源和次级渊源,前者包括成员国制定的作为成立条约的基本法(The Primary Law)、欧洲法院承认的一般法律原则,后者包括欧盟制定的从属法(The Secondary Law)。[⑤] 具体到欧盟能源法律制度,欧盟能源基本法主要指的是欧盟一体化进程中涉及能源的条约,例如《欧洲联盟条约》《欧洲联盟运行条约》;欧盟能源从属法包括欧盟各机构在能源领域制定的

---

① 2020年1月英国"脱欧"后,欧盟的成员国数量为27个。

② 《巴黎条约》又称《欧洲煤钢共同体条约》,旨在建立"欧洲煤钢共同体",《罗马条约》又称《欧洲原子能共同体条约》,设立了"欧洲原子能共同体"。

③ 李严波著:《欧盟可再生能源战略与政策研究》,中国税务出版社2013年版,第39—43页。

④ 程荃著:《欧盟新能源法律与政策研究》,武汉大学出版社2012年版,第11页。

⑤ Jo Shaw, Law of the European Union, 3rd ed., Palgrave, 2000, pp. 240—241.

指令(Directives)、条例(Regulations),至于决定(Decisions)和建议(Recommendations)是否具有法律拘束力要另行分析。① 2018年12月,欧盟《可再生能源指令》再次进行了修订,为欧盟制定了新的约束性可再生能源目标:"2030年欧盟总能源需求中,可再生能源至少达到32%,并规定到2023年可能进行上调",并要求成员国在2021年6月30日之前将指令中的新内容转化为国内法。② 该指令明确了可再生能源电力市场化的发展基调,第4.2条规定:"在考虑可再生能源发电成本、避免造成电力市场扭曲的前提下,鼓励可再生能源电力以市场化和市场化的方式融入电力市场";该指令也表达了对边远地区可再生能源电力给予特殊补贴待遇的内容,第4.7条规定:"考虑外围边缘地区和小岛屿地区发电成本,为了增加这些地区发电量,成员国可对以上地区调整财政支持";该指令还为补贴政策科学化发展设置了保障制度,第4.8条规定:"在2021年12月31日之前以及此后每三年,特别要对欧盟可再生能源电力招标程序进行分析";第6.4条规定:"至少每五年,欧盟成员国应当评估一次可再生能源电力支持机制的有效性,以及该支持机制第不同消费群体和投资的主要分配影响,并将评估结果作为支持机制修改及新支持机制形成的依据"。

欧盟能源政策指的是欧盟发布的能源相关的非法律文件,实践中以白皮书、绿皮书、建议、决议、战略、线路图等名称为主。③ 1973年石油危机后,1974年《关于1985年共同体能源政策目标的

---

① 比如,欧盟理事会和执委会的建议和意见不具有法律约束力。杨泽伟:《欧盟能源法律与政策及其对中国的启示》,载《武大国际法评论》2007年第2期,第218—219页。

② Renewable Energy Directive 2018/2001EU, at https://ec.europa.eu/energy/en/topics/renewable-energy/renewable-energy-directive/overview, Jan. 26, 2020.

③ 李严波著:《欧盟可再生能源战略与政策研究》,中国税务出版社2013年版,第69—72页。

决议》[①]之后，逐渐建立发展了欧盟能源政策体系，其中多有涉及发展可再生能源的内容。1997 年 11 月，欧委会发表《未来能源：可再生能源白皮书——共同体战略与行动计划》(以下简称《可再生能源白皮书》)，[②]第一次为欧盟可再生能源资源制定了一个共同行动计划。[③] 2000 年 11 月，欧委会发表的《迈向欧洲能源供应安全战略》绿皮书中列入了"在供应方面采取支持可再生能源的财政工具"的内容。[④]

欧盟的可再生能源法律和政策并非割裂的体系，"确定立场的文件经过立法程序，最终体现为欧盟的正式法令"[⑤]。具体来说，通过"可再生能源绿皮书"的发布征询成员国、公众的意见，作为形成"可再生能源白皮书"的参考依据，而绿皮书、白皮书中的部分内容会成为具有法律拘束力的"指令"的条款。[⑥]

（二）欧盟国家援助制度内容

一直以来，国家援助(State Aid)制度就是欧盟法的重要组成部分和特色之一。简单来说，国家援助是一国政府利用国家财源通过财政、税收、金融等措施给予企业的优惠。[⑦] 有鉴于 WTO 框架下补贴概念与欧盟国家援助制度下援助概念在接近半个世纪的

---

① Council Resolution of 17 December 1974 concerning Community Energy Policy Objectives for 1985.

② Energy for Future: Renewable Sources of Energy-White Paper for a Community Strategy and Action Plan.

③ 祝佳著:《欧盟能源政策研究》，中山大学出版社 2015 年版，第 58 页。

④ Towards a European Strategy for the Security of Energy Supply.

⑤ [法]德尼·西蒙著:《欧盟法律体系》，王玉芳、李滨、赵海峰译，北京大学出版社 2007 年版，第 291—292 页。

⑥ 程荃著:《欧盟新能源法律与政策研究》，武汉大学出版社 2012 年版，第 97 页。

⑦ 孔少飞:《欧盟的国家援助制度及其借鉴》，载《欧洲研究》2006 年第 3 期，第 88 页。

演变之后殊途同归,[1]因此本部分将围绕欧盟国家援助制度及与可再生能源相关内容加以展开。

国家援助制度原先集中于《建立欧洲共同体条约》(The Treaty Establishing the European Community)第87、88、89条,《欧盟运行条约》(Treaty on the Functioning of the European Union)生效后,《欧盟运行条约》第107、108、109条继承了《建立欧洲共同体条约》第87、88、89条的内容。此外,欧盟委员会、欧盟理事会、欧洲法院的条例、指令、决定、判例也包含国家援助制度的内容。

《建立欧洲共同体条约》《欧盟运行条约》都未就国家援助制度给出明确定义,而是通过不同类型国家援助的表述或列明将国家援助分为了"与内部市场相抵触的国家援助""与内部市场兼容的国家援助"和"可能与内部市场相兼容的国家援助"三类。[2]《欧盟运行条约》第107条第1款[3]从"竞争角度"展开表述,字面上至少包含了"援助的给予""援助给予对象的特定""竞争扭曲的后果或威胁""成员国之间贸易的不利影响"四个要件;第108条、109条相当于国家援助实施的程序性条款,其中第108条第1款、第2款明确了欧盟委员会对成员国国家援助的审查权,第108条第3款明确了成员国实施或更改国家援助的事前通报义务;第108条第

---

① 周牧:《欧盟国家援助制度研究》,中国社会科学院研究生院2012年博士学位论文,第11页。

② 《欧盟运行条约》第107条第1款就与内部市场相抵触的国家援助进行了描述性规定,构成了"禁止国家援助的一般性条款";第107条第2款就与内部市场兼容的三类国家援助进行了列举式规定;第107条第3款就可能与内部市场相兼容的五类国家援助进行了列举式规定。

③ 《欧盟运行条约》第107条第1款规定:"除了本条约有其他规定之外,某一成员国或者利用国家资源给予的任何援助,不管具体方式为何,只要对特定企业或者特定产品的生产产生了优待,以至于扭曲竞争或对竞争造成扭曲的威胁,进而对成员国之间的贸易造成影响,就属于与内部市场相抵触的国家援助。"

4款和第109条是特殊情况下减轻欧盟委员会审查工作的授权规定。欧盟1999年、2004年分别通过的《第659/1999号条例》和《第794/2004号条例》，对国家援助的程序内容进行了进一步细化。[①] 欧盟2008年出台的《普遍集体豁免条例》(General Block Exemption Regulation, GBER)就部分"与内部市场兼容的国家援助"做出了特殊的规定，从实体法层面形成了对国家援助制度的豁免内容。[②] 该条例设置的基本思路就是，主要针对中小企业援助、培训就业援助、研发援助、环保援助四类国家援助做出集体豁免规定，如符合条例中的条件要求，不需要再经过"事前审查"，即可自动获得实施许可，其中对环保类型的国家援助措施的豁免，为针对可再生能源给予的国家援助留下了制度空间。实践中，欧洲法院的判决对国家援助制度及其前述条款的理解有着重要的意义。例如，在Germany V. Commission一案中，欧洲法院对国家援助的实施者进行了广义的解释，认为判定是否为国家援助的实施者，不论其地位和性质如何，关键在于援助是否得到了公共财政的支持，可能包括中央政府机构、地方政府机构以及其他公共机构等。[③]

具体到可再生能源相关的国家援助，欧盟委员会《环保和能源国家援助指南(2014—2020)》中有较为详细的表述。[④] 该指南明确

---

① Commission Regulation (EC) No. 794/2004, Council Regulation (EC) No. 659/1999.

② Commission Regulation (EC) No. 994/1998 和 Commission Regulation (EC) No. 1998/2006 也是欧盟关于国家援助豁免的实体规定，2008年《普遍集体豁免条例》即：Commission Regulation (EC) No. 800/2008，出台后取代了欧盟之前多项关于国家援助豁免的条例。

③ Federal Republic of Germany V. Commission of the European Communities, Case 248/84, 1987, para. 17.

④ European Commission, Guidelines on State Aid for Environmental Protection and Energy 2014—2020 (2014/C 200/01).

了可再生能源产业的市场化发展方向，比如，预计 2020 年—2030 年期间，随着可再生能源电力竞争力的提升，相应的补贴及豁免应逐步取消，并将援助计划的最长期限定为 10 年，并表示如果要维持援助计划，需要在期限结束后另行通知；[①]诸如拍卖或竞争性招标程序等市场手段，应向欧盟所有可再生能源发电商开放，但由于成员国可再生能源技术发展处于不同阶段，允许成员国确定具体的竞标方式。[②] 该指南在第 115 段和 116 段中，对可再生能源国家援助解决市场失灵的定位进行了强调：欧盟排放交易系统（Emissions Trading System, ETS）和二氧化碳税虽然将温室气体排放成本内部化，但可能尚未将这些成本完全内部化，在假定市场失灵仍然部分存在的情况下，符合条件的可再生能源国家援助产生的扭曲效应有限，具有实施的适当性。值得注意的是，指南对于可再生能源国家援助的双重影响效果有所提及，体现了制度的周延性。[③]

（三）欧盟国家援助制度借鉴

结合欧盟国家援助制度的主要内容的分析，可以发现欧盟法含义下的国家援助制度与 WTO 框架下的补贴制度并不完全相同。总体而言，WTO 框架下的补贴、反补贴制度属于多边贸易体制下的贸易救济措施，而“欧盟国家援助制度首先是一种竞争政策，是为了规范政府反竞争行为、维护内部统一市场的工具”[④]。

---

① European Commission, Guidelines on State Aid for Environmental Protection and Energy 2014—2020 (2014/C 200/01), paras. 108 and 121.

② European Commission, Guidelines on State Aid for Environmental Protection and Energy 2014—2020 (2014/C 200/01), paras. 109 and 110.

③ 该指南第 117 段指出，对水电的国家援助有助于减少温室气体的排放，但是可能对水系统和生物多样性产生负面影响。

④ 周海涛：《欧盟国家援助制度的现代化及其借鉴》，载《河北法学》2016 年第 8 期，第 136 页。

因此，本部分将以欧盟国家援助制度为参考，在比较视角下，探究其借鉴启发意义。

从定义要件来看，SCM 协定含义下的补贴应具备“广义政府行为”“资政资助形式”“存在利益授予”“具备专向性”四个要件。以下将结合欧盟国家援助制度内容，逐一对标前述要件展开分析。第一，欧盟法院实践就国家援助制度中的“国家”做了扩大化的解释，这与 WTO 争端解决实践中确立的“政府职能说”[①]是基本相同的，也就是说，无论国家援助制度还是补贴都是“广义政府行为”。第二，欧盟国家援助制度没有列明“资政资助形式”，“结合欧盟委员会在认定国家援助时的裁量权，因此援助的范围、形式更多样，并不仅仅限于货物贸易，也可能指向服务贸易”[②]。第三，欧盟国家援助制度采用了“援助给予”“产生优待(Favour)”的过程表达，并将对竞争造成的影响或可能造成的影响作为评判依据，这与 SCM 协定基于“市场基准”来判定是否存在“利益(Benefits)授予”的论证思路是不同的。第四，欧盟国家援助制度用“特定企业或者特定产品的生产”来表达援助的非普适性，而 SCM 协定中“专向性”包括法律专向性、事实专向性、区域专向性、拟制专向性四个类型，相对规制更为严格。此外，SCM 协定不存在对“国家财政造成负担”的内容，但结合欧盟法相关实践，欧盟国家援助制度对“国家财政造成负担”有要求，因此从定义角度来说，SCM 协定补贴范围和欧盟国家援助范围不重合，存在交叉关系。

---

① “政府职能说”与“政府控制说”相对，在 WTO 争端解决机制 WT/DS379 一案中进行了充分讨论。该案上诉机构认为，判定 SCM 协定含义下的公共机构应当根据“政府职能说”，即：拥有、行使或被授予政府职权的实体，而不应当根据“政府控制说”，即：为任何政府控制的实体。

② 易在成：《WTO 补贴制度欧洲化方案评析》，载《中山大学学报(社会科学版)》2019 年第 3 期，第 167 页。

从分类情况来看，有鉴于不可诉补贴制度的失效，当前SCM协定含义下的补贴只有禁止性补贴和可诉补贴两类，也就是说，除非被诉措施不具有专向性，否则正如第二章所述，很难在当前SCM协定中找到豁免空间。欧盟国家援助制度包括“与内部市场相抵触的国家援助”“与内部市场兼容的国家援助”“可能与内部市场相兼容的国家援助”三种，“其中后两种又被称为‘自动相容援助’和‘裁量相容援助’，‘与内部市场相抵触的国家援助’相当于‘一般禁止条款’，‘自动相容援助’‘裁量相容援助’相当于‘例外许可条款’”[①]，通过“一般禁止和例外许可”的逻辑关系为特殊类型援助措施设置了豁免空间。《普遍集体豁免条例》和《环保和能源国家援助指南(2014—2020)》中都包含了可再生能源国家援助的豁免内容。

从程序内容来看，GATT1994第16.1条和SCM协定第25条虽然就成员方专向性补贴的通知义务做出了要求，但是该通知义务并不构成前述补贴实施的前置程序或前置条件。事实上，许多WTO成员方并未履行补贴的通知义务，或者在通知义务履行过程中存在瑕疵。[②] 欧盟国家援助制度却规定了成员国实施、变更国家援助计划的“通知”义务，并赋予了欧盟委员会审查国家援助措施是否与内部市场相抵触的权限，建立了“事前审查”和“授权豁免”相结合的程序性制度。

结合前述三个层面的比较，可以发现，基于WTO和欧盟组织性质的不同，因此类似的制度规定也存在不少差异，WTO框架

① 易在成：《WTO补贴制度欧洲化方案评析》，载《中山大学学报(社会科学版)》2019年第3期，第168页。

② World Trade Organization, World Trade Report 2006 (Exploring the Links between Subsidies, Trade and the WTO), pp. 111—112.

下的补贴制度更关注贸易自由化，多边协定“求同存异”的达成需求，也让 WTO 在制度设置上避免出现“事前审批”的强硬做法；欧盟国家援助制度更关注通过公平竞争形成统一的内部市场，以实现关税同盟的合作目的。但是，欧盟国家援助制度还是有其可借鉴之处。第一，欧盟国家援助的分类和“事前审查”义务由于存在“例外许可”更显合理，也为诸如可再生能源补贴留下了生存空间和抗辩机会。SCM 协定中不可诉补贴制度的失效打破了补贴分类制度的合理性，导致了 WTO 多边贸易体制下更为严格补贴制度体系的出现，因此，恢复或修订不可诉补贴制度在制度比较视野下获得了支持依据。第二，结合第二章可知，在 WTO 争端解决机制实践中，可再生能源补贴“市场基准”难以明确、无法判断是否“授予利益”已经成为了可再生能源补贴认定的瓶颈问题。在这种情况下，是否可以另辟思路，在可再生能源补贴制度特殊化发展过程中，借鉴欧盟国家援助制度中“产生优待”+“竞争影响或竞争影响威胁”的论证逻辑可能比找寻合适“市场基准”更为理性。第三，将关税同盟的“事前审查”制度直接移植至多边协定并不现实，但在 WTO 框架下，针对特殊类型的补贴，比如具有专向性的可再生能源补贴，履行“事前通知”义务是否可以成为完全豁免或部分豁免的抗辩依据，是可以在新规则议定过程中加以考虑的讨论因素。

此外，欧盟委员会《环保和能源国家援助指南（2014—2020）》中关于可再生能源国家援助市场化发展导向、应对市场失灵定位、双重影响效果的表述，既是论证可再生能源补贴的必要性的依据，也是遵循幼稚产业保护理论，逐渐减少保护的举措，还是一分为二看待补贴“双重性质”的体现，体现了制度的科学性，值得借鉴。

二、CPTPP可再生能源补贴制度

跨太平洋伙伴关系协定(Trans-Pacific Partnership Agreement，TPP)原有12国参与，[①]代表了占全球GDP40%国家的发展需求，被誉为"巨型RTAs"。[②] TPP条款无论在范围和水平方面都超出了WTO协定的内容，[③]因此可以说TPP协定文本的标准达到了非关税同盟类RTAs的新高度。2017年1月，美国时任总统特朗普上任后不久，就正式宣布美国退出TPP，但成员方历时多年达成的高标准的区域性经贸规则依然影响深远。美国退出TPP后，11国修改协定，将TPP更名为CPTPP(The Comprehensive and Progressive Agreement for Trans-Pacific Partnership，《全面与进步跨太平洋伙伴关系协定》)，2018年3月新达成的协定基本沿袭了TPP主要内容，"代表了亚太地区高水平自由贸易协定的方向"[④]。

(一) CPTPP可再生能源补贴制度内容

CPTPP中关于补贴的条款主要集中于第6章"贸易救济"，相比保障措施的单独成节，[⑤]反倾销和反补贴措施共同存在于第6章的B节中。CPTPP第6.8条的三款内容并没有直接规定CPTPP含义下的反补贴实体规则，而是表述了CPTPP反补贴规

---

① 分别为：智利、新西兰、新加坡、文莱、秘鲁、马来西亚、越南、澳大利亚、美国、日本、墨西哥、加拿大，覆盖亚洲、北美洲、南美洲、大洋洲四个大洲。

② David A. Gantz, The TPP and RCEP: Mega-Trade Agreements for the Pacific Rim, Arizona Journal of International & Comparative Law, Vol. 33, 2016, p. 59.

③ 杨国华：《TPP与WTO：基于文本的五大比较》，载杨国华、冯军、史晓丽主编：《WTO的未来——约翰·H·杰克逊纪念文集》，上海人民出版社2016年版，第190页。

④ 胡枚玲、张军旗：《论CPTPP规制合作的新范式及中国应对》，载《国际贸易》2019年第10期，第35页。

⑤ CPTPP的第6章A节。

则和 WTO 框架下反补贴规则的关系，即：CPTPP 反补贴规定不影响缔约方在 GATT1994 第 6 条和 SCM 协定项下权利义务，不影响 WTO 争端解决程序的适用。值得注意的是，CPTPP 附件 6—A[①] 列出了“有助于实现贸易救济调查过程中透明度和正当程序目标”的实践清单，并通过“不完全列举”[②]的方式加以呈现。在 CPTPP 附件 6—A 中，a 项关于“发起调查前至少 7 天，向被调查方提供收到贸易救济申请的书面通知”，b 项关于“实地核查前，调查机关迅速通知应诉方核查时间、内容”“实地核查后，在核查报告中披露核查方法、程序、必要信息”，c 项关于“调查案件、复审案件中的非保密信息设立公共案卷，并供查阅、复印、下载”，d 项关于“调查方和应诉方沟通答复信息的规定”，e 项关于“最终裁定做出前，调查机关披露决定依据事实，给利害关系方回应机会的规定”，从反补贴贸易救济发起到最终裁定做出之前，通过材料的有效披露、情况的及时沟通，既凸显了 CPTPP 缔约方对贸易救济调查程序“透明度”“正当程序”的高度重视，也蕴含了将贸易救济措施在信息披露、及时沟通中加以解决的制度设置目的。

区域贸易协定相对于多边协议更易达成，多边协议中尚未谈妥的议题，尤其是环境议题的地位在区域贸易协定中日益提升。[③] CPTPP 第 20 章将“环境”内容单独成章，体现了鲜明的“美国特色”。[④] 在美

---

① 该附件名为“与反倾销和反补贴调查相关的实践”。

② 根据 CPTPP 附件 6—A 注释 1：本附件中所含实践不构成反倾销和反补贴调查实践的全面清单，不应当通过本清单是否包含调查程序的特定方面而展开进一步的推论。

③ 郑玲丽、刘畅：《环境问题的冲突与协调模式研究——以〈跨太平洋伙伴关系协定〉为例》，载《太平洋学报》2015 年第 4 期，第 68 页。

④ 自从美国在《北美自由贸易协定》(NAFTA)框架下签署《北美环境合作协定》NAAEC，美国签署的自由贸易协定大都包含环境内容。

国看来，自由贸易环境下，协定一方降低环境标准变相等同于对产业进行补贴，使得降低环境标准一方更能获得竞争优势，从而增强了其产业国际竞争力。[①] 也就是说，CPTPP 将环境标准与补贴挂钩，并作为影响产业竞争力、国际贸易的因素加以看待。有鉴于此，探析 CPTPP 中的可再生能根源补贴条款，除了审视 CPTPP 中的反补贴条款，还应综合审视 CPTPP 中的环境条款。CPTPP 第 20 章共计 23 个条款，既包括原则性条款，也包括具体领域的实体性条款和程序性条款。第 20.3 条在解析环境与贸易相辅相成关系，该条第 6 款关于"缔约方不得通过弱化、减少环境法律保护的方式促进缔约方之间的贸易、投资"的规定，从原则上明确了"禁止缔约方通过降低环境标准进而变相对贸易、投资实施变相补贴"的基调。第 20.15 条明确了缔约方通过"集体行动"(Collective Action)合作实现"向低排放和适应型经济转变"的环境保护目标，其中该条第 2 款更是将"替代性清洁能源、可再生能源开发"列入了缔约方"集体行动"的合作领域范畴。第 20.18 条将"环境产品和环境服务的贸易和投资"列为了"应对全球环境挑战的重要手段"，并规定专门委员会应当将"环境产品、环境服务相关贸易问题"列为讨论议题。

有鉴于可再生能源开发初期的研发成本和投入成本，国有企业对于开发可再生能源来说，有着相对明显的优势，因此有必要结合 CPTPP 中的"国有企业规则"来展开分析。CPTPP 第 17 章将"国有企业"单列一章，其中的"非商业援助制度"将"传统国有企业内容和传统补贴内容结合，创设了全新的权利和义务"[②]。第 17.1

---

① 李丽平、张彬、陈超：《TPP 环境议题动向、原因及对我国的影响》，载《对外经贸实务》2014 年第 7 期，第 12 页。

② 韩立余：《TPP 国有企业规则及其影响》，载《国家行政学院学报》2016 年第 1 期，第 85 页。

条将“非商业援助”定义为“政府基于对某国有企业所有权或控制权，而给予该国有企业的帮助”；第 17.6 条就“非商业援助”的原则性实体内容进行了规制，将“非商业援助”的适用范围拓展到贸易、服务、投资领域；第 17.7 条就第 17.6 条中的“不利影响”、第 17.8 条就第 17.6 条中的“损害”进行了详细规制。第 17.10 条就国有企业的透明度问题进行了高标准的规定，例如，国有企业名单需要列明并每年更新；应某一缔约方的请求，另一缔约方需要提供国有企业的相关信息等。

（二）CPTPP 可再生能源补贴制度借鉴

结合 CPTPP“贸易救济”“环境”“国有企业”相关内容的分析，可以发现，CPTPP 补贴制度相关内容散见于多个章节。表面来看，第 6 章“贸易救济”关于补贴、反补贴的规定沿袭了 WTO 的补贴规则，不影响 WTO 涵盖协定下补贴规则的适用，但事实上通过 CPTPP 附件 6—A 的规定，表达了提升贸易救济调查程序中透明度、正当程序的要求，从总体基调而言，CPTPP 有着发展、变革 WTO 框架下既有补贴制度的意蕴。因此，本部分从发展角度出发，探究 CPTPP 可再生能源补贴相关制度的借鉴启发意义。

第一，CPTPP 附件 6—A“有助于实现贸易救济调查过程中透明度和正当程序目标”的不完全实践清单，以及第 17.10 条关于国有企业透明度标准的规定，都凸显了 CPTPP 补贴规则对于透明度、程序正当的重视程度。政策的透明度、贸易救济调查过程中的有效、及时沟通，对于减少贸易救济措施有着重要的“预防”作用，可以通过互通信息、充分交流增加了解，也会让成员方在采取相应贸易救济措施的时候更加慎重，进而降低贸易摩擦发生的可能。从这个层面来说，将“透明度、正当程序”更好地融入多边贸易协定、内国法补贴制度之中，对于为可再生能源产业构筑良好的国际贸易环境来说，显然是有裨益的。

第二，CPTPP 单设“环境”章节，通过将“可再生能源开发”列入缔约方“集体行动”合作领域，肯定了可再生能源对于全球范围内环境保护、经济可持续发展的重要作用；通过“环境产品和环境服务的贸易和投资”的相关规定，延续了 WTO 试图通过对“环境产品”明确，进而对其实施特殊待遇的做法，[①]并将范围拓展至服务、投资领域，为进一步在该领域展开制度创新奠定了基础。对于可再生能源补贴制度来说，CPTPP 将“降低环保标准”作为“变相补贴”的考虑因素，一方面，否定了以牺牲环境来获取暂时利益的发展路径，对于可再生能源产业发展而言，是制度福音；另一方面，该规定将环境变相补贴和贸易、投资、服务相联系，拓展了 WTO 既有补贴制度囿于贸易领域的局限，对可再生能源在贸易、投资、服务多个领域的补贴来说，也是制度挑战。此外，第 20. 10 条“企业社会责任”“鼓励”的倡议式措辞虽然没有国际法意义的拘束力，但从某种程度上体现了对环境法意义上的“污染者付费原则”和“受益者分摊原则”的顾及，具有进步意义，但是否能因企业履行社会责任，比如开发可再生能源，而给予类似补贴的优惠待遇，尚未可知。

第三，在 CPTPP“国有企业”章节中，第 17. 7 条和第 17. 8 条中的“不利影响”和“损害”的概念，和 WTO 框架下 SCM 协定第 5 条的“不利影响”和第 15 条的“国内产业损害”是一脉相承的，因此，虽然 CPTPP 第 6 章没有就补贴问题做出实质具体规定，但是，在第 17 章中通过“非商业援助制度”的形式，将补贴制

① 2014 年，14 个 WTO 成员方发表了《关于发起环境产品协定谈判的联合声明》，启动了《环境产品协定》的诸边贸易谈判。

度引入国有企业制度领域。相比 WTO 框架下补贴适用范围仅限于货物贸易领域之内,CPTPP 中的“非商业援助”已延伸至投资、服务领域,适用范围显然更广。具体而言,根据 WTO 争端解决实践,[①]判定国有企业是否属于 SCM 协定含义下的“公共机构”要看“国有企业在被诉措施中是否履行政府职能”。而 CPTPP 通过对国有企业规则的设置,改变了 WTO 框架下国有企业适用 SCM 协定一般补贴规则的论证逻辑,既避免了根据“政府职能说”来认定国有企业是否属于 SCM 协定含义下的“公共机构”,也不需要完成 SCM 协定补贴定义中四个要件的论证。再者,结合 CPTPP 第 17.1 条,“缔约方或缔约方的任一国有企业,通过使用自由裁量权对该缔约方的国有企业给予照顾”就符合了“非商业援助”定义 b 款“凭借该国有企业的政府所有权或政府控制权”要件,对于前述“自由裁量权”的规定,使得 CPTPP 含义下的“非商业援助”构成明显更为容易。综上,CPTPP 通过国有企业非商业援助制度,事实上为国有企业创设了新的补贴适用规则,这对于国有可再生能源企业来说,无疑是新的制度挑战。

三、USMCA 可再生能源补贴制度

美国一边退出 TPP,一边着手用新的区域贸易协定取代 1994 年以来生效的《北美自由贸易协定》(North American Free Trade Agreement, NAFTA)。2018 年 10 月,美国、墨西哥、加拿大达成了《美国-墨西哥-加拿大协定》(United States-Mexico-Canada Agreement, USMCA)。虽然该协定的缔约方只有 3 个,但基于

① WT/DS379 一案上诉机构关于“政府职能说”的解释,已在前文中提及。

该协定覆盖的贸易量以及美国对该协定的定位,①应当对该协定的相关制度给予高度的重视。

(一) USMCA 可再生能源补贴制度内容

USMCA 中关于补贴的条款主要集中于第 10 章"贸易救济"之中。从体例形式上来看,USMCA 第 10 章采用了 CPTPP 第 6 章将保障措施单独成节,②反倾销、反补贴税共同成节的方式;③沿袭了 NAFTA 第 19 章及其附件设置程序条款的做法,在 USMCA 第 10 章 D 节中纳入了"反倾销、反补贴税审查及争端解决"的内容,并在第 10 章附件 A 和附件 B 中就反倾销、反补贴调查及争端解决程序内容进行了具体规定;④同时又创新机制,在 C 节中增加了"防止逃避贸易救济法责任的合作"的内容,因此,USMCA 第 10 章是对 CPTPP 第 6 章"贸易救济"和 NAFTA 第 19 章"反倾销、反补贴税事宜的争议与争端解决"的吸收、结合、发展后的呈现。相比 CPTPP 贸易救济章节,USMCA 贸易救济章节中最明显的特色就在于

---

① USMCA 将是美国签署的规模最大的贸易协定,号称覆盖规模为 1.2 万亿美元的贸易;美国总统特朗普称 USMCA 创造了历史,称其为"历史上最现代、最先进、最平衡的贸易协定";美国贸易代表莱特希泽称 USMCA 将成为美国后续贸易协定的模板。参见邵宇、陈达飞:《美-墨-加协议(USMCA)全解及其对中国的启示》,http://www.nifd.cn/ResearchComment/Details/1104,(访问日期:2019 年 10 月 8 日)。此外,USMCA 的重要性在于,它是美国特朗普政府宣布退出 TPP 并认为旧有协定对美国不公需要制定新规则之后达成的第一个自由贸易协定,同时它也是美国特朗普政府推行"美国优先"政策采取单边保护主义措施之后达成的第一个自由贸易协定,更是中美贸易战背景下达成的自由贸易协定,其风向标意义不应低估。参见韩立余:《构建国际经贸新规则的总思路》,载《经贸法律评论》2019 年第 4 期,第 9 页。

② USMCA, Chapter 10, Section A: Safeguards.

③ USMCA, Chapter 10, Section B: Antidumping and Countervailing Duties.

④ USMCA, Annex 10—A:反倾销、反补贴税程序相关实践;Annex 10—B.1:双边专家组(Binational Panels)的成立;Annex 10—B.2:第 10.11 条专家组程序;Annex 10—B.3:特别异议程序(Extraordinary Challenge Procedure);Annex 10—B.4:特别委员会程序(Special Committee Procedure)。

纳入了独立的争端解决机制。结合 USMCA 第 10 章附件内容，不难发现，USMCA 沿袭了 NAFTA 第 19 章中的“双边专家组”制度、国内立法审查专家组程序(第 10.11 条专家组程序)、特别异议程序、特别委员会程序等多个程序性制度。但相比 NAFTA 第 19 章，USMCA 高度重视反倾销、反补贴调查过程中的透明度问题，比如要求在网上公布相关法律法规以及例如手册、指南、模板等参考指导信息，注意减少提供信息的网页数量；[①]诉讼阶段，调查机关在进行信息核实之前，告知应诉方核实信息的日期、审查议题等信息，核查之后，通过书面报告说明核查方法、程序、结果信息，向相关方提供不含机密信息的报告等；[②]还要披露反补贴税的计算方法；[③]在可行的范围内，交换非缔约方的补贴信息等。[④]

NAFTA 在第 1 章第 104 条表达了 NAFTA 与环境保护协定的关系，凸显了环境义务优先的原则思路；第 6 章就“与能源、基本化石产品相关的措施”进行了规制，但就其种类而言，尚未涉及可再生能源。和 CPTPP 类似，USMCA 在贸易救济章节之外，也设置了环境章节，集中于第 24 章。从条文体例和条文内容来看，USMCA 环境章节和 CPTPP 环境章节有很多相同、相似之处，[⑤]从宏观层面来看，都蕴含了“高水平环境保护、有效执行机制”“实现可持续发展”“处理好与贸易相关环境问题”[⑥]的制度设计目的。

---

① USMCA, Annex 10—A, Article 1.

② USMCA, Annex 10—A, Article 6.

③ USMCA, Annex 10—A, Article 7.

④ USMCA, Annex 10—A, Article 9.

⑤ 比如 CPTPP 和 USMCA 环境章节都涉及定义、目标、多边环境协定、公众意见与公众参与、臭氧层保护、贸易和生物多样性、入侵外来物种、海洋捕捞渔业、渔业补贴、环境产品与服务、环境磋商、高级代表磋商、部长级磋商、争端解决等条目及内容。

⑥ CPTPP, Article 20.2, USMCA, Article 24.

就 USMCA 环境章节与 CPTPP 环境章节的差异点而言，具体到与可再生能源相关领域，USMCA 就“空气质量”单列了条文，[①]明确了控制排放，减少国内、跨境空气污染，加强在空气污染减少、控制以及预防技术、实践方面合作等内容；换而言之，可再生能源技术、产品基于节能减排优势，进入了 USMCA 环境章节所提倡的技术合作领域。此外，USMCA“环境产品和服务”条文和 CPTPP 中相关条文的表述相比，[②]纳入了“通过清洁技术方法改善环境、经济绩效”“促进绿色增长、就业”“鼓励可持续发展”的内容，更加凸显了清洁技术的重要性，对可再生能源技术来说，也是利好信息。

NAFTA 第 15 章是关于“竞争政策、垄断机构与国有企业”的内容，早在上个世纪 90 年代初就注意到了国有企业可能对市场竞争、对其他缔约方投资者造成的影响，并在第 1505 条“定义”中纳入了“歧视性规定”“根据商业考虑”“非歧视性待遇”“国有企业”等相关内容。由前文可知，CPTPP 在第 17 章“国有企业”中设置了“非商业援助”制度，并以此将补贴制度引入国有企业制度领域。对比 CPTPP 在第 17 章来看 USMCA 第 22 章“国有企业和指定垄断企业”，发现 CPTPP 在第 17 章和 USMCA 第 22 章的正文的条文数量、条文标题、条文顺序完全一致，[③]条文具体内容也都大体类似，体现了通过“非商业援助”制度设计，在国有企业领域改变既有补贴适用规则，尤其是补贴认定方法的目的。

---

① USMCA, Article 24. 11.

② CPTPP, Article 20. 18, USMCA, Article 24. 24.

③ CPTPP 在第 17 章和 USMCA 第 22 章的正文的条文数量都是 15 条，条文标题依次的顺序都是：定义、范围、授予职权、非歧视待遇和商业考虑、法院和行政机构、非商业援助、不利影响、损害、缔约方特定附件、透明度、技术合作、国有企业和指定垄断委员会、例外、进一步谈判、信息形成过程。

（二）USMCA可再生能源补贴制度借鉴

结合USMCA“贸易救济”“环境”“国有企业”相关内容的分析，可以发现，USMCA补贴法律制度沿袭了NAFTA的部分传统和CPTPP的诸多内容，并在此基础上进行了再发展。因此，本部分从对比NAFTA和CPTPP相关制度出发，探究USMCA可再生能源补贴相关法律制度的借鉴启发意义。

一方面，USMCA补贴法律制度基本沿袭了CPTPP补贴法律制度的设计思路，补贴制度依然散见多个章节，沿袭了通过引入环境标准、“非商业援助”制度以改变WTO框架下既有补贴规则的制度设计用意，也同样凸显了提升贸易救济调查程序中透明度、正当程序的要求。因此，在发展、改变WTO既有补贴规则，重塑21世纪经贸规则层面，USMCA和CPTPP的思路是一致的。

另一方面，USMCA补贴法律制度并非完全复制CPTPP补贴法律制度的全部内容，在制度设计上呈现更高标准的发展特点。以“非商业援助”制度为例，CPTPP和USMCA在“非商业援助”条文内容的具体表述上，还是存在部分差异的。从定义层面来看，CPTPP将“非商业援助”定义为“因政府对一国有企业的拥有权或控制而给予该国有企业的帮助”，USMCA将“非商业援助”定义为“仅限于特定企业（Certain Enterprises）的帮助”。就“帮助”（Assistant）的形式而言，USMCA增加了“比该企业商业可获条件更优惠的待遇购买商品”的规定，扩大了“帮助”的形式范围；[①] USMCA还在“非商业援助”的定义解析中，增加了关于“特定企

---

① CPTPP第17.1条中的“援助”只包括“资金的直接转移或潜在对的资金或债务的直接转移”“比该企业可获条件更优惠的除一般基础设施外的货物或服务”。

业"的解释条款，将"特定企业"明确为"某一企业、行业或一组企业、行业"；[①]对比 CPTPP"非商业援助"定义中"凭借该国有企业的政府拥有权或控制权"和 USMCA"非商业援助"定义中"仅限于特定企业"的内容，可以发现 USMCA 将"对有限数量的特定企业提供援助"纳入"非商业援助"的范畴。[②] 此外，对比 CPTPP、USMCA 中"非商业援助"的具体条款，USMCA 增加了"禁止向主要从事电力以外货物生产、销售的国有企业提供的非商业援助"的规定，[③]明确了缔约方或缔约方国有企业，不得直接或间接提供，前述部分或全部非商业援助的相关义务，[④]而且，此类"非商业援助"无需造成"不利影响"即被禁止。再如，CPTPP 对于缔约方没有造成不利影响的"非商业援助"设有三年的过渡期，而 USMCA 并没有类似的规定。[⑤] 因此，无论定义层面，还是具体条文层面，相比 CPTPP"非商业援助"制度，USMCA"非商业援助"制度的覆盖范围更宽、标准更高、规则更为严苛。

诚然，USMCA 高标准的规则和 NAFTA 多年的运行基础、缔约方数量较少都有关系，但基于美国本身的影响力，USMCA 高标准的规则还是很有可能成为美国力推成为双边、诸边乃至多边

---

① USMCA, Article 22.1.

② CPTPP 第 17.1 条对"非商业援助"定义中"凭借该国有企业的政府拥有权或控制权"进行了四个层面行为列举，不包括 USMCA 中"对有限数量的特定企业提供援助"的行为形式。

③ 主要涉及"禁止缔约方国有企业向无资信的国有企业提供贷款或贷款担保""禁止缔约方或缔约方国有企业，向破产或濒临破产且无可信重组计划（包含在合理期限内恢复长期生存能力的内容）的国有企业，提供非商业援助""禁止缔约方或缔约方国有企业，将国有企业未偿债务转换为股本，且不符合私人投资者通常做法"。

④ USMCA, Article 22.6.

⑤ CPTPP, Article 17.7, USMCA, Article 22.7.

贸易协定范本的参考依据，因此对 USMCA 规则相关内容还是要有准确的把握。

四、EPA 可再生能源补贴制度

近三年来，美国特朗普政府从多边层面阻扰 WTO 改革和多边贸易体制发展，从诸边层面主导、推动 TPP、USMCA 等 RATs 的谈判，美国抢占 21 世纪国际经贸规则话语权的意图引发了多方警觉。美国的行为客观上也加速了覆盖 6 亿人口，占全球经济总量三分之一的日欧经济合作协定（Japan-EU Economic Partnership Agreement，EPA）的达成。[①] 与 TPP、CPTPP、USMCA 三个诸边贸易协定的性质不同，历经 5 年 18 轮谈判达成的 EPA 属于双边贸易协定，体现了美国之外两大发达经济体：欧盟和日本之间的利益诉求，[②]因此有必要从 EPA 相关条文出发，探究 EPA 文本中的可再生能源补贴制度。

（一）EPA 可再生能源补贴制度内容

EPA 补贴制度集中于第 5 章“贸易救济”和第 12 章“补贴”之中。EPA 第 5 章从章节体例上来说，沿用了 CPTPP、USMCA“贸易救济”章节先规定保障措施、再合并规制反倾销和反补贴措施的立法方式。EPA 第 5 章 D 节明确了缔约方维持其在 WTO 框架下《反倾销协定》和 SCM 协定的权利、义务，重点就“透明度和关键事实的披露（Disclosure of Essential Facts）”作了规定，具体包括“通过公平、透明方式从事反补贴调查”“关键事实披露的时间要

---

① 谢莲，《日欧签协定建史上“最大自贸区”》，https://baijiahao.baidu.com/s?id=1606445509728939472&wfr=spider&for=pc，（访问日期：2019 年 11 月 1 日）。

② 宋锡祥、张贻博：《〈欧盟-日本经济伙伴关系协定〉透视及中国的应对之策》，载《国际商务研究》2019 年第 3 期，第 57 页。

求、呈现方式、具体内容”[①]相关内容，同时还设计了“公众利益考虑”(Consideration of Public Interest)条文，为反补贴调查的利益相关方提供了表达意见的机会。[②]

EPA 第 12 章围绕“补贴”做了专门规制。第 12.1 条明确了“如果补贴措施对缔约方之间的贸易、投资产生了严重负面影响，则不得被授予”的原则。结合定义和范围来看，EPA 第 12 章中所规制的补贴是“与经济活动相关的专向性补贴”，[③]在沿袭 SCM 协定第 1.1 条补贴条件、第 2 条专向性的同时，明确表达对“补贴条件”“专向性”进行“必要的变通”(Mutatis Mutandis)。从补贴类型来看，EPA 在第 12.7 条中规定了“对缔约方贸易或投资有或可能有巨大负面影响”的“禁止性补贴”，主要禁止“政府或公共机构为濒临破产、无可信重组方案企业提供无限额、无期限债务、责任担保”的补贴行为，对比内容可以发现，EPA 中的禁止性补贴与 SCM 协定含义下的禁止性补贴并不相同。特别值得注意的是，从补贴与 WTO 框架下例外条款的关系来看，EPA 第 12.9 条通过“一般例外”条款的设计，明确表明将 GATT1994 第 20 条、GATS 第 14 条吸收(Incorporate)进 EPA 第 12 章，成为该章的一部分，

---

① EPA, Article 5.12. 根据该条文可知，在反补贴领域，关键事实的充分披露应当在临时措施实施之前或在临时措施实施之后立即做出，要确保在最后决定做出之前加以披露，且应当给利益相关方维护自身利益留足充分时间；关键事实的充分披露必须以书面形式呈现；SCM 协定第 12.4 条中的秘密资料也应无偏见地予以披露；反补贴调查、反补贴决定中关键事实的充分披露包括：确定补贴存在的数量和方法的详细内容。

② EPA, Article 5.13. 根据该条文，利益相关方包括：进口方生产商、进口商、货物的工业使用者和消费者组织代表；利益相关方可对反补贴调查书面提出自身意见。

③ 根据 EPA 第 12.2 条、第 12.3 条以及第 12.3 条注释 1 可知，EPA 第 12 章所指的补贴“不包括诸如教育的非经济活动”“不适用基于公共政策目的而向公众提供的补贴”“因自然灾害或其他意外事件而给予的补贴”“视听服务补贴”。

并进行“必要的变通”。此外，EPA 第 12.5 条、12.6 条属于程序性条款，其中“通知”条款对通知信息内容、时间要求、形式要求进行了明确，反映了对透明度原则的贯彻，“磋商”条款对磋商提出、应答形式、内容进行了明确。

除了单独的补贴章节外，EPA 还通过“贸易和可持续发展”一章的设置将环境保护、气候变化引入了经济合作条约，明确了“可持续发展的推进有赖于经济发展、社会发展和环境保护的相辅相成”。[①] 该章肯定了多边环境协定对促进环境、贸易的作用，强调在气候变化领域执行 1992 年《联合国气候变化框架公约》(The United Nations Framework Convention on Climate Change, UNFCCC)和 2015 年《巴黎协定》的重要性，并明确规定“缔约方应当加强合作，以促使贸易向低温室气体排放过渡和气候适应性方向发展。”[②]该章第 16.5 条为“有助于可持续发展的贸易和投资”的条文，规定“缔约方应当努力以符合本协定的方式，促进和促进环境产品和服务的贸易和投资”“缔约方应当努力以符合本协定的方式，促进与减缓气候变化密切相关的货物、服务贸易和投资，例如与持续性可再生能源、节能货物、服务相关的贸易和投资”。该章还将“在与贸易有关的国际气候变化机制领域展开合作，包括就促进低碳技术、其他气候友好型技术和能源效率的方法展开合作”纳入了缔约方“合作”条款，体现了对环境产品的重视，肯定了可再生能源产品、服务环境价值，明确了合作促进气候友好型技术发展的制度目的。

（二）EPA 可再生能源补贴制度借鉴

结合 EPA“贸易救济”“补贴”“贸易和可持续发展”三个章节

---

① EPA, Article 16.1.

② EPA, Article 16.4.

相关内容的分析，可以发现，EPA 补贴制度沿袭了 WTO 框架下补贴制度的部分内容，并在此基础上进行了“必要的变通”；同时，也在 CPTPP、USMCA“环境”章节的基础上，设计了“贸易和可持续发展”章节。因此，本部分从对比 WTO 框架下补贴制度和 CPTPP、USMCA 补贴相关制度出发，探究 EPA 补贴制度的借鉴启发意义。

和 CPTPP 和 USMCA 相比，EPA 是唯一一个在“贸易救济”章节之外，单列“补贴”章节的区域贸易协定。一方面 EPA“贸易救济”章节规定了维持缔约方在 SCM 协定下的权利、义务；另一方面又在“补贴”章节中通过对补贴条件、专向性、禁止性补贴的改变，以及 WTO 框架下例外条款的“引入”，对既有 SCM 协定补贴制度进行了发展。事实上，EPA 补贴制度中，禁止性补贴的再定义是唯一一个做出明确规定的条款，一方面明确将严重扭曲范围从贸易拓展至投资领域，另一方面也将禁止内容直接指向了“政府或公共机构为濒临破产、无可信重组方案企业提供无限额、无期限债务、责任担保”的补贴行为。而在补贴条件、专向性以及 WTO 框架下例外条款的“引入”领域，都通过“必要的变通”一词加以概述，对于如何加以变通，并没有明确，给补贴的判定、什么情况下适用 WTO 框架下例外条款带来了很多不确定性。

EPA“贸易救济”章节体例和 CPTPP、USMCA 的布局类似，采用了先规定保障措施，再将反倾销、反补贴措施合并成节的体例，有鉴于前述三个区域贸易协定的重要性，可以预判该立法体例对今后区域贸易协定“贸易救济”章节体例的影响。“贸易救济”章节内容还从机制上凸显了对“透明度原则”的坚持和通过充分沟通避免、减少补贴贸易争端的制度用意；加之 EPA 还“透明度”单列一章，明确“透明度”涵盖范围等内容，更加凸显了 EPA 对“透明度”的重视。

EPA“贸易和可持续发展”一章在重视环境产品、肯定可再生能源价值领域和CPTPP、USMCA表达了类似的立法意图，有鉴于“EPA是首次也是目前唯一明确承诺应对气候变化和支持执行《巴黎协定》的国际贸易协定”[①]，因此可以说，EPA作为区域贸易协定，在重视环境保护和气候变化层面上达到了新的高度。加之WTO框架下例外条款的“引入”，虽未明确如何加以“必要的变通”，但基于制度层面的“明示援引”，为可再生能源补贴合规论证留下了抗辩空间。因此，EPA对于贸易和环境关系的制度诠释，对于今后的区域贸易协定，乃至WTO制度革新来说，都是很好的启发。

五、区域贸易协定可再生能源补贴制度小结

在区域经济一体化视角下，综合欧盟国家援助制度、CPTPP、USMCA、EPA可再生能源补贴制度的分析，可以发现以下几个主要特点。第一，拓展了补贴的范围，通过各种制度将补贴从WTO框架下原有的贸易领域拓展至服务、投资领域；“非商业援助”、环境制度设计与可再生能源补贴有着千丝万缕的联系，区域贸易协定都未就可再生能源补贴制度单独立法。第二，重视透明度原则的体现落实，从法律制度政策的公开、可获得方式，到反补贴调查中“通知”义务的履行、信息沟通反馈渠道的明确，都体现了透明度原则的要义，提前“预防”、减少“争端”的制度用意突出，基于欧盟关税同盟的性质，更是通过国家援助制度“事前审查”机制的设置，凸显了对透明度原则的重视。第三，通过各种制度设计，或多或少改变了既有

---

① 宋锡祥、张贻博：《〈欧盟-日本经济伙伴关系协定〉透视及中国的应对之策》，载《国际商务研究》2019年第3期，第62页。

WTO框架下的补贴制度。比如不少区域贸易协定通过国有企业"非商业援助"制度的设计、引入改变了WTO框架下国有企业补贴的认定方法;不少区域贸易协定通过环境章节将环境标准和补贴更紧密地联系在了一起,也分别表达了对环境产品的阐释,突破了WTO偏重关注贸易的传统;个别区域贸易协定还重新定义了"禁止性补贴",突破了WTO框架下SCM协定禁止性补贴的规定;在补贴章节中明示援引了GATT1994和GATS中的例外条款。第四,相比WTO框架下SCM协定,前述区域贸易协定中的补贴制度,大都散见于协定不同章节,尚未发展完善,也存在很多表述上的不确定性,比如EPA中"必要的变通"的含义就非常模糊,什么样的情况可以构成"必要"并不明确,给未来带来很多的不确定因素。

此外,EPA将WTO框架下例外条款"引入"补贴章节的规定尤其值得关注,该规定在"明示"例外条款适用于补贴章节的同时,为可再生能源补贴合规论证提供了新的思路和机会,对于可再生能源补贴论证的发展有着重要的制度借鉴意义。[①]

在贸易保护主义兴起的当下,多边贸易规则的发展进步遭到了阻碍,和多边贸易协定不同,相对较少的缔约方更容易达成标准更高的合意。在WTO规则现代化改革过程中,"开放式诸边协定"的提议遵循了从"诸边"到"多边"的发展路径,[②]既有国际经贸规则的形成也在大国主导下,经历了集合相同利益诉求国家集团、吸引他国加入、成为多边规则的过程,[③]因此,要密切关注重点区

---

① 具体将在本书第四章加以分析。

② 龚柏华:《论WTO现代化改革中的诸边模式》,载《上海对外经贸大学学报》2019年第2期,第16—19页。

③ 东艳:《全球经贸规则的发展趋势与中国的机遇》,载《国际经济评论》2014年第1期,第47页。

域贸易协定中可再生能源补贴相关制度的发展创新，梳理、比较制度异同点，总结发展趋势，把握好区域经济一体化下视角下可再生能源补贴制度的变革机遇，为制定应对预案、发展既有制度提供智力支持。

第二节　内国法视角下的可再生能源补贴制度

本章第一节在区域经济一体化视角下，从诸边、双边层面分析了当下可再生能源补贴制度的发展现状。事实上，国际法和内国法之间也存在着千丝万缕的联系：一方面，国际法需要通过内国法在国内发生效力；[①]另一方面，内国法的实践也可能发展成为国际法，比如国际补贴、反补贴制度就源自美国的法律实践。因此，从内国法视角出发，把握典型国家可再生能源补贴制度内容、特点、发展趋势，对于推动多边层面可再生能源补贴制度发展也是有参考借鉴意义的。

从上个世纪70年代的“石油危机”(Oil Crisis)开始，[②]各国逐步意识到发展可再生能源的重要性和意义，相关法律制度也随之得以建立、发展。本节将选取不同法系、传统能源储备存在差异、法律制度相对发达的典型国家，聚焦其可再生能源补贴法律制度，展开比较研究，一方面助力双边、诸边、多边层面法律制度创新，另

① 从各国实践来看，国际法主要通过两种方式在国内发生效力，一是“采纳”，二是“转化”，结合国际实践，直接“采纳”的国家并不多。参见王虎华主编：《国际公法学(第三版)》，北京大学出版社、上海人民出版社2008年版，第29—32页。

② 世界经济受到石油价格变化影响而产生的经济危机，公认的三次石油危机发生于1973年、1979年和1990年。

一方面也可为我国相关法律制度发展提供参考。有鉴于能源法与国家政策的密切关系，[①]本节中对相关国家可再生能源补贴制度的研究，会结合实际需要拓展到必要的政策领域。

一、德国可再生能源补贴制度

德国是欧盟的重要成员方，工业化程度高，经济实力雄厚，德国经济长期扮演欧元区领头羊角色；自然资源相对贫乏，对于寻找替代能源有着内在的需求，长期致力于以可再生能源为主的能源转型。[②] 受日本福岛核电站事故影响，德国推行了全面终止核电计划，努力实现从核电到可再生能源的转换，[③]正式提出将“能源转型”作为德国能源政策的主导方针，计划 2050 年可再生能源要占到德国能源供应比例的 80%。[④] 在西方大国中，德国很大程度上代表了欧盟在可再生能源发展上的一种成功模式，这与德国在能源领域的制度设计是分不开的。[⑤] 德国是传统大陆法系国家，有着健全的法律制度体系。作为扶持可再生能源及其产业发展的重要制度保障，补贴制度在德国法律、政策中的设计内容、成功经

---

① 胡德胜编著:《美国能源法律与政策》，郑州大学出版社 2010 年版，第 57 页。实践中对于能源法律的研究也多和政策相结合。

② 国家可再生能源中心、国家发展和改革委员会能源研究所可再生能源发展中心编著:《国际可再生能源发展报告 2018》，中国环境出版社 2018 年版，第 192—194 页。

③ 德国政坛以前常年上演核电反对派和推进派的反复斗争；切尔诺贝利核事故发生后，2000 年达成了脱离核电合意，2002 年被法制化；福岛核电站事故后，德国对 17 个核电炉中的 8 个进行废炉，剩余的 9 个计划在 2022 年废炉。[日]滝川薫编著:《欧洲的能源自立政策与实例》，沈瑶、王倩娜译，中国建筑工业出版社 2015 年版，第 28 页。

④ 江苏高校国际能源政策研究所编著:《国际能源政策新变化及其对中国的启示》，科学出版社 2017 年版，第 168 页。

⑤ 吕江著:《能源革命与制度构建——以欧美新能源立法的制度性设计为视角》，知识产权出版社 2017 年版，第 59 页。

验、发展趋势就成为了本部分的关注重点。

（一）德国可再生能源补贴制度内容

德国属于联邦制国家，根据1949年《德意志联邦共和国基本法》(Basic Law for the Federal Republic of Germany)第25条，国际法一般规则、国际习惯法规则构成德国联邦法律一部分，且在适用上优于德国法律；国际条约和德国法律处于同等的地位。因此，德国加入或批准的国际条约，例如多边、诸边、单边自由贸易协定、环境保护条约等，都对德国都具有拘束力。德国也是欧盟成员国，欧盟法从属法中的“可再生能源指令”需要欧盟成员方通过国内法的方式加以转化；“欧盟法从属法中的‘条例’，基于直接效力原则，可直接适用于欧盟成员国”①。从内容上来看，欧盟法中的可再生能源法律、国家援助制度等，也属于德国可再生能源法律制度的渊源。

从国内法来看，德国有着以《能源工业法》(Energy Industry Act)为基础，②会同相关能源配套法律，共同形成了德国能源法律体系。③ 德国可再生能源立法可分为两大阶段，即《电力入网法》(简称 Streg)阶段，和2000年开始的EEG(Renewable Energy Sources Act,《可再生能源法》)立法阶段。④ 德国1990年颁布《电力入网法》(The Electricity Feed-in Law of 1990)后，经历1994年、1998年两次修改，于1999年废止，该法规定从业者必须履行用固定价格购买可再生能源的义务，给德国可再生能源发电发展带来

① [法]德尼·西蒙著：《欧盟法律体系》，王玉芳、李滨、赵海峰译，北京大学出版社2007年版，第277页。

② 1935年《能源工业法》是德国第一部能源法，之后在发展过程中，根据欧盟指令的要求，进行了数次修改。

③ 杨泽伟：《德国能源法律与政策及其对中国的启示》，载《武大国际法评论》2010年第1期，第219页。

④ 常瀠木：《看德国绿电补贴如何变化》，载《中国能源报》2018年8月6日第17版。

了活力。[①] 但《电力入网法》在激励力度、激励范围存在局限,[②]因此催生了德国 2000 年《可再生能源优先权法》(Act on Granting Priority to Renewable Energy Sources)的诞生,该法将上网固定电价制度引入,[③]推动了可再生能源产业发展,“该法当时也被成为可再生能源领域‘全球最进步’的立法”[④]。德国上网固定电价制度,通过对电力的购买和出售固定一个强制性的补贴来给长期投资者以信心,即付给可再生能源电力生产者的价格将至少等于付给传统能源电力生产者的批发价格,加上一个能反映可在生能源社会和环境利益价值的附加款。[⑤] 根据外部性理论分析,化石能源外部性未能体现在其产品(如电力)的市场价格之中,而上网固定电价制度通过补贴可再生能源,为可再生能源产品能与化石能源产品相竞争创造了条件。德国的上网固定电价制度得到法国、西班牙等多个欧盟成员国的效仿,欧洲各国以固定电价或单位电量固定补贴为主,高于传统能源发电的成本由全体电力消费者分摊。[⑥] 自从 2000 年以来,德国《可再生能源法》经历了 5 次修改,2017 年 7 月,德国联邦议会通过的《可再生能源法》是自该法首次颁布以来的最新版本。[⑦] 多个版本的《可再生能源法》

---

① ［日］滝川薰编著:《欧洲的能源自立政策与实例》,沈瑶、王倩娜译,中国建筑工业出版社 2015 年版,第 25 页。

② 1998 年修订的《电力入网法》限制了“绿电”购买比率,且侧重于风电的保障。

③ 上网固定电价制度(Feed-in Tariff)要求电网运营商以固定价格收购可再生能源所发电力,以保障可再生能源发电和并网。

④ 杨泽伟主编:《从产业革命:发达国家新能源法律政策与中国的战略选择》,武汉大学出版社 2015 年版,第 276 页、第 283 页。

⑤ 程荃著:《欧盟新能源法律与政策研究》,武汉大学出版社 2012 年版,第 93 页。

⑥ 谢旭轩、王仲颖、高虎:《先进国家可再生能源发展补贴政策动向及对我国的启示》,载《中国能源》2013 年第 8 期,第 15 页。

⑦ 德国《可再生能源法》公布于 2000 年,先后有 2004 年修订版、2009 年修订版、2012 年修订版、2014 年修订版,现行的《可再生能源法》是 2017 年《可再生能源法》。

对各种可再生能源制定了不同的补贴价格，并依据现实需要及时调整对某些可再生能源的扶持力度，体现了递减的补贴标准发展趋势。①

2017年德国《可再生能源法》是根据2014年欧盟委员会《环境保护与能源国家资助指南(2014—2020)》要求修订的。《环境保护与能源国家资助指南(2014—2020)》第108条明确表示："值得注意的是，预计2020年—2030年，可再生能源电力将会成为有竞争力的电力，这意味着从责任平衡上看，应当逐步取消补贴、豁免；本指南将与该目标保持一致，并将确保向市场导向的、成本效益高的电力传输机制的过渡。"②也就是说，该指南主要围绕逐步降低可再生能源补贴、提升可再生能源竞争力展开，要求欧盟成员国调整可再生能源政策，以市场溢价(Market Premium)逐步取代固定电价补贴、引入可再生能源发电项目竞争性招标制度。针对该指南的要求，2017年德国《可再生能源法》最核心的修订内容就是将招投标程序引入，用以确定风能、太阳能、生物质能电力的补贴，也对装机容量小的风能、太阳能、生物质能发电机组以及所有水能、地热能发电机组设置了免于招投标程序的例外条款，从而改变了原先的可再生能源补贴国家定价制度。③ 这意味着德国可再生能源补贴不再单纯由政府决定，而是更多地融入了市场竞价体系，

---

① 杨泽伟主编：《从产业革命：发达国家新能源法律政策与中国的战略选择》，武汉大学出版社2015年版，第284—285页。德国2017年《可再生能源法》也对不同类型可再生能源分别加以规制。

② European Commission, Guidelines on State Aid for Environmental Protection and Energy 2014—2020 (2014/C 200/01), para. 108.

③ 《德国〈可再生能源法〉(2017)新规出台：采用招投标模式来确定可再生能源补贴额度》，http://news.bjx.com.cn/html/20170831/846899.shtml，(访问日期：2019年11月1日)。

“将补贴发放给中标的可再生能源发电企业，即谁出价最低，谁就可以按此价格获得新建可再生能源发电设施入网补贴”[①]。此外，2017 年德国《可再生能源法》还包括对电力终端用户，即消费者进行补贴的内容以及透明度的要求；“还对可再生能源发电项目进行控制，防止过度开发，确保电网与发电项目建设同步进行”[②]。2018 年德国《综合能源法》(Omnibus Energy Act)也与 2017 年德国《可再生能源法》相匹配，重视可再生能源的发展推广、可再生能源的市场化发展。

此外，德国是 20 世纪 90 年代在生态税改革的大背景下率先采用能源税的少数欧盟国家之一。[③] 德国通过发展生态能源税法律，来平衡传统化石能源产品和可再生能源产品的环境成本，2006 年《联邦能源税法》(Federal Energy Taxation Law)通过对不同能源产品设置不同的税率来发挥税收的杠杆调节作用。

（二）德国可再生能源补贴制度特点

结合德国可再生能源补贴制度内容分析，可以发现以下主要特点。

第一，高度重视可再生能源补贴法律制度建设，为可再生能源产业发展不断建立健全法律制度保障。德国属于大陆法系国家，一直以来秉持了大陆法系的传统，成文法在其法律体系中占据重要地位。该传统在能源法律体系、可再生能源补贴法律制度层面也得以体现，《电力入网法》和《可再生能源法》的多次修订，彰显了

① 曹慧：《特朗普时期美欧能源和气候政策比较》，载《国外理论动态》2019 年第 7 期，第 123 页。

② 王永杰：《浙江省可再生能源补贴政策合规性研究》，载《经济与管理》2018 年第 3 期，第 85 页。

③ [德]保罗·维尔芬斯等著：《欧盟能源政策——以德国生态税改革为例》，吴剑锋、邱永辉译，经济管理出版社 2014 年版，第 97 页。

德国对于可再生能源法律制度建设一直以来的高度重视和与时俱进的立法态度。其中可再生能源补贴法律制度包含了多种支持可再生能源产业发展的内容：上网固定电价制度让“绿电强制入网”，有了并网出售的可能；生态能源税的设置，让可再生能源产业和传统化石能源产业的成本得到了再平衡；多版《可再生能源法》中不断增长的“可再生能源发电占比”①凸显了支持可再生能源及其产业发展的制度连贯性，对不同可再生能源的分类补贴体现了制度的科学性。

第二，可再生能源补贴法律制度持续发展，遵循了从“政府补贴”为主，到“政府补贴”和“市场调控”，再到“市场调控”为主的发展趋势。沿着时间脉络，将《电力入网法》拟定、修订以及《可再生能源法》拟定、修订贯穿起来看，可以发现，从上网固定电价制度到竞争性招标制度，事实上贯彻了“幼稚产业保护理论”的要求，体现了逐步减少对发展相对成熟的可再生能源产业补贴，将可再生能源产业逐渐融入市场，维护公平市场竞争的应有之意。德国作为欧盟成员国，其可再生能源补贴法律制度的发展也遵循了欧盟2016年《可再生能源指令》制度发展的要求，体现了“对上网固定电价制度进行的改变”②。当然，这也说明德国可再生能源的发展已比较成熟，全新的竞价体系也确保了高水平的市场参与度和可再生能源的稳步发展。③ 德国可再生能源补贴法律制度在遵循这

---

① 张立锋、冯红霞：《德国〈可再生能源法〉的演进及对中国的启示》，载《河北法学》2017年第10期，第122—123页。

② Daniel Behn et al, Promoting Renewable Energy in the EU; Shifting Trends in Member State Policy Space, European Business Law Review, Vol. 28, 2017, pp. 221—222.

③ 常潔木：《看德国绿电补贴如何变化》，载《中国能源报》2018年8月6日第17版。

一发展趋势的同时，也通过条款的设置给予可再生能源产业留有保护空间，比如，2017 年德国《可再生能源法》依然将固定电价电力购买合同的购买期限规定为 20 年左右，通过长期电力购买合同鼓励投资者的投资行为，①体现了制度设计的灵活性和科学性。

综上，德国可再生能源补贴制度的建立健全是一个渐进式发展的过程，相关法律制度的建立源于德国实际能源需求的促使；相关法律制度的发展一方面和德国法律传统密切相关、展现了德国式立法的严谨、科学；另一方面也与履行气候变化节能减排国际义务、贯彻欧盟层面可再生能源补贴制度有着千丝万缕的联系。

二、美国可再生能源补贴制度

美国是当今世界上最大的发达国家，据统计，2015 年 GDP 为 16.55 万亿美元，占全球 GDP 的 22.2%，位居世界第二，人均 GDP 为 5.14 万美元，位居世界第一；美国的能源蕴藏量丰富，2015 年美国煤炭、石油、天然气探明储量分别位居全球第一、第九、第五；美国的能源消费也非常惊人，2015 年美国一次能源消费量为 31.9 亿吨标准煤，位居全球第二。② 美国强大的综合实力对于国际经贸规则的形成、发展有着不可忽视的影响，加上补贴、反补贴制度本就源自美国国内法实践，因此，本部分将对美国可再生能源补贴制度展开研究，把握化石能源丰富国家对发展可再生能源及其产业的态度，归纳其可再生能源补贴制度内容、特点及发展趋势。

---

① 2017 年德国《可再生能源法》第 25 条“权利的开始、期限和结束”条款，将市场溢价、上网固定电价或业主对承租人的供应溢价的支付期原则上确定为 20 年，至多延长至付款第 20 年的 12 月 31 日。一般来说，20 年左右的合同属于长期合同，对于企业回收成本、获得经营利润来说都是利好消息。

② 国网能源研究院有限公司编著：《全球能源分析与展望 2017》，中国电力出版社 2017 年版，第 4 页、第 5 页、第 7 页和第 17 页。

（一）美国可再生能源补贴制度内容

美国属于传统意义上的英美法系国家，虽然沿袭了英美法系判例法的传统，但是还是拥有成文的法律体系，在美国联邦宪法之下形成了联邦法律体系和州法律体系。

在美国联邦能源法律体系中，第一次石油危机之后，卡特政府先后制定了《1978 年国家能源法》（National Energy Act of 1978）和《1980 年能源安全法》（Energy Security Act of 1980）两个系列的能源领域综合法案。[①] 前者侧重于通过各类能源的使用、能源效率的提高、能源节约的促进、替代能源的发展来减少对进口石油的依赖，后者突出了从常规化石能源立法到可再生能源立法的转变。老布什政府制定了《1992 年能源政策法》（Energy Policy Act of 1992），在税收措施方面，通过生产税抵免、投资税抵免的方式，为可再生能源产业发展提供了支持。小布什政府制定了《2005 年能源政策法》（Energy Policy Act of 2005）和《2007 年能源独立和安全法》（Energy Independence and Security Act of 2007），表达了对可再生能源更多的关注，其中前者融入了居民可再生能源设备购买补贴的内容。奥巴马政府对发展可再生能源、履行国际环境义务、应对气候变化持积极态度，制定了 2009 年《美国复苏和再投资

---

① 《1978 年国家能源法》由以下法律组成：《1978 年能源税收法》（Energy Tax Act of 1978）、《国家节能政策法》（National Energy Conservation Policy Act）、《公用设施监管政策法》（Public Utility Regulatory Policies Act）、《发电厂和工业燃料使用法》（Power Plant and Industrial Fuel Use Act）、《天然气政策法》（Natural Gas Policy Act）；《1980 年能源安全法》由以下法律组成：《可再生能源法》（The Renewable Energy Resources Act）、《太阳能和能源节约法》（The Solar Energy and Energy Conservation Act）、《太阳能和节能银行法》（Solar Energy and Energy Conservation Bank Act）、《生物质能和酒精燃料法》（The Biomasses Energy and Alcohol Fuels Act）、《美国合成燃料公司法》（The United States Synthetic Fuel Corporation Act）、《地热能法》（The Geothermal Energy Act）、《海洋热能转换法》（Ocean Thermal Energy Conversion Act）。

法》(American Recovery and Reinvestment Act)和《美国清洁能源安全法案》,前者增加了"投资项目现金补贴",[①]其中直接用于清洁能源投资的资金就高达 6 千万美元,[②]设置了融资担保制度,[③]并将美国境内的本土公司和外资公司都列为了补贴对象;后者明确了国家减排目标,并要求 2020 年美国各州可再生能源必须满足 15%以上的电力供应。在 2009 年《美国复苏和再投资法》和《美国清洁能源安全法案》的颁布后,清洁能源行业成为重振美国经济的重要领域之一,美国的清洁能源行业得到了历史性、突破性、跨越式的发展。[④] 特朗普执政期间,没有坚持奥巴马政府的能源转型方略,正式宣布退出《巴黎协定》,启动退出《联合国气候变化框架公约》都表明了特朗普的"厌绿"立场,因此,美国联邦能源法律在可再生能源领域没有突破性发展。也就是说,美国联邦层面的可再生能源法律制度经历了长期的发展过程,其中可再生能源的生产税抵免、投资税抵免以及现金补贴是联邦层面的主要补贴形式。

美国是联邦制国家,除了联邦法律,各州法律中也包含了可再生能源补贴相关内容。相比联邦法律而言,各州的立法更加灵活,其中以州层面的可再生能源电力配额制度(Renewable Portfolio Standard, 简称 RPS 制度)最有代表性。RPS 制度 1995 年出现在美国风能协会的加利福利亚公共设施委员会电力结构重组项目中,1996 年美国学者在相关论文中正式加以探讨。[⑤] 美国是第一

---

① American Recovery and Reinvestment Act, Section 1603.

② 胡德胜编著:《美国能源法律与政策》,郑州大学出版社 2010 年版,第 71 页。

③ 该法推行可再生能源发展贷款担保、支持发行可再生能源债券。

④ 李扬著:《冷战后美国国际能源战略研究》,中国社会科学出版社 2015 年版,第 48 页。

⑤ Nancy A. Rader, Richard B. Norgaard, Efficiency and Sustainability in Restructured Electricity Markets: The Renewables Portfolio Standard, The Electricity Journal, Vol. 9, 1996, pp. 37—49.

个推行 RPS 的国家，配额制实施得较为成功，[①]其中以得克萨斯州实施的最为成功，经过实践发展，多个州通过将该制度纳入本州法律范畴，以促进州内可再生能源及其产业的发展。RPS 制度是指，一个国家或者地区用法律形式对可再生能源发电在电力供应中所占份额进行强制规定，电价由市场决定，以推动可再生能源发展的制度。[②] RPS 制度通常采用登记单位合格可再生能源电量的可再生能源“证书(Certificate)”进行监管和市场交易，电力公司可以通过购买“证书”来满足配额要求。[③] 一方面，RPS 制度的基础是可再生能源电力配额义务规则，也就是为每位发电商设定一定时间内必须提供若干比例可再生能源电力的法律义务的规则，[④]具有法律的强制性，事实上通过政府干预的方式保证了可再生能源电力中所占的比例，有利于可再生能源的发展。另一方面，通过购买“证书”的交易方式发挥了市场配置资源的作用，以充满效率的市场方式促进可再生能源发展，充分发挥了政府和市场两个层面的能动性。目前，美国有 29 个州和华盛顿特区及 2 个附属地区实施强制的 RPS 政策，另外 8 个州和 3 个附属地区设定了可再生能源配额目标。[⑤] 各州在 RPS 制度的具体内容，比如“证书”的具体内容、配额义务的履行期限、未完成配额义务的法律后果等，会

---

① 罗承先：《世界可再生能源支持政策变迁与趋势》，载《中外能源》2016 年第 9 期，第 21 页。

② 李艳芳、岳小花：《美国可再生能源配额制及其启示——基于得克萨斯州的经验分析》，载《清华法治论衡》2020 年第 1 期，第 207 页。

③ 国家可再生能源中心、国家发展和改革委员会能源研究所可再生能源发展中心编著：《国际可再生能源发展报告 2017》，中国环境出版社 2017 年版，第 248 页。

④ 张勇编著：《能源资源法律制度研究》，中国时代经济出版社 2008 年版，第 110 页。

⑤ 国家可再生能源中心、国家发展和改革委员会能源研究所可再生能源发展中心编著：《国际可再生能源发展报告 2018》，中国环境出版社 2018 年版，第 258 页。

有所不同。此外，在特朗普上台以来，相比联邦层面而言，地方州层面并没有停止在可再生能源补贴保障制度上的发展。例如，2016 年底，伊利诺斯州通过了《未来能源就业法案》(The Future Energy Jobs Act)，通过在清洁能源就业、向可再生能源发电转型方面提供法律保障，以促进减排目标。又如，2018 年，华盛顿特区市议会通过《可再生能源法案》，通过实施新的激励措施，促进区内可再生能源增长，以实现在 2032 年之前电网所有能源都来自可再生能源，号称“最强大的清洁能源立法”①。

（二）美国可再生能源补贴制度特点

结合美国可再生能源补贴制度内容分析，可以发现以下主要特点。

第一，美国可再生能源补贴法律制度化程度高，地方立法能动性强。和德国类似，美国也高度重视可再生能源法律制度建设，联邦和州层面都制定了相关法律，通过生产税抵免、投资税抵免、现金补贴、RPS 制度等具体补贴措施为可再生能源产业发展提供制度保障。美国除了针对可再生能源整体层面的立法，很早就针对各个门类的可再生能源制定了单独的专门立法，甚至对于还存在应用科技难关、无法大规模推广的地热能、海洋能也进行了立法规制，充分体现了立法的前瞻性。除了联邦层面，州层面的立法能动性十分突出，“因地制宜”地设计了以 RPS 制度为代表的可再生能源补贴制度，并在美国国内乃至世界范围加以推广，②即使联邦呈现“厌绿”政策导向时，地方州立法也在可再生能源法律制度方面进行有益探索。

---

① 《美国华盛顿特区市议会通过 100%可再生能源法案》，http://power.in-en.com/html/power-2306119.shtml，(访问日期：2019 年 11 月 1 日)。

② 英国、加拿大、澳大利亚、印度、丹麦、日本都实施了 RPS 制度。

第二，国际能源形势和国家能源政策的“风向标”对于可再生能源联邦层面立法有着重要影响。比如最初通过大规模立法对可再生能源给予补贴扶持，就是基于“石油危机”造成油价飞涨国际能源形势的影响。虽然国会要求总统每两年提交一份国家能源计划，但可以公平地讲，美国没有一致而全面的能源政策。[①] 对比支持能源转型的奥巴马政府和明示“厌绿”政策的特朗普政府，可以发现国家能源政策，会对是否批准相关国际条约、推动国内联邦层面相关立法发展产生重要影响。

第三，在德国法创立的上网固定电价制度之外，美国法创造、并形成了 RPS 制度有益经验。上网固定电价制度，可以说是德国法在可再生能源补贴领域的创造性举措，通过对可再生能源所发电力超过成本的部分给予直接补贴使其获得行业竞争力，究其本质，该制度是国家通过宏观调控“这只有形的手”直接干预能源市场。相比而言，美国法创造的 RPS 制度体现了政府“有形的手”在分配“配额”，同时也发挥了市场在配置资源上的优势，允许相应的市场主体拥有了通过可再生能源发电或购买“证书”的选择权，简而言之，“国家以最小的投入获得最大的回报”[②]，相对减少了对市场的直接干预。

综上，美国可再生能源补贴法律制度呈现“联邦法和州法相结合，整体性立法和专门性立法相结合，尊重市场配置资源优势，尊重地方立法自主性”的显著特点；具体制度内容既展现了资源储量、消费大国重视替代能源发展的制度前瞻性，也展现了超级大国在可再生能源发展问题上的制度立场。

---

① ［美］约瑟夫・P・托梅因、理查德・D・卡达希著：《美国能源法》，万少廷译，法律出版社 2008 年版，第 36 页。

② 李艳芳、岳小花：《美国可再生能源配额制及其启示——基于得克萨斯州的经验分析》，载《清华法治论衡》2020 年第 1 期，第 209 页。

三、日本可再生能源补贴制度

日本是经济社会发展十分发达，[①]但相比德国，日本的能源资源更为匮乏，化石能源储备，尤其是石油探明储量无法满足消费量的需求，几乎全部依靠进口。[②] 基于本国能源匮乏的国情，日本自战后以来就十分重视能源法律制度的建设和能源政策、能源战略和计划的制定。[③] 2011 年日本福岛核电站事故后，核能使用在日本国内更是广受质疑，在国内化石能源储备有限、核能安全性存在争议的情况下，发展可再生能源似乎成为了必然选择。日本属于传统意义上的大陆法系国家，立法模式受德国影响较深，有着系统化的法律体系。有鉴于日本能源极度匮乏，存在长期寻找替代能源的需求，因此，为替代能源建立健全制度保障也是势在必行，本部分将着力归纳日本可再生能源补贴制度内容、特点及发展趋势。

（一）日本可再生能源补贴制度内容

二战后，日本能源法律体系是随着社会经济的发展而逐渐健全起来的，上个世纪 70 年代的“石油危机”给日本带来了一场社会性的“狂乱”，充分暴露了日本能源结构的脆弱性，基于能源安全的考虑，能源多元化发展，开发、利用化石燃料以外的替代能源就成为了必由之路。[④]

---

① 数据显示：日本 2015 年人居 GDP 为 4.48 万美元，位居世界第 5。国网能源研究院有限公司编著：《全球能源分析与展望 2017》，中国电力出版社 2017 年版，第 5 页。

② 国家可再生能源中心、国家发展和改革委员会能源研究所可再生能源发展中心编著：《国际可再生能源发展报告 2018》，中国环境出版社 2018 年版，第 128—129 页。

③ 张季风编：《日本能源文献选编：战略、计划、法律》，社会科学文献出版社 2014 年版，第 1 页。

④ 张季风编：《日本能源文献选编：战略、计划、法律》，社会科学文献出版社 2014 年版，第 13—15 页。

1979年《关于合理使用能源的法律》虽未指明可再生能源，但明确了节能、合理有效使用能源的立法思路。[①] 1980年《关于促进开发和引进石油替代能源的法律》（2009年改称《关于促进开发和引进非化石能源的法律》）[②]开启了开发利用可再生能源的法律制度探索。1997年《关于促进利用新能源等特别措施法》[③]对1980年《关于促进开发和引进石油替代能源的法律》未尽事宜进行了进一步规制，明确了"推进新能源利用"的立法目的，从"经济产业大臣制定基本方针""能源使用者应尽努力""地方公共团体在政策措施上的配合"三个层面明确了原则性事宜。[④] 该法第十条规定："独立行政法人新能源和产业技术综合开发机构为促进新能源的利用等而开展的业务包括：向经认定的经营者依照经认定的利用计划利用新能源等所必需的资金提供债务担保及其附带业务"，通过债务担保的形式设置了新能源补贴制度。

进入21世纪以来，为了协调既有能源法律体系，2002年《能源政策基本法》正式出台，明确了"确保稳定供给""符合环保原则""充分运用市场原理"三项政策目标，[⑤]具体而言，该法在"符合环

---

① 《关于合理使用能源的法律》第一条"目的"表明了应对国内外能源问题、确保燃料资源有效利用、推进能源使用合理化的立法目的；第二条"定义"第一款将"能源"定义为燃料、热能和电力，第二款"燃料"主要指向化石燃料，未明确提出"可再生能源""替代能源"。

② 从1980年法律到2009年法律，具体的措辞从"石油替代能源"改为"非化石能源"，从概念外延来看，两者都包括可再生能源，其中后一概念的外延不包括石油以外的化石能源，环境保护特征更为明显。

③ 该法于2009年修订，于2009年7月8日第70号法律颁布。

④ 《关于促进利用新能源等特别措施法》第一条、第三条、第四条、第七条。

⑤ 一般称为"3E"目标：Energy Security（能源安全保障及能源的稳定供给）、Economy（经济性或经济效益）或 Economic Growth（经济成长或经济发展）、Environment（环境），参见[日]藤原淳一郎著：《日本能源法研究——以政府规制的法律与政策为中心》，于杨曜、黄淼译，华东理工大学出版社2018年版，第263—264页。

保原则”中明确“向利用太阳能、风能等化石燃料以外的能源转换”，[①]在“法制上的措施”明确了“为了落实关于能源供求的政策措施，政府必须在法制上、财政上或金融上及其他方面采取必要的措施”，[②]为可再生能源补贴制度设立明确了法律依据；同时，在促进利用可再生能源领域制定了系列法律。[③] 2002年《关于电力业者利用新能源等的特别措施法》，通过RPS制度要求电力业者利用一定配额的新能源电力，如未达到相应配额，需要承担相应的法律后果，从而通过法律的形式明确了电力业者利用新能源的义务。但由于目标配额的制定牵扯到方方面面，所以设定的目标值往往很低，易于实现，对于未完成配额义务的企业的处罚也过轻，所以RPS制度对可再生能源利用的推广普及未能取得令人满意的结果。[④] 2010年《关于促进开发和制造能源环境适应型产品的事业的法律》为开发和制造适应新能源型产品的企业提供了制度支持。[⑤]

自从福岛核电站事故发生以来，国际社会关于“弃核”的争议不断。2011年《关于电力业者采购可再生能源电特别措施法》在2009年实施的《太阳能发电的剩余电力收购制度》的基础上，针对可再生能源电力设置了固定电价补贴制度，覆盖太阳能电力、风能

---

① 《能源政策基本法》第三条。

② 《能源政策基本法》第十条。

③ 2002年《关于电力业者利用新能源等的特别措施法》、2009年《推动充分利用生物质基本法》、2009年《关于促进能源工业者利用非化石能源及有效利用化石能源原料的法律》、2010年《关于促进开发和制造能源环境适应型产品的事业的法律》、2011年《关于电力业者采购可再生能源电特别措施法》等。

④ ［日］奏美鸣：《日本的可再生能源的扶持政策——对太阳能发电扶持制度的分析》，载《科学学研究》2012年第7期，第1005—1006页。

⑤ 张季风编：《日本能源文献选编：战略、计划、法律》，社会科学文献出版社2014年版，第16页。

电力、水能电力(中小规模)、地热能电力、生物质能电力,该制度的设立实施使得日本的 RPS 制度失去了法律意义,也体现了日本政府应对化石能源的有限储备、核电的安全隐患、社会的能源需求,通过政府补贴促进可再生能源产业发展的立法目的。根据日本设立的第三方专委会的意见,各类可再生能源技术的新增项目收购价格每年都会有所调整,且都明确了补贴年限,相比而言,日本仍是目前全球补贴最优厚的地区。[①]

(二) 日本可再生能源制度特点

结合日本可再生能源补贴制度内容分析,可以发现以下主要特点。

第一,日本可再生能源补贴法律制度化程度很高,相关法律制度的设置借鉴了欧美可再生能源补贴法律制度的内容。目前,日本可再生能源法律制度形成了以《能源政策基本法》中心,以上网固定电价补贴制度为中心,覆盖多个可再生能源门类,有着节能、环境产品配套制度的法律体系,体现了大陆法系成文立法的系统性特点。从法律制度借鉴层面来看,日本可再生能源补贴法律制度中的 RPS 制度源自美国法,上网固定电价补贴制度源自德国法,日本先后援引并加以适用,经过实践,最终更多地选择了适合本国实际的上网固定电价补贴制度。在援引的基础上加以选择性适用,体现了制度借鉴上“既要大胆又要心细”的选择导向。[②]

第二,日本可再生能源补贴相对优厚。这与日本能源资源匮乏、福岛核电站事故造成对新能源中核电的质疑是无法分开的,基

① 宏尚松原、张玥:《日本福岛核事故后的可再生能源发展》,载《风能》2015 年第 4 期,第 43 页。

② [日]藤原淳一郎著:《日本能源法研究——以政府规制的法律与政策为中心》,于杨曜、黄淼译,华东理工大学出版社 2018 年版,第 269 页。

于“能源的稳定供给”政策目标的需求和国家能源战略的需求，优厚的可再生能源补贴成为推动、促进可再生能源发展的必然选择。

第三，日本可再生能源法律与政策有着十分紧密的联系。《能源政策基本法》作为日本能源法领域的“基本法”，从立法目的来看就是“明确能源供求政策措施规定的基本方针”，明确了通过能源政策补充能源法律的定位；第十二条“能源基本计划”第一款规定：“为立足长远，综合而有计划地推进关于能源供求的政策措施，政府需制定关于能源供求的基本计划”，明确了将“基本计划”作为政策的表现形式；第十二条第五款规定：“政府应根据能源形势的变化，对能源政策措施的效果进行评价，至少每三年对能源基本计划进行一次探讨，必要时予以变更”，明确了“基本计划”定期更新的制度要求。目前，日本已于 2003 年、2007 年、2010 年、2014 年、2018 年先后出台了 5 份“能源基本计划”。2014 年“能源基本计划”就曾针对固定电价补贴制度提出“修改采购价格”的要求，建议“构筑可以同时实现促进可再生能源利用最大化和控制国民负担的最佳实施对策组合”。[①] 最新的 2018 年“能源基本计划”明确将太阳能、风能等可再生能源发电定位为“主力电源”；并表示，随着全球可再生能源发电成本迅速下降，发电成本较高的问题正在逐渐消失，未来为降低国民使用可再生能源发电的负担，需要进行制度改革；还指出，每隔数年将对各种电源的成本和技术开发进展情况进行科学评估，使其体现在政策中。[②]

综上，日本的可再生能源补贴制度呈现“成文化、兼收并蓄、法律与政策紧密相连”的显著特点；具体制度内容对于资源匮乏国家

---

① 2014 年“能源基本计划”第三节第三条。

② 《日本政府修订能源基本计划》，http://www.mofcom.gov.cn/article/i/jyjl/j/201807/20180702762503.shtml，(访问日期：2019 年 11 月 1 日)。

颇具借鉴价值,对于如何综合运用法律、政策构建可再生能源补贴制度体系来说,也具有参考意义。

四、内国法视角下可再生能源补贴制度小结

事实上,国外可再生能源补贴法律制度的范围非常广,不同国家结合本国实际情况进行了立法和实践尝试。结合德国、美国、日本可再生能源补贴制度内容、特点分析,可以发现一些相同、相似、相通之处。

一方面可以肯定的是,发达国家可再生能源补贴法制化程度很高。结合本节分析,无论国内资源丰富还是贫乏,无论在应对气候变化的态度如何变化,自上个世纪70年代的"石油危机"起,列举国家总体都对可再生能源的开发、利用持积极态度,通过各种形式的补贴助力可再生能源产业,尤其是可再生能源电力产业的发展。与此同时,列举国家无论所属法系如何,都将可再生能源补贴内容纳入法律体系,通过各种形式、内容的法律加以确定。不过基于各国不同的立法传统,可再生能源补贴的法制化呈现方式并不相同。

具体而言,第一,从立法权限维度来看,联邦制国家的地方立法权限、积极性更大,在可再生能源补贴制度创新领域做了更多的尝试,美国RPS制度的设计及其推广就是一个很好的例子。第二,从立法模式维度来看,尚未有国家就可再生能源补贴法律单独立法,相关法律规范多散见于不同法律之中,呈现"分散立法"的模式。相比而言,基于德国大陆法系的特点及有专门的《可再生能源法》,德国可再生能源补贴法律制度中的上网固定电价制度及相关程序条款更为集中;美国基于普通法系和联邦制原因,可再生能源补贴法律制度散见于联邦各类法律和州法律之

中。第三，从立法内容维度来看，可再生能源补贴法律的实体性和程序性内容都在不断发展。列举国家可再生能源补贴法律制度覆盖多个门类的可再生能源，不仅局限于开发程度较高的太阳能、风能、水能等。补贴法律制度既包括正向的上网固定电价制度、RPS 制度、直接的财政补贴、融资担保等，也包括反向的投资税收抵免、生产税收抵免等。补贴对象包括投资者、生产者、消费者等多个主体。补贴标准并非一成不变，无论上网固定电价制度、RPS 制度的基准都随着市场、产业的发展而变化。补贴程序完整透明，以 RPS 制度为例，对于配额义务变更程序、配额义务主体在可再生能源信用交易系统购买配额流程，以及未完成配额义务履行行政处罚程序都有着明确的规定。第四，从立法配套维度来看，为了保障、推动可再生能源产业的发展，列举国家在可再生能源补贴法律制度之外，建立、发展了配套制度。一方面，对于法律未尽事宜，通过政策手段予以补充规制，美国 RPS 制度运行最好的得克萨斯州，在 RPS 法律制度之外，还设置了“绿色电力政策”，用以鼓励公众购买可再生能源电力，从终端消费者层面配合配额制的运行发展，为可再生能源电力提供了市场需求保障。另一方面，在可再生能源补贴法律、政策制度之外，在国家法律体系中，通过针对化石能源设置生态税，以平衡化石能源和可再生能源产业在市场外部性领域的矛盾。

另一方面可以肯定的是，市场因素逐渐、并充分融入列举国家可再生能源补贴法律制度。以可再生能源补贴法律制度相对成熟、并在多个国家推广的 RPS 制度为例，就其本质而言，是“政府职能与市场作用有机融合、协调一致的综合性市场机制”，赋予了“可再生能源证书”以“财产权性质”，使得配额义务主体可以通过提交证书或购买证书的方式履行义务，证书的价格随着供需变化由市场加以决定。① 再以上网固定电价制度为例，该制度的创始国德国，在最新版的《可再生能源法》中通过“市场溢价”、可再生能源发电项目竞争性招标制度更多地将市场因素加以融入；用固定电价制度取代 RPS 制度的日本，也在最新的“能源基本计划”中提出针对固定电价制度改革，科学评估电源成本、技术发展情况的要求，体现了逐步降低可再生能源补贴的政策风向。

本章小结

本章围绕“非多边视角下可再生能源补贴制度的发展”，从“诸边、双边”区域贸易协定视角和“单边”内国法视角分别切入，系统梳理了重点区域贸易协定、典型发达国家可再生能源补贴制度内容特点和发展趋势。在“诸边、双边”维度下，区域贸易协定的制度创新，事实上拓展了 WTO 框架下的补贴制度，从实体层面将环境因素融入补贴制度、通过非商业援助制度设计改变了国有企业补贴认定方式，从程序层面凸显了对透明度原则的重视。可以肯定的是，多个国家（地区）认识到了既有 WTO 框架下补贴制度无法适应可再生能源补贴认定需求，并在区域贸易协定中进行了积极的制度发展尝试，这对在多边层面尝试制度革新提供了发展思路。当然，区域贸易协定中许多创新规则的设计还不够完善，相比 WTO 框架下的补贴制度，区域贸易协定中补贴相关制度更为原则，实践中也未有争端案例适用这些创新规则，规则如何加以运用、解释还有待实践的发展。在“单边”维度下，列举国家都对可再

① 李化著：《澳大利亚新能源法律与政策研究》，武汉大学出版社 2014 年版，第 71—73 页。

生能源给予了形式各样的补贴，都有着自成体系的可再生能源补贴制度，列举国家既有可再生能源补贴法制化程度高，可再生能源补贴法律、政策共同构筑了制度体系。列举国家相互之间在制度上也存在相互借鉴，同一补贴制度并非放之四海而皆准的金科玉律，需要特定国家结合本国能源市场实际情况“因地制宜”加以适用。而今，市场因素逐渐并充分融入列举国家可再生能源补贴制度，可以预计，根据幼稚产业保护理论的逻辑，无论一国具体实施的可再生能源补贴制度究竟为何，随着可再生能源产业的发展，补贴的规模、数量都呈现递减的趋势，可再生能源产业最终面向的是自由市场，并将在自由市场的竞争过程中实现优胜劣汰。梳理、归纳列举国家可再生能源制度主要内容和发展趋势，对多边层面可再生能源补贴制度革新及中国相关制度发展来说，都是具有参考价值和借鉴意义的。

第四章　多边视角可再生能源补贴制度的发展建议

根据第二章分析，WTO 框架既有补贴制度无法为可再生能源补贴合规认定提供充分依据，根据第三章分析，区域贸易协定通过制度创新，部分改变了 WTO 框架下的补贴制度，不过这些制度创新相对原则、缺乏实践适用，短时间内适用、推广前景不明。一方面，WTO 补贴制度存在革新必要，区域贸易协定中的制度创新可以作为参考；另一方面，区域贸易协定无法在短时间内完全“另起炉灶”，脱离 WTO 补贴制度创造全新的补贴制度。事实上，虽然 WTO 在新规则制定、上诉机构成员遴选领域备受质疑，但其组织本身的影响力及多年争端机制实践影响力不容忽视，比如第三章多个区域贸易协定都在自身补贴制度章节中纳入了“不影响 WTO 涵盖协定下补贴规则的适用”的内容。第六任 WTO 总干事阿泽维多在 2020 年世界经济论坛年会上表示：“假如有一天世贸组织真的消失了，结果就是你必须要再‘发明’一个出来，因为以当今世界的贸易关系现状，一个可以和谐各方关系的机构是不可或缺的。”[①]笔者也

---

① 《WTO 总干事：WTO 不可或缺，如果没有了就需要再“发明”一个出来》，http://finance.ifeng.com/c/7tTO1Fj9dUu，（访问日期：2020 年 1 月 29 日）。

认为，世界各国需要一个多边贸易组织来协调全球性贸易问题和贸易争端，即便不是 WTO，WTO 多年运转的制度经验、争端实践都会对新“发明”的多边贸易组织有着相当程度的借鉴意义，因此，讨论国际法层面可再生能源制度的发展，无法脱离 WTO 补贴及其相关制度内容。综上，本章将参考区域贸易协定、内国法中可再生能源补贴制度的发展趋势，以 WTO 制度内容为参考，一方面针对多边补贴制度局限，结合可再生能源补贴合规论证需求，尝试设计改革方法；另一方面也将多边补贴制度之外，为可再生能源补贴寻找论证空间。

第一节　多边补贴制度革新视角下的发展建议

根据第二章对 WTO 补贴的制度反思，WTO 框架下的补贴认定制度和分类制度存在局限性，不利于可再生能源补贴合规论证的开展。本节将聚焦前述问题，结合区域贸易协定中相关制度革新内容，在多边补贴制度革新视角下，为可再生能源补贴合规论证发展提供思路。

一、不可诉补贴制度革新的发展建议

根据第二章分析可知，WTO 补贴认定和分类制度存在局限性。根据第三章分析可知，区域贸易协定和列举典型发达国家，都没有在一般补贴认定之外，单独就可再生能源补贴设置特殊的法律规则和特别的认定方法。在这种情况下，笔者认为，WTO 补贴认定和分类制度的局限性不应被割裂看待，应该看到两种制度局限的内在联系和产生原因。根据第三章分析，欧盟国家援助制度，是 WTO 补贴制度之外最相关、最成熟的制度体系，虽然欧

盟、WTO性质不同，相关制度无法直接复制，但是对比补贴制度模式可以发现，欧盟国家援助制度有“集体豁免规定”，事实上通过“一般禁止和例外许可”的逻辑关系为特殊类型国家援助措施设置了豁免空间，相比欧盟国家援助制度，WTO框架下补贴制度最关键的问题在于缺乏“例外许可”。从制度关系来看，不可诉补贴制度可以说是WTO补贴制度的例外条款，倘若能重新纳入WTO制度框架体系，不失为设置“例外许可”的举措。因此，本部分将以不可诉补贴制度革新分析为出发点，分别从恢复和修订两条路径出发，为多边层面可再生能源补贴合规论证发展提供思路。

（一）恢复不可诉补贴制度视角下的分析

相对于谈判并达成一项关于可再生能源补贴的新协定来说，恢复不可诉补贴制度可能更容易，①本部分将在恢复不可诉补贴制度视角下展开分析。

SCM协定第31条规定：“委员会将在不迟于这一期限结束前的180天内审查这些条款的实施情况，以决定是否延长这些条款的适用，可以是按照现有起草的形式延长这些条款的适用，也可以是按照修改后的形式延长这些条款的适用。”本部分将追溯不可诉补贴失效过程、结合成员方提议，分析恢复不可诉补贴制度对发展可再生能源补贴合规论证路径的作用。

1999年下半年的几个月中，补贴与反补贴措施委员会举行了一系列关于对第31条审核的非正式磋商，然而针对这些临时条款

① Paolo Davide Farah, Elena Cima, The World Trade Organization, Renewable Energy Subsidies, and the Case of Feed-in Tariffs: Time for Reform toward Sustainable Development? Georgetown International Environmental Law Review, Vol. 27, 2015, p. 537.

的效力是否应该被延长，无论是以现在的形式，又或做出一些修改的形式这一问题上，成员方之间持续存在重大分歧。[①] 委员会主席提出的“延长这些临时条款适用期的建议”也未在成员方之间达成共识。摆在补贴与反补贴措施委员会面前的讨论展现了发达国家和发展中国家之间的分歧：前者支持保持条文现有状态，后者认为 SCM 协定第 8 条没有作用。[②]

很多发展中国家基于这些临时条款未考虑发展中国家利益为由，拒绝对其延期适用，认为应当在对临时条款进行修改，反映发展中国家利益需求的情况下加以延期适用。[③] 瑞士、加拿大、美国、欧共体等发达国家或地区建议延长这些条款的有效期，其中，瑞士、加拿大、欧共体都认为，不可诉补贴制度的失效改变了既有协定补贴类型合乎逻辑的平衡结构，失效意味着倒退，让不可诉补贴制度消失、从头开始协商探索新规则并不是好的选择。瑞士和加拿大特别对不可诉补贴制度失效后的环境保护不利后果表示了担忧。瑞士指出：“如果取消了为适应新环境法规而提供补贴的可能性，那么 WTO 对公众做出的将是相当负面和错误的信号”。[④] 加拿大指出：“不可诉补贴制度的失效将意

---

① WTO, Committee on Subsidies and Countervailing Measures, Minutes of the Regular Meeting Held on 1—2 November 1999, G/SCM/M/24, para. 20.

② Aaron Cosbey, Petros C. Mavroidis, A Turquoise Mess: Green Subsidies, Blue Industrial Policy and Renewable Energy: The Case for Redrafting the Subsidies Agreement of the WTO, Journal of International Economic Law, Vol. 17, 2014, p. 41.

③ 巴西代表指出，巴西代表团在西雅图会议筹备的背景下提议，成员方们同意在新的回合中就第 8 条重新谈判，以纳入对发展中国家有利的补贴；除非对第 8 条进行适应发展中国家的修改，否则巴西就不会支持延长这些条款的适用期限。多米尼加共和国、马来西亚、巴基斯坦、印度、泰国等国也纷纷表示了和巴西类似的观点看法。

④ WTO, Committee on Subsidies and Countervailing Measures, Minutes of the Regular Meeting Held on 1—2 November 1999, G/SCM/M/24, para. 24.

味着除了一般性的适用之外,SCM 协定中将没有绿灯补贴这一类别,该条文的失效应被视为一种倒退,将会削弱 SCM 协定处理环境问题的能力,因此建议保持既有协定的结构,作为新协商的基础”。① 由于成员方之间未就 SCM 协定第 31 条“临时适用”条款的延长使用问题达成一致性有效决议,SCM 协定第 8 条、第 9 条中不可诉补贴的相关规定已经于 2000 年 1 月 1 日正式到期失效。

在多哈回合谈判之初,成员方们就可再生能源补贴相关议题也展开了一些讨论。欧共体在 2002 年 11 月,通过成员方提案的方式第一次正式地表达了对不可诉补贴到期后环境保护补贴处理方式的担忧,欧共体指出:“多哈发展议程重申了对可持续发展总体目标和贸易与环境之间相互支持必要性的承诺。特定的补贴可能会对环境产生负面影响,但其他补贴则会产生积极影响,例如鼓励减少污染或增进对更清洁环境研究的补贴。有鉴于此,可能有必要解决补贴的环境维度问题,尤其是进一步考虑在‘绿箱’补贴到期后,如何着手处理旨在保护环境的补贴。”②

紧接着,委内瑞拉在 2002 年 12 月的提案中明确提出在 SCM 协定框架内恢复不可诉补贴制度的观点。委内瑞拉认为:“成员方应在当前谈判的框架内解决不可诉补贴问题,并可探讨将这一概念重新引入 SCM 协定的可能性,使其得以应用,成员方们可以考

---

① WTO, Committee on Subsidies and Countervailing Measures, Minutes of the Regular Meeting Held on 1—2 November 1999, G/SCM/M/24, para. 25.

② WTO Negotiations Concerning the WTO Agreement on Subsidies and Countervailing Measures, Proposal by the European Communities, TN/RL/W/30, 21 November 2002, p. 4.

虑启动一个试探性的进程，以便决定可列入不可诉补贴类别的补贴种类。”①

澳大利亚针对委内瑞拉的提案，在 2003 年 2 月的提案中指出：“澳大利亚看到了 SCM 协定框架下讨论不可诉补贴的价值，对委内瑞拉和其他成员方就 SCM 协定第 8 条发展的观点产生兴趣，将进一步讨论和重点关注不可诉补贴的问题和观点，比如：委内瑞拉是否设想了 SCM 协定第 8.2(c)条项下的全新方法，是否用发展的维度或标准去评估一项不可诉补贴。”②

古巴和委内瑞拉在 2003 年 7 月的提案中再次提出了恢复并修改 SCM 协定中不可诉补贴的更详细的建议。他们认为：“多哈回合第四次部长级会议采纳了从发展角度设计 WTO 规则重要性的建议，并提出了区域发展、科技研发、生产多样化、环境无害生产方法的执行四个合法发展目标；SCM 协定第 8 条虽然已经失效，只要合理设计，可构成促进发展和作为协定支柱之一的可持续性的最相关工具之一；不可诉补贴制度中的‘研发补贴’‘落后地区补贴’和‘环保补贴’对于发展中国家和最不发达国家有着重要的意义”。③ 古巴和委内瑞拉还在提案中提出以下建议：“取消或降低 SCM 协定第 8 条中为每一类不可诉补贴规定的上限或基准；修改第 8 条某些条款的措辞；④为实现合法

---

① Improved Rules under the Agreement on Subsidies and Countervailing Measures-Non-Actionable Subsidies, Proposal by Venezuela, TN/RL/W/41, 17 December 2002, p. 2.

② Comments from Australia on Venezuela's Submission on Non-Actionable Subsidies under the Agreement on Subsidies and Countervailing Measures, TN/RL/W/41, 11 February 2003, pp. 1—2.

③ Second Contribution by Cuba and Venezuela to the Negotiating Group on Rules Expanding on the Proposal Concerning Non-Actionable Subsidies, TN/RL/W/131, 11 July 2003, pp. 1 and 3.

④ 例如，在该条中三种类型都出现的“援助”(Assistance)可以用“财政资助”(Financial Contribution)或“政府机构的支持”(Support by a Government Body)来代替。

发展目标，尤其是生产多样化目标，通过指示性不可诉措施清单的方式将不可诉补贴的新种类纳入 SCM 协定，作为协定附件加以呈现”。[①]

结合以上提案的分析可以发现，就不可诉补贴恢复相关的提案并不是很多，且主要集中于不可诉补贴失效后两三年内，其中“委内瑞拉和古巴成为恢复和推进已过期的不可诉补贴的主要拥护者”[②]。笔者认为，这与 WTO 长期无法突破僵局达成新协议，以及逆全球化浪潮的兴起有着内在的联系，成员方的失望情绪影响了对 WTO 法律制度的信赖，转而投身双边贸易谈判和区域自由贸易协定规则的设计拟定，降低了发展改革既有 WTO 法律制度的热情。

此外，恢复不可诉补贴制度，对可再生能源补贴认定路径的发展似乎也作用有限。正如委内瑞拉、古巴在提案中指出的那样，不可诉补贴制度条文中的法定上限可能就是一个问题，[③]比如第 8.2(c)条将环境补贴限于适应性成本的 20%的规定就缺乏原则依据；此外，“环保设备更新补贴”不是完整意义上的“环保补贴”，环保补贴“不包括任何可获得的制造成本节省”的规定也是相当武断、确实令人费解的要求，当这一条文的准确含义不是相当清晰的情况下，这似乎是建议政府降低补贴额以反映采用新技术或适应

---

① Second Contribution by Cuba and Venezuela to the Negotiating Group on Rules Expanding on the Proposal Concerning Non-Actionable Subsidies, TN/RL/W/131, 11 July 2003, pp. 3 and 4.

② Sadeq Z. Bigdeli, Resurring the Dead? The Expired Non-Actionable Subsidies and the Lingering Question of 'Green Space', Manchester Journal of International Economic Law, Vol. 8, 2011, p. 9.

③ Aaron Cosbey, Petros C. Mavroidis, A Turquoise Mess: Green Subsidies, Blue Industrial Policy and Renewable Energy: The Case for Redrafting the Subsidies Agreement of the WTO, Journal of International Economic Law, Vol. 17, 2014, p. 42.

性技术降低的公司生产成本。① 正如学者所述的那样："这样的标准使得 WTO 裁定者实现对政府项目的微观管理，由此没有给 WTO 成员方留有有空的政策空间，这也许是此类补贴生效后没有引发很多对其恢复宣传和强烈兴趣的部分原因。"②即便恢复不可诉补贴制度，如可再生能源补贴措施含有"国内成分要求"，也难以通过不可诉补贴制度获得豁免。③ 综上，笔者也认为，不可诉补贴制度原文恢复的价值相对有限，从合规论证角度来说，可再生能源补贴需要更宽阔、有效的豁免空间，有鉴于恢复不可诉补贴制度动因不足、恢复价值相对有限，因此恢复不可诉补贴制度难以为可再生能源补贴合规论证提供充分的制度空间。

（二）修订不可诉补贴制度视角下的分析

从理论上来说，将失效的不可诉补贴制度重新纳入 SCM 协定之中虽然很困难，但应该比重新设计并协商达成新的条文还是要容易，这也许是部分成员方提出恢复提案以及很多学者在分析可再生能源补贴时建议恢复不可诉补贴制度的初衷。结合前文成员方请求恢复不可诉补贴提案的分析，发达成员方和发展中成员方都认识到不可诉补贴制度对于环境、可持续发展的价值，但分别通过对既有不可诉补贴制度提出问题和提出笼统修改意见的方式，委婉地表达了对原有不可诉补贴制度进行修改，再纳入 SCM

---

① Robert Howse, Climate Mitigation Subsidies and the WTO Legal Framework: A policy Analysis, International Institute for Sustainable Development (IISD), May 2010, pp. 20—21.

② Robert Howse, Climate Mitigation Subsidies and the WTO Legal Framework: A policy Analysis, International Institute for Sustainable Development (IISD), May 2010, p. 21.

③ Liu Peng, Zhou Wenjun, Xiang Naixin, Non-Actionable Subsidies within the WTO Legal Framework: From the Perspective of Renewable Energy-Related Trade Disputes, Journal of WTO and China, Vol. 3, 2013, pp. 81—82.

协定框架的想法，但就如何具体创新发展不可诉补贴制度并没有给出指导性原则和具体的执行方案。

在气候变迁的大背景下，即便成员方和学者早已意识到不可诉补贴制度失效带来的 SCM 协定环境空间困境，并提出了恢复、发展不可诉补贴制度的呼吁，但结合 WTO 新规则协商的举步维艰、发达成员方和发展中成员方利益诉求的差异以及恢复、改进不可诉补贴制度的原则、方案不明的现实，WTO 成员方在短期内很难就恢复、发展不可诉补贴制度这一议题达成一致。但是，修订 SCM 协定中的规则，可以很大程度上减低可再生能源支持项目的合规不确定性，也可以更好地平衡环境和自由贸易之间的关系。[①]因此，笔者认为，不应当因为不可诉补贴短期内难恢复、难修订就放弃对制度创新路径的探析，因为这样做就等于放弃了从制度革新角度根本解决可再生能源补贴合规论证进退维谷困境的机会，只有尝试并着手制度革新，提出修订思路，才能为可再生能源补贴实践，各国相关法律、政策的拟定，乃至 DSB 实践提供确定性法律依据、有效制度指引和必要绿色空间。修订思路即使在短期内无法协商达成一致，至少也可以为可再生能源补贴合规论证提供可以预判的发展路径和原则性处理基调，体现渐进式改革的应有之意，为可再生能源补贴合规论证路径的发展做好铺垫。再者，目前看来，能源与气候补贴是唯一一个成员方可能感到改革动力的情形，[②]基于对全球气候、环境共同利益的考虑，成员方相对有可能

① Sophie Wenzlau, Renewable Energy Subsidies and the WTO, Environmental Law and Policy Journal, Vol. 41, 2018, p. 366.

② Sadeq Z. Bigdeli, Resurring the Dead? The Expired Non-Actionable Subsidies and the Lingering Question of "Green Space", Manchester Journal of International Economic Law, Vol. 8, 2011, p. 23.

在该领域的协商谈判中实现突破。因此笔者认为，尽管困难重重，仍需要以不可诉补贴制度修订为着力点，探寻可再生能源补贴认定路径的发展之路。

对于扩大补贴的绿色空间这一问题，应当考虑制定充分的指导性方针，并设置一套多边商定的客观标准，“在气候变迁背景下审视不可诉补贴制度革新，一套更简单、原则导向的方法确实具有可行性。”[①]虽然 SCM 协定下的改革理论上随时可以进行，但是考虑到日内瓦的政治环境，似乎在不远的将来很大程度上难以实现，[②]因此笔者认为，应当从原则导向的方法出发修订不可诉补贴制度，进而为具体规则的拟定明确指导方针和发展方向。

第一，SCM 协定作为 WTO 涵盖协定之一，不可诉补贴修订理应首先要体现 WTO 的基本原则。有鉴于当下可再生能源补贴实施、认定在法律层面缺乏确定性、可预见性的现状，以及区域贸易协定对透明度原则的重视，因此笔者认为，应当把透明度原则作为不可诉补贴修订视角下完善可再生能源补贴合规论证的首要原则。已经失效的 SCM 协定第 8.3 条中的“通知”要求以及补贴与反补贴委员会还分别于 1995 年和 1997 年通过的《根据 SCM 协定第 8.3 条进行通知的格式》[③]和《根据 SCM 协定第 8.2 条更新通知的格式》[④]，都体现了透明度原则的要求。SCM 协定第 8 条的

---

① Robert Howse, Climate Mitigation Subsidies and the WTO Legal Framework: A policy Analysis, International Institute for Sustainable Development (IISD), May 2010, p. 21.

② Sadeq Z. Bigdeli, Resurring the Dead? The Expired Non-Actionable Subsidies and the Lingering Question of “Green Space”, Manchester Journal of International Economic Law, Vol. 8, 2011, p. 36.

③ G/SCM/14.

④ G/SCM/13.

失效使得这两个文件失去了有效的前提，有鉴于在第 8 条生效的五年间并没有适用第 8 条的案件，也就无法从实践中对这两个文件进行有效评价。[①] 因此笔者认为，在透明度原则指导下修订不可诉补贴制度，要坚持保留不可诉补贴使用前通知的要求，保证该通知信息的准确性、范围的适度性和通知的提前性，并在条款中表达如果不提前通知，就不得实施的意思，确立实施前必须通知的制度，体现透明度原则的核心要义。但是也不宜对通知的格式做过多、过于繁琐的要求，可以通过较为原则的要求加补充通知的方式进行规定。比如，通过明确补贴的实施者、实施对象范围、实施期限、法律政策依据、申请审批发放流程、补贴数额标准等要素做出相对原则的通知要求，并允许其他成员方或补贴与反补贴委员会保留进一步补充获取相关信息的权利，以期达到鼓励成员方通知，增强不可诉补贴透明度，从源头上减少成员方之间因信息闭塞而引发的补贴争端。

第二，WTO 明确将保证发展中国家尤其是最不发达国家贸易、经济发展作为宗旨加以体现，[②]包括 SCM 协定在内的 WTO 涵盖协定都有对发展中国家和最不发达国家特殊照顾的内容。结合补贴对于发展中国家、最不发达国家发展可再生能源产业的重要程度以及发展中国家、最不发达国家在保护环境、气候、资源中的重要地位，笔者认为，可考虑在不可诉补贴制度修订过程中体现对发展中国家、最不发达国家的适当照顾和差别待遇。SCM 第 8 部分就发展中成员方的特殊和差别待遇做出了规定，是在 SCM 协定中对 WTO 宗旨的贯彻落实，但随着时间的流逝，这种

① 不过也有 WTO 成员方认为，前述两个文件关于通知格式的规定过于繁琐。

② 《建立 WTO 协定》的前言中声明："需做出积极努力以保证发展中国家，尤其是最不发达国家，在国际贸易增长中获得与其经济发展需要相适应的份额。"

特殊和差别待遇的到期失效使得 WTO 宗旨在具体协定中无法得以体现；第 8.2(b)条虽然体现了特殊和差别待遇的考虑，但从本质上说还是针对一成员方内部落后地区的规定，无助于发展中国家和最不发达国家在可再生能源补贴领域获得有效的特殊和差别待遇。环境、气候、资源问题是全球性的问题，也是全人类必须共同面对的问题，基于在这一问题上没有国界可言，可尝试在不可诉补贴制度修订中重新引入特殊和差别待遇，为发展中国家和最不发达国家发展可再生能源产业提供更多绿色空间和更多发展机会。就最不发达国家而言，可尝试为最不发达国家实施含有“国内成分要求”的可再生能源补贴提供豁免空间，结合最不发达国家特定可再生能源产业发展情况、国际竞争力等要素加以评估，在符合条件的情况下，将这一类型补贴从禁止性补贴范畴改入可诉补贴范畴。相比最不发达国家，如何给予发展中国家在不可诉补贴制度领域的特殊待遇显然会有更多争议，因此一方面可考虑在透明度原则履行时设置更长的时间范围，另一方面可考虑从实践角度出发，规定在针对发展中国家发起类似诉请应保持“适当的克制”，[①]并在制度适用过程中考虑给予发展中国家更多的照顾。

第三，选择不是恢复、而是修订不可诉补贴制度路径的用意在于增强制度的可行性和针对性，因此从修订原则方向来说，既要通过合理取消不可诉补贴制度条文中的法定上限来增强新制度的可行性，也要将环境适应性补贴扩大为真正意义上的环保补贴，以增强制度的针对性。就前者而言，不同国家(地区)、不同产业的具体情况都存在很大差异，很难论证到底什么程度的法定上限是科学

① 类似《农业协定》中已经失效的“和平条款”。

的，用统一的上限应对实践中的复杂情形也是不合理的，因此也就很难在法定上限问题上达成一致。因此笔者建议在充分听取成员方建议的情况下，设置一个相对宽泛的法定上限区间，为成员方实施政策留下空间和余地，如有违反补贴纪律，再走相应的争端解决机制流程，以缓冲"一刀切"类型法定上限带来的适用难问题。就后者而言，SCM 协定第 8.2(c)条只涵盖一些环境适应性补贴的部分豁免，[①]随着实践的发展，环境适应性补贴已经远不能应对环境和贸易交叉领域的争端问题。当下，应在环境适应性补贴的基础上，将促进可再生能源及其产业发展的合理、适度的政府支持、援助纳入其中，以丰富既有制度内容，为可再生能源合规论证提供空间。当然，如何判断政府支持、援助措施是否合规，又是一个难以在短时间内给出确切答案的问题。笔者认为，这要结合不可诉补贴制度中的实施前"通知"义务的履行来加以理解，具体来说，结合 SCM 协定精神和 DSB 实践，实施方在履行"通知"义务中，如果能更多地展现政府支持、援助措施的环境、气候、资源目的，表明政府支持、援助措施不具有"国内成分要求"的因素，诠释政府支持、援助措施在适用标准上的统一以及尽可能追求实现的"非专向性"，那么这样的措施应当更容易被认定是合规的。至于"适度性"，则要结合法定上限的区间、措施实施对象的发展成熟程度以及措施实施期限的规划来加以判断，比如针对幼稚产业的短期补贴措施更容易被认定为具有适度性。

虽然不可诉补贴制度的恢复、修改之路都注定阻力重重，但成员方还是应当有制度革新的愿景和勇气，"将不可诉补贴制度重新

---

① Sadeq Z. Bigdeli, Resurring the Dead? The Expired Non-Actionable Subsidies and the Lingering Question of "Green Space", Manchester Journal of International Economic Law, Vol. 8, 2011, p. 36.

纳入 SCM 协定之中”,[1]为可再生能源补贴及其他“绿色补贴”的合规论证创造制度空间,为 WTO 新规则达成寻求突破点。

二、多边视角可再生能源补贴制度创新的发展建议

不可诉补贴制度革新不仅仅针对可再生能源补贴本身,总体而言,适用对象具有普遍性。有鉴于可再生能源带来的经济、环境效益,以及 WTO 宗旨的丰富内涵,[2]本部分将在多边视角下,聚焦可再生能源补贴制度创新,探究可再生能源补贴的发展思路。

(一)《环境产品协定》谈判视角下的制度创新

2012 年,亚太经济合作组织(Asia-Pacific Economic Cooperation, APEC)会议讨论并通过了非约束性的“直接并对绿色增长极可持续发展起到积极作用”的“环境产品清单”,[3]并规划了环境产品的关税消减内容,其中“环境产品清单”包括了太阳能、风能等数类可再生能源产品。[4] 以 APEC“环境产品清单”为基础,2014 年 7 月 8 日,14 个 WTO 成员方发表了《关于发起环境产品协定谈判的联合声明》(Joint Statement Regarding the Launch of the Environmental Goods Agreements),[5]共同发起了《环境产品协

① Leslyn Lewis, The WTO Canada Renewable Energy Feed-in Tariff Case and Its Application to Green Energy Projects in the Developing World: The Abdication of the Subsidies and Countervailing Measures Agreement within Green Energy Conflicts, Asper Review, Vol. 16, 2016, p. 151.

② WTO 宗旨中包含了“可持续发展、合理利用世界资源、寻求对环境的维护”的内容。

③ 事实上,除了 APEC“环境产品清单”之外,经济合作与发展组织(Organization for Economic Cooperation and Development, OECD)、世界银行都曾经提出过自己的“环境产品清单”。

④ 20th APEC Economic Leaders' Declaration, Annex C.

⑤ 14 个 WTO 成员方分别是:澳大利亚、加拿大、中国、中国台北、哥斯达黎加、欧盟、中国香港、日本、新西兰、挪威、新加坡、韩国、瑞士、美国。

定》的诸边贸易谈判，主要致力于通过“环境产品清单”的明确、环境产品关税和非关税壁垒消减，为环境产品贸易自由化、环境保护的综合目的创造机遇。在环境问题日益凸显的当下，《环境产品协定》谈判显得格外引人注目。

《环境产品协定》谈判开启后，一方面以 APEC“环境产品清单”为基础，就环境产品关税消减、“环境产品清单”明确进行讨论；另一方面也着眼更加复杂的非关税壁垒，尝试在环境产品领域实现制度的创新突破。围绕“可再生能源补贴合规论证路径发展目的”，最相关的问题包括“将更多的可再生能源产品纳入‘环境产品清单’”“针对环境产品的非关税壁垒设置特殊的规则制度”等内容。

“环境产品概念”是确定“何为环境产品”的基础，但是由于多边谈判难以就“环境产品概念”达成共识，因此不少 WTO 成员方选择通过就特定产品建立“环境产品清单”这一方法来推进多边谈判进程。APEC“环境产品清单”包括 HS 编码下的 54 个大的类别，该类别下符合“附加产品规格”（Additional Product Specification）且“具有备注中的环境效益”（Remarks/ Environmental Benefit）的产品，才是 APEC“环境产品清单”含义下可以享受关税减免待遇的“环境产品”。在 APEC“环境产品清单”中，典型的可再生能源环境产品包括利用可再生能源中太阳能的太阳能热水器（841919）、太阳能电池（854140），利用可再生能源中的风能的风力发电机（850300），利用可再生能源中生物质能的生物质燃料锅炉零件（840290）、生物质供热系统（840290）等。虽然“环境产品清单”暂时回应了无法就“环境产品”定义难以达成一致的难题，但该方法的不足也是显而易见的。第一，“环境产品清单”从方法论上来说属于“列举法”，无法穷尽所有环境产品，且无法适应科技发展推动环境产品发展更新的需求。比如 APEC“环境产品清单”主要覆盖了可再生能源中科技发展相对成熟、应用相对较广的太阳能、风能、生物质能产品，但从法律周延程度来说，无法对地热能、海洋能等存在发展前景的可再生能源产品提供制度空间。第二，各成员方发展程度不尽相同，产业结构也不尽相同，因此基于自身产业发展、优势环境产品的考虑，在《环境产品协定》谈判中，显然会以成员方自身利益最大化为出发点，选择争取将自身优势环境产品纳入“环境产品清单”，同样难以在协商的基础上达成一致意见。因此，针对前述方法问题，从渐进式改革和长远发展的角度来看，一方面要明确“环境产品清单”确立的“动态发展原则”，建立“‘环境产品清单’的更新机制”，随着科学技术的发展，将不再环保的清单内产品剔除，将新的环境产品纳入。[①] 另一方面也要在“环境产品清单”更新机制的探索过程中总结、归纳并形成判定是否属于环境产品的标准，从原则形成到逐渐发展细化，为环境产品定义的最终形成奠定基础。

结合第一章所述可再生能源补贴争端现状及造成的影响来看，相比环境产品的关税减让谈判而言，环境产品的非关税壁垒谈判问题谈判的紧迫性和重要性更为凸显。因此，从减少、防止环境产品非关税壁垒措施的实施出发，朝着为环境产品的非关税壁垒设置相对特殊的规则制度，也将成为环境产品谈判过程中不得不面对的问题。就非关税壁垒中的补贴领域而言，一方面可考虑先从原则上为环境产品引入、设计新的规则制度，可考虑在环境产品补贴规则领域纳入原“不可诉补贴制度”或改进后的“不可

① 师华：《〈环境产品协定〉谈判的主要问题与中国应对》，载《经济问题》2018 年第 10 期，第 123 页。

诉补贴制度”，为环境产品补贴提供必要的抗辩、豁免空间；另一方面可考虑借鉴 CPTPP 关于“环境产品和环境服务的贸易和投资”的规定，结合可再生能源及其产业发展的需求，将环境产品谈判范围拓展至服务、投资领域，扩大可再生能源补贴的合规论证范围。

（二）《农业协定》视角下的制度创新

由第二章可知，《农业协定》中根据“国内支持”措施对贸易的影响程度，将“国内支持措施”分为了“黄箱”“蓝箱”“绿箱”三种类型，该分类措施为判断具体措施是否可以被允许提供了制度依据；由于可再生能源产品难以被认定为农产品，因此《农业协定》对可再生能源补贴的可适用性相对有限。但有鉴于《农业协定》中的“绿箱”国内支持措施是既有 WTO 补贴相关制度中的唯一的豁免内容，《农业协定》和 SCM 协定极度相似的“信号灯”分类模式，本部分将在《农业协定》视角下，探究可再生能源补贴制度创新的方式方法。

从制度设计创新角度来说，可参照《农业协定》“国内支持措施”，对可再生能源产业“国内支持措施”进行类似的制度设计。第一，“绿箱”国内支持措施作为对贸易最小扭曲的措施，可考虑比照《农业协定》“绿箱”国内支持措施，将与可再生能源相关的“研究”“基础设施服务”纳入其中，解决可再生能源产业发展初期巨额研发成本和基础投入的难题；将与可再生能源相关的“环境计划下的支付”和“地区援助计划下的支付”纳入其中，设计发展成为“环保补贴”和“落后地区补贴”的蓝本，从而设计发展成为可再生能源专属的不可诉补贴制度，改变既有 WTO 补贴制度缺失豁免空间的尴尬现实。第二，《农业协定》中的“蓝箱”国内支持措施，是指“《农业协定》第 6.5 条所指的限产计划下给予的直接支付”，相应措施因包含了“限制扭曲程度的安排”而得以实施。[①]“蓝箱”国内支持措施介于“绿箱”“黄箱”国内支持措施之间，可将难以归入“绿箱”或“黄箱”的国内支持措施纳入“蓝箱”，评判标准就是“限制扭曲程度的安排”，具体可通过数量、比例等方法加以呈现。第三，无助于环境保护或对贸易造成重大负面影响的国内支持措施则应被归入“黄箱”的范畴。具体而言，如果可再生能源补贴扭曲的贸易利益远超过了可再生能源带来的利益，那么该可再生能源补贴应当受到和《农业协定》“黄箱”措施同样的限制，以避免各国将原本不允许的补贴伪装成可再生能源补贴而引发的争端。[②] 第四，可再生能源产业“国内支持措施”设计过程还应当考虑，发达国家和发展中国家对于可再生能能源技术掌握的差异、对于可再生能源的需求程度的差异，坚定“共同但有区别原则”立场。比如，对于发展中国家“必需”采取的“黄箱”的国内支持措施，可考虑采取要求在一定期限内“逐步消减”的方式，而不是“直接、立即”取消的方式。

此外，也有学者建议，仿照《农业协定》中已经失效的“和平条款”，针对有明确环境气候目的、且非禁止性的可再生能源补贴适用类似的“和平条款”，要求 WTO 成员方对将此类补贴诉诸 WTO 争端解决程序保持“适当的克制”(Due Restraint)。[③] 在笔者看来，该建议的关键在于，什么样的可再生能源补贴可以适用“和平

① 李晓玲：《WTO 框架下的农业补贴纪律》，华东政法大学 2007 年博士学位论文，第 172—173 页。

② Virginia R. Hildreth, Renewable Energy Subsidies and the GATT, Chicago Journal of International Law, Vol. 14, 2014, p. 727.

③ Paolo. R. Vergano, Eugenia C. Laurenza, Subsidies to Renewable Energy Sources and International Trade: Issues and Tools to Reconcile Trade Rules and Environmental Policies, Global Trade and Customs Journal, Vol. 5, 2010, pp. 234—235.

条款”。可再生能源补贴是否属于禁止性补贴相对容易判断，但有鉴于一项可再生能源补贴的实施可能含有经济、环境多方面的目的考虑，因此可再生能源补贴是否有明确的环境气候目的难以加以判断。结合第二章的分析，各国就非禁止性可再生能源补贴措施提起诉讼的可能性并不高，因此，针对非禁止性可再生能源补贴设置并适用“和平条款”也就不是一件紧迫的事情了。不过笔者也认为，如果 WTO 立法或 DSB 实践中明确了可再生能源补贴的认定方法，那么非禁止性可再生能源补贴的被诉风险也会随之提升，“和平条款”的适用也会更具必要性，尝试区分可再生能源补贴设置目的是以经济目的为主，还是以环境气候目的为主，也是未雨绸缪的理论探索。

无论是通过《环境产品协定》谈判为可再生能源产品获得特殊待遇，还是参照《农业协定》分类模式、“和平条款”为可再生能源补贴设计区别于一般补贴的特殊规则，都是可再生能源补贴制度创新视角下探析可再生能源补贴合规论证的发展方式。然而，结合 WTO 新规则谈判的艰难现状，尤其是《环境产品协定》谈判关于“环境产品清单”“环境产品定义”的谈判进程，可以预测为可再生能源产业、可再生能源补贴争取特殊待遇规则的难度。

虽然多边补贴制度发展、创新不易，但多边层面补贴制度的发展创新也是势在必行。如果 WTO 能够把握“环境气候”这个人类共同聚焦的问题，在可再生能源补贴制度领域实现创新发展，就能以此为突破点，在多边规则谈判中收获更多成果；如果 WTO 规则机制缺乏突破性发展、上诉机构遴选困难后依然未有革新突破，构建新的多边贸易组织、形成新的多边补贴制度规则也非一朝一夕得以实现，WTO 既有补贴制度内容、本节制度发展、创新建议对于新多边补贴制度的构建依然具有参考意义。

第二节　一般例外条款制度革新视角下的发展建议

根据第二章分析，WTO 框架下可再生能源补贴争端呈现“非补贴”化处理和“国内成分要求”的高频度嵌入两个显著特点，由此可以发现，一方面，对于可再生能源补贴争端的分析依据不仅仅限于多边补贴制度本身；另一方面，具有“国内成分要求”的可再生能源补贴在实践中被认定违反 WTO 涵盖协议下义务，无法在补贴制度范畴内得到救济。因此，能否突破多边补贴制度，在更广阔的制度空间为可再生能源补贴合规论证寻找制度依据就成为本节的主要内容。根据第三章分析，EPA 第 12.9 条，明确表明将 GATT1994 第 20 条、GATS 第 14 条吸收进 EPA 第 12 章，在“必要变通”的基础上加以适用，为 EPA 含义下的补贴，在补贴制度之外设置了一次豁免抗辩机会。笔者认为，“必要变通”基础上的适用至少包含了“制度革新”的两层意思，一是明确了 GATT1994 第 20 条、GATS 第 14 条对 EPA 补贴制度的可适用性；二是包含了对 GATT1994 第 20 条、GATS 第 14 条制度内容、适用方法的修改的意思。本节将借鉴 EPA 的做法，在 WTO 多边框架下，从一般例外条款制度革新视角，为完成可再生能源补贴合规论证提供发展思路。

一、可再生能源补贴争端对一般例外条款的适用需求

根据第二章分析，WTO 框架下可再生能源补贴认定方法发展陷入困境，导致了补贴问题的“非补贴化”处理，而案件分析的焦点就是高频度嵌入的“国内成分要求”是否违反了 WTO 涵盖协定

下的义务。

简单来说,“国内成分要求”是把在生产货物或提供服务过程中使用本地货物或服务作为优惠待遇授予前提的规定。根据第二章可知,诉至 WTO 争端解决机制的可再生能源补贴案件多有涉及对争议措施的“国内成分要求”,且表现形式各异。对于“国内成分要求”的评价随着时间也在变化,在 GATT 时代,“国内成分要求”和其他任何国内补贴一样,只有产生负面影响时,才会被采取措施;在乌拉圭回合,这一情况发生了改变,“国内成分要求”与出口补贴相连,在任何情形下都被很严格地规制,根据 SCM 协定第 3 条,如果属于禁止性补贴,甚至无需证明专向性和不利影响。[①] 当前,“国内成分要求”的制度设计以牺牲外国竞争者的方式转移了投资和贸易,使得国内企业获益。[②]

具体来看可再生能源产业领域的“国内成分要求”,一般在 FIT 项目中,对可再生能源生产商采购设置一定比例的“国内成分要求”,并规定,遵守这种“国内成分要求”可以获得更优惠的待遇。在既有 WTO 法律框架下,这种做法与多边贸易体制下的基本原则——“非歧视原则”是相违背的;考虑到 WTO 坚持“非歧视原则”,这样具有歧视性的补贴规定,即使不援引 SCM 协定的法律条文,也会被成功地质疑。[③] 在“加拿大-可再生能源案”和“印度-

---

① Luca Rubini, Ain't Wastin' Time No More: Subsidies for Renewable Energy, The SCM Agreement, Policy Space, and Law Reform, Journal of International Economic Law, Vol. 15, 2012, pp. 551—552.

② Aaron Cosbey, Petros C. Mavroidis, A Turquoise Mess: Green Subsidies, Blue Industrial Policy and Renewable Energy: The Case for Redrafting the Subsidies Agreement of the WTO, Journal of International Economic Law, Vol. 17, 2014, p. 33.

③ Henok Birhanu Asmelash, Energy Subsidies and WTO Dispute Settlement: Why Only Renewable Energy Subsidies Are Challenged, Journal of International Economic Law, Vol. 18, 2015, p. 279.

太阳能电池和太阳能组件特定措施案”之中，争端当事方的争议焦点实质上都是争议措施的“国内成分要求”是否阻碍了可再生能源进口设备的使用，经过分析，DSB都认定争议措施违反了GATT1994第3.4条和TRIMs协定第2.1条的规定。虽然两个案件的专家组和上诉机构都未有机会探讨其是否构成SCM协定下的禁止性补贴或可诉补贴的可能性，[①]但结合SCM协定文义和DSB实践，如果认定一项措施属于补贴，那么措施的“国内成分要求”极易被认定为SCM协定第3.1(b)条含义下禁止性补贴中的进口替代补贴，由此“既无需进行专向性分析，也无需进行补贴不利影响分析”[②]。可以预见，根据“加拿大-可再生能源案”上诉机构的论证逻辑，如果政府财政资助超过“创建市场”必要的限度而“扭曲市场”，继而被认定为补贴，其“国内成分要求”就会成为该补贴构成禁止性补贴或论证对“同类产品”造成损害的有力证据。综合前述分析，在WTO既有制度框架内，“国内成分要求”在性质上的歧视性争议不大。

不过笔者也认为，对于可再生能源补贴，即使含有“国内成分要求”，是否值得特殊待遇，是值得深思的。由第一章“幼稚产业理论”相关分析可知，从整体而言，可再生能源产业处于产业发展的初级阶段，大多属于幼稚产业。“国内成分要求”可以为属于幼稚产业的可再生能源产业提供保护；也可以通过降低产品价格的方式，提升可再生能源产业与传统化石能源产业的竞争优势，惠及环

---

① 张磊：《自由贸易体制下的“绿色能源空间”——以加拿大可再生能源发电设施补贴案为视角》，载《西南政法大学学报》2014年第1期，第69页。

② Henok Birhanu Asmelash, Energy Subsidies and WTO Dispute Settlement: Why Only Renewable Energy Subsidies Are Challenged, Journal of International Economic Law, Vol. 18, 2015, p. 280.

境保护；还可以促进外商对本国可再生能源产业的直接投资，实现技术的转入。① 也就是说，“国内成分要求”既被认为是一种十分有效的产业政策工具，可以确保国内某一关键产业的稳定、快速发展，②也可能会成功地促使一个幼稚产业发展成熟和产业竞争者的创新，而一些产业急需更多的创新和竞争。③ 从全球可再生能源市场来看，促进可再生能源产业的形成，是进一步推动自由竞争的前提，因为本身充满竞争的国际可再生能源市场，需要有足够多的市场竞争者。④ 从世界范围来看，含有“国内成分要求”的可再生能源补贴，对于处于发展初级阶段的可再生能源产业，特别对于发展中国家来说，尤为重要，发展中国家希望借此建立国内可再生能源产业，以可持续地获得“绿电”及相关益处。⑤ 而且，在技术水平有限的情况下，依赖进口可再生能源关键技术发展可再生能源产业，不可避免会遇到国内各个层面的阻力，客观上会影响发展中国家节能减排的积极性。因此有学者提出，含有“国内成分要求”的补贴可能减轻政府因提升环境标准而带来的国内抵制，这些具

---

① Vivasvan Bansal, Chaitanya Deshpande, The India-Solar Cells Dispute: Renewable Energy Subsidies under World Trade Law and the Need for Environmental Exceptions, NUJS Law Review, Vol. 10, 2017, pp. 216—218.

② Luca Rubini, Ain't Wastin' Time No More: Subsidies for Renewable Energy, The SCM Agreement, Policy Space, and Law Reform, Journal of International Economic Law, Vol. 15, 2012, p. 551.

③ Aaron Cosbey, Petros C. Mavroidis, A Turquoise Mess: Green Subsidies, Blue Industrial Policy and Renewable Energy: The Case for Redrafting the Subsidies Agreement of the WTO, Journal of International Economic Law, Vol. 17, 2014, p. 33.

④ 张磊：《自由贸易体制下的“绿色能源空间”——以加拿大可再生能源发电设施补贴案为视角》，载《西南政法大学学报》2014 年第 1 期，第 70 页。

⑤ Vivasvan Bansal, Chaitanya Deshpande, The India-Solar Cells Dispute: Renewable Energy Subsidies under World Trade Law and the Need for Environmental Exceptions, NUJS Law Review, Vol. 10, 2017, p. 243.

有歧视性的补贴在一些情况下可能是创造加强环境保护需求的唯一政治方法，[①]可能通过使环境措施获得政治上的可行性，以帮助实现环境目标。[②] 因此，“国内成分要求”是否可采取相对宽松的方式加以适用，是值得商榷的。SCM 协定中原有关于发展中成员方的特殊和差别待遇的内容，现在均已过期，但至少反映了协定拟定之初对不同成员方处于不同发展阶段的考虑。SCM 协定现有框架既有条文未充分考虑发展中国家的实际情况和可再生能源产业发展初期国内成分要求的必要性和合理性，对可再生能源产业的发展，尤其是发展中国家可再生能源产业的发展形成了一定程度上的制度禁锢。

综合前述分析，含有“国内成分要求”的可再生能源补贴违反了 WTO 的“非歧视原则”，但做出“国内成分要求”的原因复杂，部分措施含有壮大国际可再生能源产业、履行国际节能减排义务的合理性。因此，笔者认为，在这种情况下，可以考虑在补贴制度之外，从适用一般例外条款的路径出发，为含有“国内成分要求”的可再生能源补贴再提供一次可能获得豁免的机会。此外，如果可再生能源补贴案件中的“市场基准”“相关市场”问题得以明确，按照一般补贴认定规则，不含有“国内成分要求”的可再生能源补贴也可能被认定违规，在这种情况下，一般例外条款的适用也可以为此类被认定违反 SCM 协定的可再生能源补贴再提供一次可能获得豁免的机会。

---

① Sadeq Z. Bigdeli, Resurring the Dead? The Expired Non-Actionable Subsidies and the Lingering Question of “Green Space”, Manchester Journal of International Economic Law, Vol. 8, 2011, p. 29.

② Aaron Cosbey, Petros C. Mavroidis, A Turquoise Mess: Green Subsidies, Blue Industrial Policy and Renewable Energy: The Case for Redrafting the Subsidies Agreement of the WTO, Journal of International Economic Law, Vol. 17, 2014, p. 33.

二、GATT1994 第 20 条与 SCM 协定的适用关系

WTO 框架下通常意义上的一般例外条款指的是 GATT1994 第 20 条和 GATS 第 14 条。GATT1994 第 20 条允许各成员方出于特定目的或原因，采取偏离 GATT1994 的措施，[①]也被称为 GATT1994 一般例外条款；GATS 第 14 条与 GATT1994 第 20 条的规定十分相似，是服务贸易领域的一般例外条款。[②] 有鉴于当下可再生能源补贴争端集中于贸易领域，且 GATT1994 第 20 条在争端解决实践中的广泛适用性，因此本部分主要聚焦 GATT1994 第 20 条与 SCM 协定的适用关系加以探讨。

（一）GATT1994 第 20 条的制度解析

GATT1994 第 20 条由导言和 10 项具体措施组成，本部分将从制度溯源及内容分析着手进行制度解析，为适用分析及观点论证奠定基础。

1. GATT1994 第 20 条的制度溯源

1946 年，美国设计并提交的《国际贸易组织宪章草案》（《美国草案》）[③]第 32 条可以说是 GATT1994 第 20 条的制度源起。由于各与会国在设置一般例外条款必要性问题上达成了共识默契，因此，在《国际贸易组织宪章草案》历次审议修订过程中都设置有一般例外条款，具体表现为 1946 年《伦敦草案》第 37 条、[④]1947 年

---

① 曹建明、贺小勇著：《世界贸易组织（第三版）》，法律出版社 2011 年版，第 197 页。

② GATS 中关于服务贸易例外的规定除了第 14 条的一般例外，还包括第 12 条中的国际收支平衡例外、第 14 条之二（Article XIV bis）的安全例外。

③ Suggested Charter for an International Trade Organization of the United Nations, U. S. State Department Proposal, September 1946.

④ Report of the First Session of the Preparatory Committee of the United Nations Conference on Trade and Employment, E/PC/T/33, 5 November 1946, p. 33.

《纽约草案》第 37 条、[①]1947 年《日内瓦草案》第 43 条、[②]1947 年《哈瓦那宪章》第 45 条。受到各国对外贸易政策方面的分歧、政府在批准复杂国际条约中的困难以及美国国会拒绝批准等综合因素的影响，国际贸易组织（International Trade Organization，ITO）未能成立，但一般例外条款在 GATT1947 得以保留体现，并随着关税与贸易谈判的发展成为现今的 GATT1994 第 20 条。

《美国草案》作为 GATT1994 一般例外条款的制度源起，首先创制了“导言＋具体条款”的立法模式，第 32 条导言部分表述为：“此宪章第四部分中的任何条款不得解释为阻止任一成员方采取或实施以下措施”，这样的表述方式相对简单，对具体条款的约束力有限，导致这种立法模式下一般例外条款的覆盖范围十分宽泛。英国代表 Rhydderch 先生在伦敦会议期间指出了《美国草案》第 32 条一般例外条款存在的“适用范围宽泛”这一问题，并就避免第 32 条的滥用提出了针对导言的修改意见，建议一般例外条款的导言插入“不得在相同情形的成员方之间构成武断的歧视手段，或者对国际贸易造成变相限制”的限制性内容。[③] 随后，国际贸易与就业会议筹备委员会的 E/PC/T/C. II/54 报告显示，英国代表的该项建议得到了普遍接受，[④]但《伦敦草案》文本在提及第 37 条一般

---

① To be considered and drafted at a later stage Drafting Committee of the Preparatory Committee of the United Nations Conference on Trade and Employment, E/PC/T/34, 5 March 1947, p. 31.

② Report of the Second Session of the Preparatory Committee of the United Nations Conference on Trade and Employment, E/PC/T/186, 10 September 1947, p. 36.

③ Preparatory Committee of the International Conference on Trade and Employment, Committee II, Technical Sub-Committee, Ninth Meeting held on Wednesday, 13 November 1946 at 10. 30 a. m (E/PC/T/C. II/50), p. 7.

④ Preparatory Committee of the International Conference on Trade and Employment, Committee II, Draft Report of the Technical Sub-Committee (E/PC/T/C. II/54), p. 33.

例外条款时指出:“该条内容将在后期考虑并起草。”[1]《纽约草案》第37条就一般例外条款进行了完整的表述,与伦敦会议期间英国代表的提议相比,一般例外条款的导言从“构成武断的歧视手段”(Constitute a Means of Arbitrary Discrimination)发展成为“构成武断或不正当歧视手段”(Constitute a Means of Arbitrary or Unjustifiable Discrimination),增加了“不正当歧视手段”的规定,这与GATT1994第20条的条文[2]就基本一致了。通过对导言起草过程的总结,可以更加清晰地把握导言防止一般例外条款滥用的立法初衷。

从制度相关性来看,与可再生能源补贴论证分析直接相关的似乎是GATT1994第20条导言、b项、g项,因此,在GATT1994第20条的具体款项中,笔者也选取b、g两项展开分析。GATT1994第20条b项最早出现在《美国草案》第32条b项中,该项表述与现今表述完全一致,即“为保护人类、动物或植物的生命或健康所必需的措施”。《纽约草案》第37条b项对以上表述进行了两处修改,第一,将“必需”(Necessary)改为了“为……目的”(For the Purpose of);第二,附加了该项措施实施的条件:“如果进口国家在类似情况下采取的相应的国内保障措施”。《日内瓦草案》第43条b项,恢复了“必需”的措辞,取消了《纽约草案》中的附加实施条件,最终确定的b项内容与《美国草案》第32条b项和GATT1994第20条b项相同。GATT1994第20条的g项最早

① Report of the First Session of the Preparatory Committee of the United Nations Conference on Trade and Employment, E/PC/T/33, 5 November 1946, p. 33.

② GATT1994第20条将导言规定为:“在遵守关于此类措施的实施且不在情形相同的成员方之间构成武断或不正当歧视的手段,或对国际贸易构成变相限制的前提下,本协定的所有规定不得解释为阻止任一成员方采取或实施下列措施”。

出现在《美国草案》第 32 条 j 项中，但具体表述有所不同。《美国草案》第 32 条 j 项和《纽约草案》第 37 条 j 项都表述为："与保护可用竭的自然资源有关的措施，如果此类措施是根据国际协定规定所为或与限制国内生产或消费共同实施"。伦敦会议和日内瓦会议期间，各国代表就该项的表达是否应当加以"与限制国内生产或消费共同实施"的限制展开了讨论，《日内瓦草案》第 43 条 I(g) 条，删除了"根据国际协定规定所为"的要求，坚持了"与限制国内生产或消费共同实施"限制要求，也就是说，最终呈现的文本和 GATT1994 第 20 条 g 项相同，即："与保护可用竭的自然资源相关的措施，如果此类措施与限制国内生产或消费共同实施"。

2. GATT1994 第 20 条的论证逻辑要点

GATT1994 第 20 条本身没有就论证逻辑做出具体规定，但结合从 GATT 时代到 WTO 争端解决实践，可以归纳并加以总结。

就 GATT1994 第 20 条的整体论证逻辑而言，在"美国-改良汽油和传统汽油标准案"中，上诉机构采用了"两步分析方法"(Two-tiered Analysis)展开论证：第一步，争议措施的特征是否符合 GATT1994 第 20 条 g 项的要求而获得了暂时的正当性；第二步，对同一争议措施的实施是否符合 GATT1994 第 20 条导言进行进一步的评估。[①] 在随后的"美国-特定虾和虾产品进口限制案"中，专家组和上诉机构就"两步分析方法"的适用顺序问题进行了明确。该案专家组认为，导言中包含的条件适用于第 20 条的任何一个段落，因此首先分析第 20 条的导言似乎同样适合。[②]

---

① WT/DS2/AB/R, p. 22.

② WT/DS58 /R, para. 7. 28.

该案上诉机构重述了“美国-改良汽油和传统汽油标准案”适用GATT1994第20条的方法，表示不同意本案专家组扭转“美国-改良汽油和传统汽油标准案”中提出的论证顺序，并认为，第20条项下分析诉请正当性的“两步分析方法”的步骤顺序，反映的不是疏忽的或随机的选择，而是第20条的根本结构和逻辑所在。[①] 根据上述DSB实践，可以归纳出GATT1994第20条的基本论证逻辑，首先，需要审查争议措施是否符合GATT1994第20条a项至j项中某个具体项下的要求；其次，如果符合，再进一步审查争议措施的实施是否符合GATT1994第20条导言的要求。

就GATT1994第20条b项的论证而言，在“美国-改良汽油和传统汽油标准案”中，专家组分三个步骤展开展分析：第一，争议措施所依据的政策条款的制定目的是为了保护人类、动植物生命或健康；第二，争议措施是为了实现政策目的所必需的；第三，争议措施应当符合第20条导言的要求。[②] 在以上三个步骤中，如何评估一项措施是否属于“必需”措施十分重要。GATT时代“泰国-香烟进口限制和国内税案”的专家组在分析这一问题时提出了参考的标准：只有在没有其他符合GATT的替代性措施，或者没有其他对GATT违反程度相对更小的替代性措施，且这两种替代性措施都能合理达到泰国维护公共健康的目的。[③] WTO成立之后，DSB实践对“泰国-香烟进口限制和国内税案”专家组的“必需”分析逻辑进行了进一步的发展性探索。“欧共体-影响石

---

① WT/DS58/AB/R, paras. 118 and 119.

② WT/DS2 /R, para. 6. 20.

③ Thailand-Restrictions on Importation of and Internal Taxes on Cigarettes, Report of the Panel adopted on 7 November 1990, para. 75.

棉和含石棉产品措施案”上诉机构结合“韩国-影响新鲜、冷藏和冷冻牛肉措施案”①上诉机构的分析指出，成员方采取措施追求的共同利益或价值越重要，该措施就越容易被接受是实现前述目的所必需设计的；同时还要考虑替代性措施是否可以达到同样的目的，且相比禁运而言对贸易产生更小的限制。② 在“巴西-影响废旧轮胎进口措施案”中，专家组认为，欧共体提出的替代措施不能达到阻止废旧轮胎增加的目标，可能只是补充措施。③ 该案中政策目标是“保护人民生命健康”还是“阻止废旧轮胎增加”对于判定欧共体提出的替代措施是否具有可替代性至关重要，凸显了“成员方政策目标特征和政策目标范围”④对于判定是否存在替代措施的重要性。具体而言，政策目标范围越窄，专家组就越难以判定合理替代措施存在。⑤ 替代措施能否实现政策目标，多大程度上实现政策目标，替代措施之间究竟以互补为主还是以替代为主，也成为了 DSB 实践遇到的问题。

就 GATT1994 第 20 条 g 项的论证而言，DSB 实践就“可用竭的自然资源”做出了阐释。“美国-特定虾和虾产品进口限制案”上诉机构指出，有生命的(Living)自然资源和无生命的(Non-living)自然资源都是有限的。⑥ 对条文中“有关”的解读，GATT 时代

---

① “韩国-影响新鲜、冷藏和冷冻牛肉措施案”上诉机构是在 GATT 1994 第 20 条 d 项下分析了“必需”。

② WT/DS135/AB/R, para. 172.

③ WT/DS332 /R, para. 7. 172.

④ Benn Mcgrady, Necessity Exceptions in WTO Law: Retreated Tyres, Regulatory Purpose and Cumulative Regulatory Measures, Journal of International Economic Law, Vol. 12, 2009, p. 157.

⑤ Benn Mcgrady, Necessity Exceptions in WTO Law: Retreated Tyres, Regulatory Purpose and Cumulative Regulatory Measures, Journal of International Economic Law, Vol. 12, 2009, p. 157.

⑥ WT/DS58/AB/R, paras. 127—134.

1988年"加拿大-影响未加工的鲱鱼和鲑鱼措施案"专家组认为，"当某一贸易措施只与保护某一可用竭的自然资源相关是不够的，还应当证明该措施的首要目的是保护可用竭的自然资源"①，由此可见，该案专家组将"有关"解释为"主要目的是"。"美国-改良汽油和传统汽油标准案"上诉机构对此持不同意见，并指出，"主要目的"该短语本身不是条约用语（Treaty Language），并不能作为确认或排除争议措施是否与可用竭的自然资源相关的简单试金石。② "美国-特定虾和虾产品进口限制案"的上诉机构支持并进一步发展了"美国-改良汽油和传统汽油标准案"上诉机构就这一问题的认定观点。"美国-特定虾和虾产品进口限制案"上诉机构还指出，为了判定争议措施的正当性，应探究争议措施与保护可用竭的自然资源之间的关系，如果目的和方法之间存在一种紧密（Close）且真实（Genuine）的关系，那么使用该方法的措施与保护可用竭的自然资源有关。③ "加拿大-影响未加工的鲱鱼和鲑鱼措施案"专家组和"美国-改良汽油和传统汽油标准案"上诉机构先后都表达了"采取的措施应与国内生产或消费的限制同时实施"④的观点，以防止成员方采取内外有别的政策以达到实施贸易保护主义的目的。

（二）GATT1994第20条的适用范围

GATT1994第20条的适用范围一直是学界颇有争议的一个问题。从该问题出现的历史溯源来看，乌拉圭回合之前，

---

① GATT Panel Report, Canada-Measures Affecting Exports of Unprocessed Herring and Salmon, para. 4. 6.

② WT/DS2/AB/R, pp. 18—19.

③ WT/DS58/AB/R, paras. 135—142.

④ GATT Panel Report, Canada-Measures Affecting Exports of Unprocessed Herring and Salmon, para. 4. 7. WT/DS2/AB/R, p. 21.

GATT1947 和其他专门性协定是分开的，在成立 WTO 之时，源自 GATT1947 的 GATT1994 直接成为了 WTO 协定的一部分，由此产生了 GATT1994 与其他协定的关系问题，比如 GATT1994 一般例外条款是否适用于其他协定。① 无论是 WTO 一揽子协定，还是 GATT1994 本身，都不存在关于 GATT1994 第 20 条适用范围的规定，因此，只能从 DSB 实践中加以探寻。

长期以来，基于 GATT1994 第 20 条在 GATT1994 之外的适用性问题的复杂性，在争端实践中，DSB 都竭力避免就此做出裁定，②直到"中国-影响出版物和娱乐用音像制品贸易权和分销服务措施案"的出现。该案中，中国基于《中国入世议定书》第 5.1 段"贸易管理权"③的规定，援引 GATT1994 第 20 条 a 项的"公共道德"例外为争议措施辩护。④ 作为第三方的澳大利亚和欧共体都表示了反对援引适用的意见。⑤ 本案专家组没有正面回答"GATT1994 第 20 条是否适用于《中国入世议定书》第 5.1 段"这一问题，采用了"假定"(Arguendo)适用，并就 GATT1994 第 20 条 a 项的条件是否得到满足展开了分析。上诉机构认为，《中国入世议定书》第 5.1 段引入从句中所指的"WTO 协定"应当视为一

---

① 龚柏华主编：《WTO 争端解决与中国(第二卷)》，上海人民出版社 2010 年版，第 50 页。

② Danielle Spiegel Feld, Stephanie Switzer, Whither Article XX? Regulatory Autonomy Under Non-GATT Agreements after China-Raw Materials, Yale Journal of International Law Online, Vol. 38, 2012, p. 21.

③ 中国认为，《中国入世议定书》第 5.1 段引入从句中关于"在不损害中国以符合 WTO 协定的方式行使贸易管理权的情况下"的表述是中国开放贸易权的前提条件。

④ WT/DS363/R, paras. 7.711—7.716.

⑤ 澳大利亚、欧共体都认为，《中国入世议定书》是 WTO 协定不可分割的一部分，但不是 GATT1994 的组成部分；GATT1994 第 20 条的措辞明确表示，GATT1994 第 20 条只能在违反 GATT1994 其他条款的时候被援引。

个整体，包括协定本身、协定附件以及协定规则的例外；《中国入世议定书》第 5.1 段与中国对相关产品的贸易监管有着明显的、可辨别的、客观的联系；《中国入世议定书》第 5.1 段是关于货物贸易的规定，因此中国可以援引 GATT1994 第 20 条。[①]

此后，“中国-各种原材料出口相关措施案”就 GATT1994 第 20 条的适用范围再次做出了分析。该案的争议之一就是“中国是否可以根据《中国入世议定书》第 11.3 段援引 GATT1994 第 20 条进行抗辩”。专家组认为，《中国入世议定书》第 11.3 段不包括对 GATT1994 第 20 条或 GATT1994 条款的明示提及；《中国入世议定书》第 11.3 段不包括第 5.1 段那样意指可以适用 GATT1994 第 20 条的引入从句；《中国入世议定书》第 11.3 段的上下文——《中国工作组报告》相关条文中也未发现“任何明示或暗示中国可以援引 GATT1994 第 20 条的条款，因此认定中国不能根据《中国入世议定书》第 11.3 段援引 GATT1994 第 20 条进行抗辩”。[②] 专家组还就 GATT1994 第 20 条的援引适用问题进行了进一步解释。专家组认为，GATT1994 第 20 条中“本协定的任何规定不得解释为阻止或实施……措施”中的“本协定”仅指“GATT1994”；WTO 成员方可以通过交叉引用(Cross-reference)，将 GATT1994 第 20 条纳入(Incorporate)WTO 其他涵盖协定中；并以 TRIMs 协定为例，表达了 TRIMs 协定可以援引 GATT1994 第 20 条例外的法律基础在于：TRIMs 协定文本将 GATT1994 第 20 条纳入了 TRIMs 协定之中。[③] 上诉机构维持了专家组就此问题做出的裁定。[④] 之后的

---

① WT/DS363/AB/R, paras. 222—223.

② WT/DS394/R, WT/DS395/R, WT/DS398/R, paras. 7.124, 7.148 and 7.158.

③ WT/DS394/R, WT/DS395/R, WT/DS398/R, para. 7.153.

④ WT/DS394/AB/R, WT/DS395/AB/R, WT/DS398/AB/R, para. 307.

“中国-涉及稀土、钨和钼出口相关措施案”中，专家组和上诉机构在开展“是否可以引用 GATT1994 第 20 条”的分析过程中，遵循了同样的逻辑。

“美国-影响中国禽肉进口特定措施案”专家组报告在“中国-影响出版物和娱乐用音像制品贸易权和分销服务措施案”之后，“中国-各种原材料出口相关措施案”之前做出并公布。由于美国援引 GATT1994 第 20 条 b 项为《2009 年综合拨款法》第 727 条款抗辩，因此专家组就 GATT1994 第 20 条 b 项与《动植物卫生检疫措施协定》(Agreement of Sanitary and Phytosanitary Measures，以下简称“SPS 协定”)的关系展开了分析。专家组认为，GATT1994 第 20 条 b 项是对 GATT1947 同项内容的重申，早于 SPS 协定而存在，没有明示提及 SPS 协定；SPS 协定序言中“详尽阐述”(Elaborate)一词，表明了 SPS 协定是详尽解释 GATT1994 第 20 条 b 项的适用规则，SPS 协定一系列条款以及谈判历史也可以证明了这一点。[①] 笔者认为，本案再次强调了明示援引是 GATT1994 适用于 SPS 协定的前提，事实上确认了 GATT1994 第 20 条对 SPS 协定的适用性。[②]

在“美国-影响丁香味香烟生产和销售措施案”中，专家组关于“《技术贸易壁垒协定》(Agreement on Technical Barriers to Trade，以下简称‘TBT 协定’)促进 GATT1994 进步或发展”的意思表达和“在解释 TBT 协定第 2.2 条是参考 GATT1994 第 20 条 b 项法律某些方面”的论断，[③] 至少表明了 TBT 协定和

① WT/DS392/R, paras. 7.468—7.478.

② 根据专家组的裁定，有鉴于在 SPS 措施领域，SPS 协定是 GATT1994 相关条款的特别法，因此在适用结果上应当保持一致。

③ WT/DS406/R, paras. 7.112 and 7.369.

GATT1994 的紧密联系。上诉机构进一步表达了“TBT 协定和 GATT1994 在范围上有重叠并有着类似目标”的观点，并指出，从原则上来看，TBT 协定序言体现的是对“贸易自由化追求”和“成员方管理权实施”的平衡，与 GATT1994 项下国民待遇条款和一般例外条款的平衡相比，是相同的。[①] 但上诉机构是否表达了“既然 TBT 协定相关条文保护的政策空间程度与 GATT1994 一般例外条款相同，就降低了援引 GATT1994 一般例外条款作为单独抗辩的需求”[②]的意思，并不明确。在“欧共体-禁止海豹产品进口和销售措施案”中，欧盟要求援引 GATT1994 第 20 条，专家组注意到，虽然 GATT1994 和 TBT 协定应当用一致连贯的方法加以解释，但是也应看到 TBT 协定和 GATT1994 两协定下的义务并不相同，由此对措施具体方面是否符合 GATT1994 第 20 条具体款项展开了分析。[③] 上诉机构未质疑专家组援引 GATT1994 第 20 条的做法，并进一步指出，“虽然 TBT 协定第 2.1 条与 GATT1994 第 20 条前言的概念措辞有相同之处，但是 TBT 协定第 2.1 条和 GATT1994 第 20 条序言的分析存在重大不同，不能用 TBT 协定第 2.1 条的标准审查 GATT1994 第 20 条”[④]。由此明确了 GATT1994 第 20 条对 TBT 协定的可适用性。

结合前述案例中 DSB 的分析，笔者认为可以确定的是，GATT1994 之外的协定原则上不适用 GATT1994 第 20 条，如需

① WT/DS406/AB/R, paras. 91 and 109.

② Danielle Spiegel Feld, Stephanie Switzer, Whither Article XX? Regulatory Autonomy Under Non-GATT Agreements after China-Raw Materials, Yale Journal of International Law Online, Vol. 38, 2012, p. 29.

③ WT/DS400/R, paras. 7.610—7.614.

④ WT/DS400/AB/R, paras. 5.310—5.313.

加以适用，应“在个案基础上”（Case-by-case Basis）[①]加以分析；分析过程需要结合GATT1994之外的协定具体条文措辞、上下文来加以分析，其中上下文包括其他相关协定中条文的语义分析；GATT1994之外的协定具体条文措辞、上下文是否表达出援引GATT1994第20条的意思，以及该协定与GATT1994的关系都是关键性分析要素。至于个案类型，从论证难易程度来说，大概可以分为以下几种。第一，明示援引型。如TRIMs协定第3条关于“GATT1994项下所有例外在适当时，都应适用于本协定的规定”的表述；SPS协定前言第8句话“希望精心考虑适用GATT1994与卫生或植物检疫措施相关的条款，尤其是第20条b项条款”，都明示援引了GATT1994第20条。第二，暗示援引型。如TBT协定虽没有类似前述明示援引的条款，但TBT协定序言第6句、正文第2.2条的表述与GATT1994相似却不同，结合TBT协定序言第2句“进一步实现GATT1994目标”的表述；以及类似“中国-影响出版物和娱乐用音像制品贸易权和分销服务措施案”中一般性“贸易管理权”的隐含意思，也可能成为援引成功的依据，可以视为对GATT1994第20条的暗示援引。因此，一方面，GATT1994第20条适用于GATT1994之外的协定需要经过充分论证、无法直接适用；另一方面，WTO争端解决机构对GATT1994第20条的适用范围持审慎态度，存在适用难度。

（三）GATT1994第20条对SCM协定的适用性分析

SCM协定是WTO涵盖协定下，GATT1994之外的协定，DSB实践未出现就GATT1994第20条是否适用SCM协定的个

---

① Danielle Spiegel Feld, Stephanie Switzer, Whither Article XX? Regulatory Autonomy Under Non-GATT Agreements after China-Raw Materials, Yale Journal of International Law Online, Vol. 38, 2012, p. 27.

案,GATT1994第20条对SCM协定的适用性究竟如何,学者们的观点也不太一致。

反对适用的学者主要表达了以下观点。首先,从适用条件来说,SCM协定缺乏可以援引GATT1994第20条的“文本支持”,[①]在没有明确的援引条款的情况下,根据既有DSB实践,适用条件明显不足。其次,从适用结果来看,GATT1994第20条适用于SCM协定“不适当地将立法权委托给了上诉机构”[②]“可能会为其他涵盖协定也援引本条款打开大门”[③]“将会增加WTO法律适用中的法律不确定性”[④]。再次,从立法原意来说,第一,SCM协定第8条中环保补贴条款本身就是“临时保留条款”(Temporary Saving Clause),也就是说,环保补贴本身的适用有期限的,受保护的环保补贴也是有范围的,因此GATT1994第20条适用于SCM协定将会恢复环保补贴,这与“有期限适用”“有限范围适用”的立法原意是相违背的,会“损及SCM协定权利义务的内在平衡”;[⑤]第二,“SCM协定原先第8条即为专门针

---

① Robert Howse, Climate Mitigation Subsidies and the WTO Legal Framework: A policy Analysis, International Institute for Sustainable Development (IISD), May 2010, p. 17.

② Danielle Spiegel Feld, Stephanie Switzer, Whither Article XX? Regulatory Autonomy Under Non-GATT Agreements after China-Raw Materials, Yale Journal of International Law Online, Vol. 38, 2012, p. 29.

③ Luca Rubini, Ain't Wastin' Time No More: Subsidies for Renewable Energy, The SCM Agreement, Policy Space, and Law Reform, Journal of International Economic Law, Vol. 15, 2012, p. 562.

④ Rolf H. Weber, Rika Koch, International Trade Law Challenges by Subsidies for Renewable Energy, Journal of World Trade, Vol. 49, 2015, pp. 777—778.

⑤ Luca Rubini, Ain't Wastin' Time No More: Subsidies for Renewable Energy, The SCM Agreement, Policy Space, and Law Reform, Journal of International Economic Law, Vol. 15, 2012, p. 562.

对补贴例外情况的规定，相比 GATT1994 第 20 条，SCM 协定第 8 条更具针对性”；[①]第三，GATT1994 第 20 条被作为“高级抗辩理由”（Meta-defense）加以适用，可能会有目的地破坏了 SCM 协定原本设想的管理自主权、多边纪律和贸易便利化之间的平衡。[②]

支持适用的学者主要表达了以下观点。首先，根据 DSB 既有案例分析，[③]从条约关系来说，SCM 协定是对 GATT1994 第 6 条和第 16 条的具体发展，GATT1994 和 SCM 协定之间是一般法和特别法的适用关系。[④] 其次，从适用依据来说，SCM 协定不可诉补贴的存在和失效，不能作为 GATT1994 第 20 条适用于 SCM 协定的法律障碍，反而应当被解读为对 GATT1994 第 20 条的持续权威的确认；GATT1994 第 20 条本身没有表明适用例外，SCM 协定本身也没有排除 GATT1994 第 20 条的任何措辞，如果找不到任何文本措辞障碍，GATT1994 第 20 条的适用不需要专门解释。[⑤] 再次，如果 GATT1994 第 20 条不适用于 SCM 协定，那么

---

① Rolf H. Weber, Rika Koch, International Trade Law Challenges by Subsidies for Renewable Energy, Journal of World Trade, Vol. 49, 2015, p. 778.

② Danielle Spiegel Feld, Stephanie Switzer, Whither Article XX? Regulatory Autonomy Under Non-GATT Agreements after China-Raw Materials, Yale Journal of International Law Online, Vol. 38, 2012, pp. 29—30.

③ “巴西-影响干椰子措施案”上诉机构报告曾经就 GATT1994 和附件一 A 的其他协定的法律关系，并指出，当 GATT1994 条文和附件一 A 协定条文冲突时，后者优先适用。（WT/DS22/AB/R, p. 12.）“美国-影响中国禽肉进口特定措施案”专家组报告指出，SCM 协定是对 GATT1994 相关条款的详细阐释。（WT/DS392/R, para. 7.468.）

④ 根据 WTO 协定附件一 A 一般解释性说明中的“特别法原则”（Lex Specialis Principle），以及散件于货物贸易涵盖协定中的各个主题事项条款，GATT1994 在 WTO 各个涵盖协定中得到了明确的发展。

⑤ Luca Rubini, Ain't Wastin' Time No More: Subsidies for Renewable Energy, The SCM Agreement, Policy Space, and Law Reform, Journal of International Economic Law, Vol. 15, 2012, p. 563.

还会产生显然不合逻辑的后果：WTO成员方将有更多的政策空间来制定更为明显和严重的贸易扭曲措施，如进口禁令和配额，而不是一般所理解的产生较少贸易扭曲的措施，比如国内补贴。[①]最后，从历史维度来说，谈判历史既没有明确迹象表明不可诉补贴是某些"好"补贴的唯一正当理由，也没有明确迹象表明GATT1994第20条可以或不应该适用于补贴。[②]

分析反对方和支持方的观点不难发现，双方都援引并为己方观点提供论证支撑的结合点是SCM协定中的不可诉补贴制度。支持方认为，SCM协定中的不可诉补贴制度类似于GATT1994第20条的具体化，或者至少不可诉补贴制度的存在和失效不能成为排除GATT1994第20条适用于SCM协定的理由；反对方认为，不可诉补贴制度有期限性的特点可以表明不想为SCM协定设置例外条款的立法原意，倘若不可诉补贴制度没有失效，GATT1994第20条更没有适用的必要。这种情势下，在笔者看来，要明确的核心问题是：GATT1994第20条和SCM协定不可诉补贴制度之间的关系。

第一，从条文设置目的来看，两者都有着在自由贸易体系下例外条款的性质，也都蕴含着保护环境、资源的立法目的，但在具体规制内容、论证逻辑、有效期限上存在差异，且这种差异性要比TBT协定暗示援引条款与GATT1994第20条之间的差异性要大，总体而言，GATT1994第20条保护的例外情形更笼统，SCM协定不可

---

① Robert Howse, Climate Mitigation Subsidies and the WTO Legal Framework: A policy Analysis, International Institute for Sustainable Development (IISD), May 2010, p. 17.

② Luca Rubini, Ain't Wastin' Time No More: Subsidies for Renewable Energy, The SCM Agreement, Policy Space, and Law Reform, Journal of International Economic Law, Vol. 15, 2012, p. 563.

诉补贴制度保护的例外情形更具体。第二,当 GATT1947 起草的时候,由于没有其他 WTO 协定生效,因此 GATT1947 第 20 条中"本协定"(This Agreement)的指向非常清晰,指的是 GATT1947。[①] GATT1994 第 20 条序言中"本协定"的表述直接源自 GATT1947 第 20 条,但"本协议"具体所指是否发生变化,乌拉圭回合谈判方并未在谈判中加以明确;与此同时,SCM 协定拟定,并成为了 WTO 一揽子协定的组成部分,还设置了有期限的不可诉补贴制度,因此,从历史溯源维度来看,很难明确 GATT1994 第 20 条和 SCM 协定不可诉补贴制度之间的关系,也很难以说清谈判方的立法原意。第三,有鉴于货物贸易协定中,诸如前文所述"SPS 协定序言和正文相关条款明示 GATT1994 第 20 条适用"的作用,似乎更易得出乌拉圭回合谈判方有意让 GATT1994 第 20 条只适用于 WTO 框架下部分协定的结论。也就是说,在乌拉圭回合谈判,环境资源问题还未特别凸显,基于贸易谈判和成立全球性贸易组织的性质需求,谈判方至少对 GATT1994 第 20 条自动适用 GATT1994 之外协定存在疑虑,不愿意扩大适用范围,具体到 SCM 协定,不可诉补贴制度狭窄的适用范围和有效期限都印证了谈判方对"制度例外可能对自由贸易体系造成损害"的担忧。

综上,笔者认为,在对"GATT1994 第 20 条是否适用于 SCM 协定"这一问题进行分析时,首先需要明确的前提是,对 WTO 其他条文的适用性是一个需要检验的重要假设,[②]GATT1994 第 20

① Danielle Spiegel Feld, Stephanie Switzer, Whither Article XX? Regulatory Autonomy Under Non-GATT Agreements after China-Raw Materials, Yale Journal of International Law Online, Vol. 38, 2012, p. 20.

② Luca Rubini, Luca Rubini, Ain't Wastin' Time No More: Subsidies for Renewable Energy, The SCM Agreement, Policy Space, and Law Reform, Journal of International Economic Law, Vol. 15, 2012, p. 562.

条适用于 GATT1994 之外的协定需要在个案中加以分析，GATT1994 第 20 条对于 SCM 协定的适用性不能被简单排除。其次，根据 DSB 实践确立的“通过 GATT1994 之外协定措辞、上下文明示、暗示援引分析”的论证思路，SCM 协定本身既难以找到明示援引的依据，也难以找到暗示援引的隐含意思，因此，在既有 DSB 实践确立的论证逻辑范畴下，SCM 协定援引 GATT1994 第 20 条存在难度。再次，在既有 DSB 实践对 SCM 协定援引 GATT1994 第 20 条不利的情况下，就促使学者们在 DSB 实践确立的论证逻辑之外寻求论证路径和方法，比如前文中提及的“一般性条款对于特别协定的适用”体现了一般法与特别法的适用关系，“SCM 协定和 GATT1994 第 20 条没有排除适用措辞”体现了“法无明文禁止皆可为”的思路，“不适用带来不利后果”体现了对 WTO 涵盖协定整体分析，“举重以明轻”的逻辑。

为了让具有“国内成分要求”的可再生能源补贴在 WTO 框架下获得豁免机会，笔者认为可考虑借鉴并相对扩大“GATT1994 第 20 条适用于 TBT 协定”的论证思路：第一，从 WTO 涵盖协定整体维度出发，明确 GATT1994 和 SCM 协定普通法和特别法的关系，为 GATT1994 第 20 条适用于 SCM 协定创造前提；[①]第二，分析 GATT1994 第 20 条和 SCM 协定不可诉补贴制度的相似性和区别性，尤其是适用范围和论证逻辑的不同，明确无论在不可诉补贴制度失效之前还是之后，乃至恢复之后，不可诉补贴制度都不能取代 GATT1994 第 20 条对 SCM 协定的适用；第三，凸显

① 叶波、梁咏：《论可再生能源补贴国际规则的制定》，载《国际法研究》2014 年第 4 期，第 89 页。

GATT1994第20条在SCM协定不可诉补贴制度到期后，对于SCM协定的重要意义，可以在不修改SCM协定条文的情况下，既为具有“国内成分要求”可再生能源补贴提供抗辩机会，也为不可预见的“相对正当但法律争议较大，陷入发展困境”的补贴类型留下绿色空间。总而言之，GATT1994第20条适用于SCM协定存在现实需求，也并不缺乏论证依据，是在既有制度框架不做修改的情况下，具有“国内成分要求”可再生能源补贴获得豁免空间的唯一机会。

三、可再生能源补贴争端援引GATT1994第20条的发展建议

根据WTO既有制度框架，由于SCM协定中没有一般性的环境例外，加之GATT1994第20条不适用于SCM协定，WTO在如何平衡法律框架内的贸易与环境领域陷入了困境。[①] 当前，DSB实践暂无GATT1994第20条适用于SCM协定的个案。笔者将从可再生能源补贴案件中非补贴措施援引GATT1994第20条的既有论证逻辑出发，探究可再生能源补贴援引GATT1994第20条的论证空间，并结合适用问题提出发展建议。

（一）可再生能源补贴争端援引GATT1994第20条的论证空间

早在“加拿大-可再生能源案”发生后，就有学者假设加拿大援引GATT1994第20条b项或g项为固定电价措施辩护，并分析认为，第20条序言将会是论证过程无法逾越的障碍，因为前述争

---

① Bradly J. Condon, Disciplining Clean Energy Subsidies to Speed the Transition to a Low-Carbon Word, Journal of World Trade, Vol. 51, 2017, p. 690.

议措施的“国内成分要求”在WTO成员方之间会造成武断和不正当的歧视行为。[①]

在WTO框架下可再生能源补贴案件中，“印度-太阳能电池和太阳能组件特定措施案”是目前唯一一起援引GATT1994第20条并由DSB做出生效裁定的案件，该案专家组围绕已经被证明违反GATT1994第3.4条和TRIMs协定2.1条的“国内成分要求”措施，是否可以成功援引GATT第20条d项、j项抗辩展开分析，本部分将首先聚焦前述“非补贴措施援引GATT1994第20条”的诉请，探究其中的论证空间。

专家组在分析印度的j项抗辩时，在认定印度没有完成GATT1994第20条j项下的举证责任，[②]考虑到j项在WTO争端解决机制中是首次被援引作为抗辩理由，[③]在对j项内容进行了分析的基础上进一步指出，太阳能电池板“国内生产能力的不足”“短缺的风险”都不等于“普遍或局部供应不足”，印度太阳能电池板不是GATT1994第20条j项下的“普遍或局部供应不足的产品”，“国内成分要求”措施不涉及获得印度“普遍或局部供应不足的产品”，因此无法在GATT1994第20条j项下被证明合法。[④]

专家组在分析印度的d项抗辩时指出，印度《电力法》第三部

---

① Virginia R. Hildreth, Renewable Energy Subsidies and the GATT, Chicago Journal of International Law, Vol. 14, 2014, p. 715.

② 根据该案第7.200段的分析可知，印度曾清晰提出“普遍或局部供应不足”的产品是太阳能电池，随后又未加详细阐释地将产品表述为“太阳能电力”，因此专家组认为，印度将“普遍或局部供应不足”的产品从太阳能电池板变为了太阳能电力，构成了印度论证的根本性变化，由于印度没有就这种论述变化做进一步阐释，因此，专家组认定印度没有完成GATT1994第20条j项下的举证责任。

③ 该案专家组认为：“普遍或局部供应不足”的一般性含义是指“某一产品的可供应量不满足相关地理区域或市场的需求”。

④ WT/DS456/R, paras. 7.202, 7.218, 7.236, 7.264 and 7.265.

分是具有法律执行力的行为规则，属于 d 项含义下的“法律或法规”；如果某一措施是为了实施法律法规所必需，这就意味着该措施禁止的行为应当是违反该法律法规设定的义务，而印度未能证明“国内成分要求措施”是为了阻止印度中央政府或中央电力局实施与义务不相符行为，因此印度未能完成“必需”的论证，也就无法完成 d 项的论证。[①]

有鉴于本案上诉机构维持了专家组的前述裁定，综合以上分析，可以肯定的是，当前 WTO 争端解决机制在处理可再生能源补贴案件时，如果“非补贴”争议措施援引 GATT1994 第 20 条，DSB 遵循的是既往案例已经确立的论证逻辑和举证规则，并未基于可再生能源补贴案件的特殊性而微调论证逻辑或减轻援引方的举证责任。

事实上，早在 2011 年 3 月，在“中国-关于风能设备措施案”[②]发生之后，Howse 教授在一次学术小组讨论中指出，中国可能给予环境方面的原因获得“一个合理的论据”，以证明含有“国内成分”的补贴符合 GATT1994 第 20 条；他还特别指出，“国内成分”义务可基于三个原因被认定为“必需”：技术转让的有限可能，对替代能源的特别巨大的需求，以及这些需求背后“生存和死亡”的环境状况。[③] 由于本案未进入专家组程序，因此中国未有机会提出类似抗

---

① WT/DS456/R, paras. 7. 311, 7. 322, 7. 328, 7. 329, 7. 322 and 7. 333.

② 美国向 DSB 提出的磋商请求主要涉及中国《风力发电设备产业化专项资金管理暂行办法》。美方认为，该《风力发电设备产业化专项资金管理暂行办法》涉及“使用国内产品而不是进口产品才能获得补助、资助或奖励”的规定，涉嫌违反 SCM 协定第 3 条。https://www. wto. org/english/tratop_e/dispu_e/cases_e/ds419_e. htm, Jan. 31, 2019。

③ 笔者未能找到 Howse 教授发言原文，因此具体表述源自 Luca Rubini, Ain't Wastin' Time No More: Subsidies for Renewable Energy, The SCM Agreement, Policy Space, and Law Reform, Journal of International Economic Law, Vol. 15, 2012, p. 567。

辩。本案在进入磋商程序后,中国随即废除了疑似含有“国内成分要求”条款的《风力发电设备产业化专项资金管理暂行办法》。虽然该案未进入专家组程序,不过结合实践中 GATT1994 第 20 条极低的援引成功率和“印度-太阳能电池和太阳能组件特定措施案”中专家组、上诉机构关于可再生能源措施援引 GATT1994 第 20 条的分析逻辑,即使“中国-关于风能设备措施案”进入专家组程序,援引 GATT1994 第 20 条作为可再生能源设备设置“国内成分要求”的抗辩理由,获得成功的可能性也是非常低的。

综合前述两个案例的分析,可以预判的是,按照既有的逻辑论证体系,含有“国内成分要求”的可再生能源补贴援引 GATT1994 第 20 条难以获得成功。事实上,结合 WTO 框架下援引 GATT1994 第 20 条的案件的实际效果来看,也少有最终援引成功的案例。[①] 由此,GATT1994 第 20 条又常被嘲讽为“最没用的条款”,因为 WTO 长期的司法实践对其采取过度严格的解释和适用方法导致其鲜被成功适用。[②] 至于造成这种适用境况的原因,与 WTO 坚持和强调的以经济自由主义为基础的贸易自由化目的价值是无法分开的,这种价值导向使得争端解决机构在审查一般例外条款的适用时不得不谨小慎微甚至冷酷无情,以免例外条款被滥用而减损这一价值。[③] WTO 毕竟不是“世界环境组织”,[④]

---

① 目前最终援引成功的案例只有“欧共体-影响石棉和含石棉产品措施案”(WT/DS135)和“美国-特定虾和虾产品的进口限制案”DSU 第 21.5 条专家组(WT/DS58/RW)。

② 刘雪红:《世界贸易组织一般例外条款适用误区之批判》,载《东方法学》2018 年第 4 期,第 72 页。

③ 马乐:《GATT 一般例外条款适用的价值导向与司法逻辑》,载《华东政法大学学报》2015 年第 1 期,第 16—24 页。

④ 何易:《欧盟和 WTO 处理贸易与环境案件法律之比较——以欧洲法院和 WTO 争端解决机构的实践为例》,载《中国法学》2004 年第 3 期,第 191 页。

WTO只是一个国际贸易组织，它主要是从贸易的角度，在维护多边贸易体制基本原则的基础上对于贸易与环境保护的关系进行协调，有其固有的局限性。①

（二）可再生能源补贴争端援引GATT1994第20条的发展方向

结合前述分析，学界已经意识到GATT1994第20条在平衡贸易自由和例外情形中可能进入的误区和窘境，不少学者期待GATT1994第20条在适用层面获得更多的论证空间和胜诉机会。EPA也在“吸纳”一般例外条款进入补贴章节时，明确表达了要对一般例外表款进行“必要变通”的意思。在笔者看来，通过“必要变通”创造的适用空间和适用机会对于可再生能源补贴来说，尤为重要，有助于可再生能源补贴领域自由贸易与环境资源保护利益平衡的实现。因为结合前文所述，虽然含有“国内成分要求”的补贴相比一般生产补贴来说，对竞争产品的影响明显更大，然而，相比直接禁令来说，扭曲效应还是要小一些。此外，在不可诉补贴制度恢复之前，一旦可再生能源补贴合规论证方法得以明确，GATT1994第20条对“被认定违反SCM协定的可再生能源补贴”来说，是唯一的豁免依据；在不可诉补贴制度恢复之后，可以为无法基于不可诉补贴制度获得合规性的可再生能源补贴，再提供一次“豁免”的机会。有鉴于既有规则、实践导向、论证逻辑都表明，可再生能源补贴适用、成功援引GATT1994第20条还存在很多困难和不确定性，因此有必要从GATT1994第20条适用方法变更和条款修改两个层面加以发展改进。

① 高凛著：《我国应对绿色贸易壁垒的对策研究——以江苏为视角》，江苏人民出版社2013年版，第120页。

1. 适用方法变更视角下的分析

对于 GATT1994 第 20 条少被援引成功的现状，学者们从“关注 GATT1994 第 20 条例外性之外的普遍性”①“避免过度强调贸易自由主义”②等层面提出了批判性建议。也就是说，学界本就对 GATT1994 第 20 条极为严苛的适用状况表达了不满，并从一般性适用角度提出了不少走出 GATT1994 第 20 条适用误区的建议。

WTO 的宗旨在 WTO 协定的序言中得以完整呈现，③并将力求实现的目标分条加以表述，表明了 WTO 在实现贸易自由化之余的其他目标，但 GATT1994 第 20 条的现实适用状况难以体现与 WTO 的宗旨的完全契合。事实上，WTO 的成员方，绝大多数也是《联合国气候变化框架公约》和《京都议定书》的缔约方，WTO 需要平衡好贸易自由化目标和非贸易因素（比如气候变迁）之间的关系，至少不能让遵守 WTO 规则成为其拒绝履行气候变迁协定中减排温室气体义务的借口。④ 因此，GATT1994 第 20 条

---

① Wen Wei Guan, How General Should the GATT General Exceptions Be?: A Critique of the “Common Intention” Approach of Treaty Interpretation, Journal of World Trade, Vol. 48, 2014, pp. 234—240.

② 刘雪红：《世界贸易组织一般例外条款适用误区之批判》，载《东方法学》2018 年第 4 期，第 74—75 页。

③ 成员方在处理它们的贸易和经济事务的关系方面，应力求实现下列目标：提高生活水平、保证充分就业、保证实际收入和有效需求的大幅度持续增长；扩大货物和服务的生产和贸易；同时应按照可持续发展的目标，合理地利用世界资源，寻求对环境的维护；确保发展中国家尤其是最不发达国家能获得与它们经济发展所需要的国际贸易份额的增长；建立一个完整的、更具活力和永久性的多边贸易体制，以实现包括 GATT1947 在内乌拉圭回合多边谈判的全部成果。

④ Rick A. Waltman, Amending WTO Rules to Alleviate Constraints on Renewable Energy Subsidies, Willamette Journal of International Law and Dispute Resolution, Vol. 23, 2016, pp. 391—392.

的适用,尤其在环境、贸易因素高度结合的案件,比如可再生能源措施案件的适用过程中,需要适当改变现实中过于严苛的适用方法。

在可再生能源措施案件援引 GATT1994 第 20 条时,一要明确争议措施具体性质,进而为 GATT1994 第 20 条适用的松紧度提供依据,争议措施性质对自由贸易的扭曲程度越大,GATT1994 第 20 条的适用应当越严格,援引方的举证责任就应该越重。结合本书研究对象,按照援引 GATT1994 第 20 条举证责任从轻到重的顺序,依次应该为:被裁定违规的可诉补贴、含有"国内成分要求"的禁止性补贴、数量限制、禁令等。二要在围绕 GATT1994 第 20 条具体款项展开论证时,在可再生能源领域可考虑对 b 项"必需"的解析可适当放宽,尤其对于减排义务沉重,而国内可再生能源产业发展处于起步阶段的成员方来说,应当综合考虑"可再生能源关键技术转让的有限可能,对可再生能源特别巨大的需求,以及这些需求背后的环境、资源状况"等因素。三要结合争议措施具体性质,对 GATT1994 第 20 条导言的解释进行部分调整。比如"条件相同的成员方"所考虑的条件还应包括可再生能源产业发展阶段、可再生能源技术掌握情况、环境资源对可再生能源产业发展需求的紧迫度、减排义务等,而不应仅仅考虑争议的产品是否属于"同类产品"。又如,在考虑是否"构成对国际贸易变相限制"时,应着力考察争议措施实施的目的,在对措施目的进行定性时,应结合措施环境资源目的和经济发展目的,并加以综合分析。

2. 条款修改视角下的分析

即使按照前文所述相对宽松的论证方法,含有"国内成分要求"的可再生能源补贴还是很难通过 GATT1994 第 20 条 g 项中"与限制国内生产或消费同时实施"的检测,DSB 在实践中"遵循先例”的传统及有限的造法效力给案件的裁定带来了很多不确定性，因此，在制度革新视角下，条款修改也是一种发展思路。

有学者建议，将 b 项中的“必需”改为“为了实现”；在 g 项结尾加上“或者对国外生产的限制只持续到为这种保护创造条件之时”；[①]在序言结尾或整个条款结尾加上“旨在或与减少温室气体排放或其他国际环境污染相关的措施不是武断或不合理的歧视，也不是变相的贸易限制”，为气候环境变化的相关措施提供抗辩机会。[②]

结合 GATT1994 第 20 条的制度发展过程来看，既有条文措辞的形成不仅经历了长期的过程，也是成员方之间反复讨论、博弈的结果。在 WTO 规则机制缺乏突破性发展的当下，修改 WTO 涵盖协定下条文措辞的难度可想而知。不过相比司法造法的有限效力和可能带来的法律裁定的不确定，从立法角度对条文本身进行修改的建议也确实是从根本层面解决问题的路径之一，确实可以为当下难以在 GATT1994 第 20 条含义下取得豁免的可再生能源措施创造制度空间，也体现了平衡“贸易目的”和“非贸易目的”的应有之意。不过具体如何调整 GATT1994 第 20 条的具体措辞还是值得反复推敲的，因为毕竟条文的微调给争端解决实践带来的改变还是要限制于可控范围，防止矫枉过正。笔者认为，b 项“必需”的措辞不宜修改，而是应当在实践中加以宽泛解释更为适宜；g 项结尾加上前述补充内容较为适宜，以便为“与限制国内生

① 根据 b 项的修改，没有其他对自由贸易理念违反更小的替代措施，就无法再成为否定 b 项豁免的理由；根据 g 项的修改，可以有效消除可再生能源补贴设置“国内成分要求”和“出口要求”的限制。

② Rick A. Waltman, Amending WTO Rules to Alleviate Constraints on Renewable Energy Subsidies, Willamette Journal of International Law and Dispute Resolution, Vol. 23, 2016, pp. 393—395.

产或消费同时实施”的司法评测难题提供制度依据；序言结尾或整个条款结尾确实应当加上例外条款，但前文措辞过于绝对化，建议具体措辞可以改为“旨在或与减少温室气体排放或其他国际环境污染相关的措施是否构成武断或不合理的歧视，或变相的贸易限制，应当结合具体措施的综合实施目的、措施性质、实施期限等因素加以考虑”。

世界贸易组织之父，著名学者约翰·杰克逊曾称："GATT1994 第 20 条确认，主权国家能够为实现该条所列目的而行事极其重要，即使这些行为会与相关的国际贸易义务冲突。”[①] 也就是说，如果可再生能源补贴得以成功援引 GATT1994 第 20 条，那么相当于确认了可再生能源补贴违反了国际贸易义务，不过这对于含有“国内成分要求”的可再生能源补贴来说，无论在现在，还是在将来，都是值得争取的制度绿色空间。

本章小结

本章根据可再生能源补贴的发展困境和制度适用问题，参考非多边视角下相关制度的发展实践，以 WTO 法律制度为基础，从可再生能源补贴制度革新和一般例外条款制度革新两个层面出发，为多边视角可再生能源补贴制度的发展明确了方向。第一节聚焦可再生能源补贴制度革新，通过对不可诉补贴制度恢复、修订，为具有环保、科研价值的可再生能源补贴构建了绿色空间；通过《环境产品协定》谈判视角下为可再生能源产品争取特殊待遇；

---

① John H. Jackson, The World Trading System: Law and Policy of International Economic Relations, 2nd ed., US: Massachusetts Institute of Technology, 1997, p. 233.

参照《农业协定》分类模式为可再生能源补贴设计特殊规则，为可再生能源补贴制度创新提供发展思路。第二节根据 WTO 框架下可再生能源补贴争端特点，结合“具有‘国内成分要求’的可再生能源补贴无法在补贴制度范畴内得到救济”的现状，尝试在补贴制度之外，为含有“国内成分要求”的可再生能源补贴论证寻找制度依据；效仿 EPA 吸纳一般例外条款的做法，着力探析 WTO 框架下 GATT1994 第 20 条与 SCM 协定的适用关系，并在归纳 GATT1994 第 20 条实际适用效果的基础上，从适用方法变更、条款修改两种“必要的变通”模式出发，建立了可再生能源补贴援引 GATT1994 第 20 条的发展路径。

综合本章的发展建议，可以归结为以下几点：第一，可再生能源补贴争端需要多边层面规则的革新，无论是否最终在 WTO 平台解决，WTO 既有制度和实践都会成为重要的参考依据；第二，在既有多边补贴制度框架内，最紧迫的就是重建不可诉补贴制度，在原则修订的基础上，为可再生能源补贴创造绿色空间；第三，对于含有“国内成分要求”的可再生能源补贴，可通过在对 GATT1994 第 20 条进行“必要的变通”的基础上加以适用，为该类措施在制度层面再提供一次得以豁免的机会。

虽然可再生能源补贴制度革新阻力重重，但还是应当有制度革新的愿景和勇气，为可再生能源补贴合法性论证提供发展思路和方向指引。在逆全球化浪潮下，多边经贸制度改革任重道远，不可能也无法一蹴而就，应当结合多边、诸边、双边、内国法实践发展，以原则导向的修订为起点，明确制度改革基本方向，以期实现从原则形成到原则接纳，再到规则形成到规则接纳的发展过程，有策略、有方法的实现多边经贸规则渐进式改革的目的。

第五章　中国可再生能源补贴制度的发展完善

无论对国际层面多边、诸边、双边可再生能源补贴制度的研究，还是对典型发达国家可再生能源补贴法律、政策的研究，最终的落脚点都在于为中国可再生能源补贴制度的发展完善找寻“发展方向”“对标规则”和“借鉴依据”。中国经济经历三十年的高速发展，在取得巨大经济成就的同时，也造成了严重的生态环境破坏与资源消耗。[①] 中国已经为世界第一大能源消费国，2015 年一次能源消费总量达 46.8 亿吨标准煤，位居世界第一，占世界一次能源消费总量的 22.7%，然而结合已探明化石能源储量，除了煤炭储量相对靠前、石油、天然气储量都十分有限。[②] 一方面是巨大的能源消费，另一方面是有限的化石能源储备，基于可持续发展的需求和国家能源安全的考虑，替代能源的发展势在必行。中国是《巴黎协定》的重要缔约方，承担着减少温室气体排放、控制全球温度

---

① 国家能源局编写:《能源发展“十三五”规划》辅导读本，中国电力出版社 2017 年版，第 117 页。

② 国网能源研究院有限公司编著:《全球能源分析与展望 2017》，中国电力出版社 2017 年版，第 7、17 页。2015 年中国探明煤炭储量位居世界第三，占世界储量的 12.8%，可开采 31 年，石油探明储量占世界储量的 1.1%，可开采 12 年，天然气探明储量占世界储量的 2.1%，可开采 28 年。

升高的国际义务；经过几十年的高速发展，人民对环境气候也有着更高的发展期待，在这样的国际、国内背景下，清洁低碳、安全高效已经成为我国能源发展的总方向。而今，中国正在加快发展方式的转变，向以服务为基础的经济和更清洁的能源结构迈进，中国日益增长的能源需求正越来越多地依赖可再生能源等能源。[①] 根据第一章可知，可再生能源及其产业的发展离不开再生能源补贴制度的支持保障。在本书第二章、第三章、第四章对多边、诸边、双边层面以及列举国家可再生能源补贴制度系统梳理的基础上，本章将对标国际层面可再生能源补贴制度的"发展方向""对标规则""借鉴依据"，聚焦中国可再生能源补贴法律制度，找寻制度问题和发展"瓶颈"，提出具有针对性的发展完善建议，从制度层面助力中国可再生能源产业的发展。

第一节　中国可再生能源补贴的制度反思

中国强大的执行力和有力的政策支持了可再生能源成本的持续降低，太阳能光伏将成为中国最经济的发电方式，以水能、风能、太阳能光伏引领的低碳装机容量迅速增长，到 2040 年将占总装机量的 60%，然而，弃风、弃光率也达到了 15%；[②]近年来，我国可再生能源产品、设备在国际层面屡遭反补贴诉讼，[③]其间不乏对我国

① 国际能源署编著:《世界能源展望中国特别报告》,石油工业出版社 2017 年版，第 1—2 页。

② 国际能源署编著:《世界能源展望中国特别报告》,石油工业出版社 2017 年版，第 1—2 页。

③ 以进入 WTO 争端解决程序的案例为例，包括以下案件：WT/DS419、WT/DS437、WT/DS452、WT/DS563，覆盖太阳能、风能、生物质能等发展较为成熟的可再生能源门类。

可再生能源补贴法律制度的质疑。因此，本节将在梳理中国可再生能源补贴法律、政策的基础上，把握制度内容发展趋势，找寻制度问题所在，并以此展开制度性反思。

一、中国可再生能源补贴的制度依据

政策和法律是一个社会或社会内部系统赖以生存的基本构架。[①] 根据第三章分析，欧盟、美国、德国、日本的可再生能源补贴制度都包括法律和政策，加之“补贴本身具有很强的政策性、灵活性”[②]及我国的实际情况，因此，本部分将从立法现状和政策现状两个层面展开分析。

（一）中国可再生能源补贴的立法依据

以中国法律为例，立法视角的法律渊源主要包括“制定法”“立法性法律解释”“国际法”三个层面，当下中国的制定法主要包括：宪法、法律、行政法规、地方性法规、行政规章（部门规章和地方政府规章）、自治条例和单行条例等，[③]本部分将主要围绕“制定法”展开。

1.《中华人民共和国宪法》

《中华人民共和国宪法》（以下简称《宪法》），作为根本大法，通过第九条确认了可再生能源的法律地位，并明确了国家保障自然资源合理利用的作用。[④] 第十五条“加强经济立法、完善宏观调

---

① Donald N. Zillman, Catherine Redgwell et al, Beyond the Carbon Economy: Energy Law in Transition, Oxford University Press, 2012, p. 45.

② 邓子基著：《财政学》，中国人民大学出版社 2010 年版，第 125 页。

③ 周赟著：《法理学》，清华大学出版社 2013 年版，第 227—230 页。

④ 《宪法》第九条：矿藏、水流、森林、山岭、草原、荒地、滩涂等自然资源，都属于国家所有，即全民所有；由法律规定属于集体所有的森林和山岭、草原、荒地、滩涂除外。国家保障自然资源的合理利用，保护珍贵的动物和植物。禁止任何组织或者个人用任何手段侵占或者破坏自然资源。

控”可以视为对可再生能源产业进行政府扶持、设置可再生能源补贴的宪法依据。[①] 第二十六条第一款“国家保护和改善生活环境和生态环境，防治污染和其他公害”的规定，也为开发可再生能源，保护、改善环境明确了宪法依据。[②]

2.《中华人民共和国可再生能源法》

我国于2005年制定并通过了《中华人民共和国可再生能源法》(以下简称2005年《可再生能源法》)，该法首次通过法律形式纳入了可再生能源补贴相关制度内容。2005年《可再生能源法》明确了可再生能源的范围；[③]其中，国家对可再生能源进行产业指导与技术支持的内容就包括“安排资金支持可再生能源开发利用的科学技术研究、应用示范和产业化发展，促进可再生能源开发利用的技术进步，降低可再生能源产品的生产成本，提高产品质量”[④]的明确表达，从而明确了针对可再生能源的研发补贴和产业补贴；还通过“县级以上人民政府应当对农村地区的可再生能源利用项目提供财政支持”[⑤]的规定，明确了对地方政府提供特定类型可再生能源补贴的要求。2005年《可再生能源法》第四章“推广与应用”、第五章“价格管理与费用分摊”在鼓励、支持可再生能源并网发电的同时，通过“上网电价”制度的引进、确立，对可再生能源电力通过“费用分摊”的方式给予了补贴。第六章“经济激励与监督措施”，建

① 《宪法》第十五条：国家实行社会主义市场经济。国家加强经济立法，完善宏观调控。

② 《宪法》第二十六条第一款：国家保护和改善生活环境和生态环境，防治污染和其他公害。

③ 2005年《可再生能源法》第二条。

④ 2005年《可再生能源法》第十二条第一款。

⑤ 2005年《可再生能源法》第十八条第二款。

立了“可再生能源发展专项资金”以支持可再生能源开发、使用相关活动；[①]并明确了通过“财政贴息优惠贷款”“税收优惠”方式对符合条件的可再生能源项目给予补贴的规定。[②]

但是随着我国可再生能源产业的迅速发展，2005 年《可再生能源法》中的部分内容与实践产生了不适应性，因此 2009 年第十一届全国人民代表大会常务委员会第十二次会议通过了修改后的《中华人民共和国可再生能源法》(以下简称 2009 年《可再生能源法》)。结合修改条文内容，2009 年《可再生能源法》在第十四条中确立并细化了“可再生能源发电全额保障性收购制度”，并将全额保障性收购对象明确为“电网覆盖范围内符合并网技术标准的可再生能源并网发电项目的上网电量”[③]。2009 年《可再生能源法》还将第五章的名称改为了“价格管理与费用补偿”，相应的，也将 2005 年《可再生能源法》第二十条、第二十二条中的“分摊”改为了“补偿”。2009 年《可再生能源法》还在第二十四条中设置了“可再生能源发展基金”制度。相比 2005 年《可再生能源法》第二十四条中的“可再生能源发展专项资金”，“可再生能源发展基金”的资金来源增加了“依法征收的可再生能源电价附加收入”，使用范围也更加广泛。

3.《中华人民共和国电力法》

1995 年，我国制定并通过了《中华人民共和国电力法》(以下简称《电力法》)，2009 年、2015 年、2018 年先后对《电力法》进行了三次修改。2018 年《电力法》第五条第二款通过“国家鼓励和支持利用可再生能源和清洁能源发电”的表述，第十条第二款通过“电

---

① 2005 年《可再生能源法》第二十四条。

② 2005 年《可再生能源法》第二十五条、第二十六条。

③ 2005 年《可再生能源法》第十四条中表达为“其电网覆盖范围内可再生能源并网发电项目的上网电量”。

力发展规划应当体现有利于环境保护原则”的表述，明确了保障、支持可再生能源电力发展的立法基调。第八条、第九条为给予可再生能源电力“边远地区补贴”“研发补贴”确立了立法依据。① 第十二条第一款“通过政策支持、促进电力建设”的表述和第二款“要求地方政府采取多种措施开发电源”的表述，是国家、地方层面给予“可再生能源电力相关补贴”的立法依据。第四十八条更是规定了国家鼓励支持农村开发水能资源、利用太阳能、风能、地热能、生物质能等可再生能源的制度内容，为农村地区可再生能源电力相关补贴的设置提供了立法依据。

4. 地方性法规

就地方性法规而言，黑龙江省、山东省、湖北省、湖南省针对“农村可再生能源”制定有地方性法规，其中山东省修订过一次，黑龙江省修订过两次。② 目前，浙江省是唯一一个就可再生能源开发利用进行立法的地方省份，2012 年《浙江省可再生能源开发利用促进条例》第三十七条③就浙江省县级以上人民政府可再生能源专项资金的使用事项进行了具体规定，相比国家层面相

① 笔者认为，第八条中“少数民族地区、边远地区、贫困地区电力事业”包括可再生能源电力。

② 2018 年《黑龙江省农村可再生能源开发利用条例》、2015 年《山东省农村可再生生源条例》、2010 年《湖北省农村可再生能源条例》、2005 年《湖南省可再生能源条例》。

③ 2012 年《浙江省可再生能源开发利用促进条例》第三十七条：县级以上人民政府应当根据财力状况，安排专项资金用于可再生能源发展的下列事项：(一)可再生能源开发利用的科学研究、技术开发和标准制定；(二)可再生能源的资源勘查和相关信息系统建设；(三)可再生能源开发利用示范工程建设或者设施设备购置补贴；(四)可再生能源分布式发电系统、独立电力系统建设；(五)可再生能源发电项目的电价补贴；(六)利用餐厨废弃物生产的生物液体燃料的收购价格补贴；(七)可再生能源开发利用项目贷款贴息；(八)可再生能源开发利用服务体系建设；(九)可再生能源开发利用的其他事项。

关政策[①]的规定更为细致。就地方政府规章而言，哈尔滨市人民政府制定有2013年《哈尔滨市农村可再生能源开发利用管理办法》。

综上，结合中央、地方可再生能源立法现状的分析，总体而言，我国可再生能源补贴制度主要包括技术研发补贴、可再生能源固定电价补偿、可再生能源发展基金给予的补贴、财政贴息优惠贷款、税收优惠；就地方立法而言，根据"县级以上人民政府应当对农村地区的可再生能源利用项目提供财政支持"要求并出台立法的地方并不多，且就可再生能源整体性开发利用进行省级地方立法更是屈指可数。

（二）中国可再生能源补贴的政策依据

所谓政策，即政治共同体（如国家）或政党为实现一定历史时期的路线、方针而制定的行为准则。[②] 因此，本部分所指政策，既包括党和国家层面的大政方针政策，也包括广义法律之外由国家行政机关制定的各类规范性文件。

1. 党和国家层面大政方针政策

20世纪90年代初，在联合国环境发展大会之后，1992年，中共中央、国务院批准的指导中国环境与发展的纲领性文件《中国环境与发展十大对策》明确提出"实行可持续发展战略"列入，并将因地制宜发放、推广一系列清洁能源纳入其中。1994年，国务院第十六次常务会议审议通过的《中国21世纪议程》，该议程在贯彻可持续发展总体战略的同时，明确提出"开发利用新能源和可再生能源"内容。进入21世纪以来，党的十八大提出了要统筹推进"五位一体"的总体布局和协调推进"四个全面"战略布局，牢固树立和贯彻落实创新、协调、绿色、开放、共享的发展理念；党的十九大报告

① 2015年《可再生能源发展专项资金管理暂行办法》第八条。

② 周赟著：《法理学》，清华大学出版社2013年版，第150页。

又进一步明确要推进能源生产和消费革命，构建清洁低碳、安全高效的能源体系；由此明确了建设社会主义生态文明，保护环境生态，转变能源生产、消费结构，发展可再生能源的发展方向。国家发展和改革委员会和国家能源局2016年《能源生产和消费革命战略(2016—2030)》、国家能源局2017年出台的《可再生能源发展“十三五”规划》、国家发展和改革委员会2007年出台的《可再生能源中长期发展规划》都从原则上表达了对可再生能源研发、可再生能源产业发展进行帮扶的政策目的。

2. 可再生能源发展基金相关政策

为促进可再生能源的开发利用，根据《中华人民共和国可再生能源法》相关规定，财政部、国家发展改革委、国家能源局于2011年出台了《可再生能源发展基金征收使用管理暂行办法》，就可再生能源发展基金的“资金筹集、使用管理、监督检查等”[①]内容进行了规定。2011年《可再生能源发展基金征收使用管理暂行办法》可以说是目前对可再生能源补贴最具有针对性、也最具体的规定。[②] 2011年《可再生能源发展基金征收使用管理暂行办法》第三条就可再生能源发展基金的范围进行了规定，认为其包括“国家财政公共预算安排的专项资金(以下简称可再生能源发展专项资金)和依法向电力用户征收的可再生能源电价附加收入等”，并在第十四条第一款、第二款分别就可再生能源发展专项资金和可再生能源电价附加收入的补助范围进行了规定。

2011年《可再生能源发展基金征收使用管理暂行办法》第十五条“相关企业申请可再生能源发展专项资金补助所依据的办

---

① 《可再生能源发展基金征收使用管理暂行办法》第二条。

② 温慧卿著：《中国可再生能源补贴制度研究》，中国法制出版社2012年版，第53页。

法——2006年《可再生能源发展专项资金管理暂行办法》"已经废止，因此，而今依据的办法应该是2015年《可再生能源发展专项资金管理暂行办法》。2015年《可再生能源发展专项资金管理暂行办法》第二条就可再生能源发展专项资金的定义进行了明确，也即"通过中央财政预算安排，用于支持可再生能源和可再生能源开发利用的专项资金"；第五条、第六条、第七条就中央政府和地方政府的职责进行了明确；[①]第八条就可再生能源发展专项资金的重点支持范围进行了明确，主要针对重点关键技术、基础建设等内容；[②]第十条就可再生能源发展专项资金的具体形式进行了规定，包括"奖励、补助、贴息"等方式。[③] 需要特别指出的是，2015年《可再生能源发展专项资金管理暂行办法》第十八条废止了对太阳能、生物质能等可再生能源进行补助、奖励的一系列政策，[④]正式将可

① 2015年《可再生能源发展专项资金管理暂行办法》第五条"财政部主要职责"、第六条"国务院有关部门主要职责"、第七条"地方职责和相关主管部门主要职责"。

② 2015年《可再生能源发展专项资金管理暂行办法》第八条：可再生能源发展专项资金重点支持范围：(一)可再生能源和可再生能源重点关键技术示范推广和产业化示范；(二)可再生能源和可再生能源规模化开发利用及能力建设；(三)可再生能源和可再生能源公共平台建设；(四)可再生能源、可再生能源等综合应用示范；(五)其他经国务院批准的有关事项。

③ 2015年《可再生能源发展专项资金管理暂行办法》第十条：可再生能源发展专项资金根据项目任务、特点等情况采用奖励、补助、贴息等方式支持并下达地方或纳入中央部门预算。

④ 2015年《可再生能源发展专项资金管理暂行办法》第十八条 本办法自发布之日起施行。《财政部关于印发〈可再生能源发展专项资金管理暂行办法〉的通知》(财建〔2006〕237号)、《财政部关于印发〈生物能源和生物化工非粮引导奖励资金管理暂行办法〉的通知》(财建〔2007〕282号)、《财政部关于印发〈生物能源和生物化工原料基地补助资金管理暂行办法〉的通知》(财建〔2007〕435号)、《财政部关于印发〈生物燃料乙醇弹性补贴财政财务管理办法〉的通知》(财建〔2007〕724号)、《财政部关于印发〈秸秆能源化利用补助资金暂行办法〉的通知》(财建〔2008〕735号)、《财政部关于印发〈太阳能光电建筑应用财政补助资金管理暂行办法〉的通知》(财建〔2009〕129号)、《财政部 科技部 国家能源局关于实施金太阳示范工程的通知》(财建〔2009〕397号)、《财政部 国家能源局 农业部关于印发〈绿色能源示范县建设补助资金管理暂行办法〉的通知》(财建〔2011〕113号)同时废止。

再生能源补贴政策归口入可再生能源发展基金之中。

此后，2016 年财政部、国家发展改革委《关于提高可再生能源发展基金征收标准等有关问题的通知》，对于加强可再生能源发展基金征收管理问题进行了补充，在补贴来源层面进行了规定。2019 年财政部关于《可再生能源发展专项资金管理暂行办法》的补充通知，将可再生能源发展专项资金的实施期限规定为 2019 至 2023 年，并纳入了评估后再调整的内容。①

3. 可再生能源电力政策

2005 年《可再生能源法》选择了固定电价制度，该法颁布以来，固定电价制度发挥了预期的作用，极大地推动了我国可再生能源的发展。② 国家发展改革委 2006 年颁布的《可再生能源发电价格和费用分摊管理试行办法》，明确了可再生能源电价的定价方式为政府定价和政府指导价两种形式，在政府指导价中融入了"低限度竞争"，③并明确了可再生能源发电价格高于火力发电上网电价的差额部分，适用"分摊机制"。④ 国家发展改革委 2007 年颁布的《可再生能源电价附加收入调配暂行办法》对可再生能源电价附加收入、可再生能源电价补贴计算方法进行了明确。财政部、国家发展和改革委员会、国家能源局 2012 年颁布的《可再生能源电价附加补助资

① 2019 年财政部关于《可再生能源发展专项资金管理暂行办法》的补充通知第一条：可再生能源发展专项资金实施期限为 2019 至 2023 年。其中，"十三五"农村水电增效扩容改造中央财政补贴于 2020 年政策期满后结束。财政部根据国务院有关规定及可再生能源发展形势需要等进行评估，根据评估结果再作调整。

② 李艳芳、张牧君：《论我国可再生能源配额制的建议——以落实我国〈可再生能源法〉的规定为视角》，载《政治与法律》2011 年第 11 期，第 3 页。

③ 根据《可再生能源发电价格和费用分摊管理试行办法》第五条，政府指导价即通过招标确定的中标价格。

④ 根据《可再生能源发电价格和费用分摊管理试行办法》第五条，差额部分在全国省级及以上电网销售电量中分摊。

金管理暂行办法》就电价附加补助项目、补助标准、补助金拨付等内容进行了规定。国家发展和改革委员会 2016 年 3 月颁布的《可再生能源发电全额保障性收购管理办法》第五条首次提出保障性收购电量和市场交易电量，[①]第十一条规定“鼓励超出保障性收购电量范围的可再生能源发电量参与各种形式的电力市场交易”，在加强可再生能源发电全额保障性收购管理的同时，体现了融入“市场竞争”的政策导向。第八条表示“生物质能、地热能、海洋能发电以及分布式光伏发电项目暂时不参与市场竞争，上网电量由电网企业全额收购”，表达了对可再生能源分类管理的政策导向。国家发展和改革委委员会、财政部、国家能源局 2017 年《关于试行可再生能源绿色电力证书核发及自愿认购交易制度的通知》，《绿色电力证书核发及自愿认购规则》(试行)随之得以实施，正式启动了绿色证书自愿认购交易。2020 年，财政部、国家发展和改革委委员会、国家能源局又发布了《关于促进非水可再生能源发电健康发展的若干意见》，包含“完善现行补贴方式”“完善市场配置资源和补贴退坡机制”“优化补贴兑付流程”“加强组织领导”四大方面内容，在明确非水可再生能源补贴制度发展方向的同时，也表达了在非水可再生能源发电领域“全面推行绿色电力证书交易”的政策内容。

此外，还针对风能、太阳能、生物质能发电价格出台了一系列政策，其中均有涉及可再生能源电价补贴内容，包括：国家发展改革委 2009 年颁布的《关于完善风力发电上网电价政策的通知》、国

---

① 2016 年《可再生能源发电全额保障性收购管理办法》第五条：可再生能源并网发电项目年发电量分为保障性收购 电量部分和市场交易电量部分。其中，保障性收购电量部分通过优先安排年度发电计划、与电网公司签订优先发电合同(实物合同或差价合同)保障全额按标杆上网电价收购；市场交易电量部分由可再生能源发电企业通过参与市场竞争方式获得发电合同，电网企业按照优先调度原则执行发电合同。

家发展改革委2010年颁布的《关于完善农林生物质发电价格政策的通知》、国家发展改革委2011年颁布的《关于完善太阳能光伏发电上网电价的通知》、国务院2013年颁布的《关于促进光伏产业健康发展的若干意见》、国家发展改革委2019年《关于完善光伏发电上网电价机制有关问题的通知》等。

4. 可再生能源建筑政策

自2011年开始，财政部、住房和城乡建设部发布《关于进一步推进可再生能源建筑应用的通知》以来，财政部、住房和城乡建设部发布了一系列可再生能源建筑相关的通知和公告，多有涉及可再生能源补贴。以2011年《关于进一步推进可再生能源建筑应用的通知》为例，第三条第一款列入了“可再生能源新技术应用补助”，第三条第二款列入了“技术、产品、设备研发及产业化补助”，第四条列入了“可再生能源建筑示范任务补助”，第五条第二款从补贴来源角度，对地方财政部门“创新财政资金使用方式、建立多元化资金筹措机制”做出了要求。

5. 地方政策

就地方政策而言，省级地方政府发展改革委就“可再生能源发电项目上网电价”、省级地方政府住房和城乡建设厅就“可再生能源建筑”，省级地方政府就“可再生能源发展专项资金”制定了系列政策文件，地市级地方政府的政策多以“可再生能源建筑”的内容加以呈现。“可再生能源建筑”的高频次出现应当归功于2011年《关于进一步推进可再生能源建筑应用的通知》第二条第三款中“鼓励地方出台强制性推广政策”的规定。

二、中国可再生能源补贴的制度发展趋势

结合前述中国可再生能源补贴立法、政策依据的分析，不难发

现，我国可再生能源补贴措施是以政府导向型为主，市场导向型为辅。本部分将结合实践，在分析中国可再生能源制度内容的基础上，从可再生能源电价补贴和具体类型可再生能源补贴两个层面出发，把握中国可再生能源补贴的制度发展趋势。

（一）可再生能源电价补贴的制度发展

纵观各国可再生能源开发、利用情况，可再生能源发电都是重要的内容之一，相应的，各国也就可再生能源电力发展给予了形式多样的补贴。同样的，可再生能源电价补贴是我国可再生能源补贴的重要内容。

2009年《可再生能源法》第二十条明确表示，对可再生能源电价高于常规能源平均上网电价的差额给予补贴，从法律层面将“上网固定电价制度”这种补贴形式纳入了我国可再生能源补贴制度体系。“上网固定电价制度”分摊了可再生能源发电商电力成本，有效降低了投资、生产风险，吸引社会资本投资，增加可再生能源电力产能，该补贴措施借鉴自德国，在很多国家得以推行，也是我国现阶段可再生能源电价补贴的主要方式，有效促进了风力、太阳能发电的成长发展。2015年，我国风电装机、太阳能发电装机都居世界首位。① 不过，“上网固定电价制度”也存在“对可再生能源发电量未作明确规定，使可再生能源发电产业目标模糊；过度依赖于补贴支持无法独立发展；缺乏竞争、不利于优化可再生能源发电产业结构”等缺点。② 结合第三章第二节所述，即使在创设上网固定电价制度的德国，也在其2017年《可再生能源法》中融入了以

---

① 国网能源研究院有限公司编著：《全球能源分析与展望2017》，中国电力出版社2017年版，第41、43页。

② 曹新、陈剑、刘永生著：《可再生能源补贴问题研究》，中国社会科学出版社2016年版，第65—66页。

“市场溢价”逐步取代固定电价补贴、引入可再生能源发电项目竞争性招标制度。

国家能源局 2016 年 2 月颁布了《关于建立可再生能源开发利用目标引导制度指导意见》,制定了明确了的中长期可再生能源发开利用目标,并提出建立可再生能源电力绿色证书交易机制、开发利用检测和评价制度。随后,根据 2017 年 2 月颁布的《绿色电力证书核发及自愿认购规则》(试行),我国正式启动了绿色证书自愿认购交易,进行了可再生能源电力定价及补贴机制市场化发展的创新尝试。截止 2018 年 6 月底,全国共认购 29314 张风电绿证和 150 张光伏绿证,体现了国家层面逐步将现行差价补贴模式转变为定额补贴与绿色证书收入相结合的新型机制。[①] 结合第三章第二节所述,可再生能源绿色证书源自美国法律实践,是可再生能源电力配额制的重要内容,由此看来,《绿色电力证书核发及自愿认购规则》的发布是我国试行可再生能源电力配额制的一个显著信号。2017 年 11 月,国家发展改革委、国家能源局在其发布的《解决弃水弃风弃光问题实施方案》中明确指出要“推进可再生能源电力参与市场化交易”“实行可再生能源电力配额制”,并表示将另行发布《可再生能源电力配额及考核办法》。2018 年,国家能源局综合司发布了关于征求《可再生能源电力配额及考核办法(征求意见稿)》,正式迈开了将可再生能源电力配额制纳入我国可再生能源补贴的坚定一步。2020 年,财政部、国家发展改革委、国家能源局《关于促进非水可再生能源发电健康发展的若干意见》一方面明确表达了在非水可再生能源发电领域“全面推行绿色电力证书交易”

---

① 国家可再生能源中心、国家发展和改革委员会能源研究所可再生能源发展中心编著:《中国可再生能源产业发展报告 2018》,中国经济出版社 2018 年版,第 6 页。

的政策导向，将“实行配额制下的绿色电力证书交易”的时间明确为“2021 年 1 月 1 日起”，表达了“企业通过绿色电力证书交易获得收入相应替代财政补贴”的内容；另一方面也通过“完善市场配置资源和补贴退坡机制”的引入，表达了促进非水可再生能源发电项目逐步参与市场竞争、尽快实现产业转型升级、技术进步、健康稳定发展的政策目的。

这一系列建立绿色电力证书交易机制的政策举措，在“保障战略目标、减低补贴强度、有效资源配置、实施检测管理、推进电力改革、优化能源结构”方面做出了积极的尝试，[①]有助于引导全社会绿色消费、完善可再生能源补贴机制、推进可再生能源电力市场化发展。

（二）具体类型可再生能源补贴的制度发展

目前，我国使用相对较广泛的可再生能源主要是太阳能、风能和生物质能，因此，本部分主要围绕以上三种类型可再生能源补贴制度内容发展进行分析。

在太阳能光伏领域，财政部、住房和城乡建设部曾于 2009 年颁布《关于加快推进太阳能光电建筑应用的实施意见》，为推动光电建筑应用、实施“太阳能屋顶计划”给予补助资金。随后财政部、科技部、国家能源局于同年又颁布《关于实施金太阳示范工程的通知》，对前述《实施意见》进行补充规定，进一步细化了补贴内容。根据 2016 年财政部《关于公布废止和失效的财政规章和规范性文件目录（第十二批）的决定》和 2015 年财政部《可再生能源发展专项资金管理暂行办法》，《关于加快推进太阳能光电建筑应用的实

① 张木梓：《国际绿色电力证书交易机制经验及启示》，载《风能》2016 年第 11 期，第 63 页。

施意见》《关于实施金太阳示范工程的通知》分别失效，但不可否认前述失效办法中补贴措施对我国太阳能光伏产业的发展意义。国家能源局、工业和信息化部、国家认监委 2015 年发布了《关于促进先进光伏技术产品应用和产业升级的意见》结合光伏产业发展现状及展现问题，提出了“发挥市场对技术进步的引导作用”“发挥财政资金和政府采购支持光伏发电技术进步的作用”，凸显了发挥市场实现优胜劣汰、将补贴侧重研发、技术进步的制度内容和制度目的。

在风力发电领域，国家经济贸易委员会 2000 年颁布的《关于加快风力发电技术装备国产化的指导意见》、财政部 2008 年颁布的《风力发电设备产业化专项资金管理暂行办法》，都曾经为使用国产风力设备的风力发电厂提供过补贴，对我国风力发电厂建设发展产生过积极的影响。有鉴于前述两个风力发电领域的制度涉嫌含有“国有成分要求”补贴，根据国家发展和改革委员会 2012 年颁布的《关于废止、宣布失效、修改部分规章和规范性文件的决定》和财政部 2011 年颁布的《关于公布废止和失效的财政规章和规范性文件目录(第十一批)的决定》，《关于加快风力发电技术装备国产化的指导意见》和《风力发电设备产业化专项资金管理暂行办法》现已废止。国家能源局 2017 年颁布的《关于公布风电平价上网示范项目的通知》中规定：“河北、黑龙江、甘肃、宁夏、新疆相关省(区)风电平价上网示范项目总规模 70.7 万千瓦。示范项目的上网电价按当地煤电标杆上网电价执行，所发电量不核发绿色电力证书，在本地电网范围内消纳。”该通知在示范项目中尝试将风电价格和煤电价格置于同一起跑线，而不给予上网固定价格补贴，可以说是试行取消风电补贴的局部尝试。

在生物质能领域，财政部 2008 年颁布的《秸秆能源化利用补助资金管理暂行办法》，通过给予补贴的方式，支持企业收集秸秆、生产秸秆能源产品并向市场推广，以实现生物质能的推广使用。但学界曾对《秸秆能源化利用补助资金管理暂行办法》第六条颇有质疑之声，[①]认为这种在补贴条件上设置限制的做法会使补贴资金流向少数符合条件的大型企业，容易构成 SCM 协定含义下的专向性，存在“反补贴”风险。[②] 根据 2015 年财政部《可再生能源发展专项资金管理暂行办法》，《秸秆能源化利用补助资金管理暂行办法》现已失效。国家发展改革委、国家能源局 2017 年颁布的《关于印发促进生物质能供热发展指导意见的通知》不仅包括了秸秆能源化利用内容，还进一步就生物质能通过低碳环保方式供热做出了具体规定，在“支持政策”内容中，将生物质热电联产项目纳入国家可再生能源电价附加补贴资金优先支持范畴，将原料收集加工机械纳入国家农机具补贴范围，还规定生物质热电联产以及成型燃料生产和供热等享受国家税收优惠政策。

综合我国可再生能源补贴制度内容分析，可以发现以下三个层面的发展趋势：第一，可再生能源补贴制度在从“以政府导向型为主，市场导向型为辅”，在向“政府导向型、市场导向型并举”的方向转变。可再生能源电价补贴领域绿色证书自愿认购交易的启动，可再生能源电力配额制的政策吹风、征求意见稿的发布，“全面推行绿色电力证书交易”措施内容及启动时间的明确都是很好的印证。第二，可再生能源补贴制度积极对接国际经贸规则，通过废

---

① 《秸秆能源化利用补助资金暂行办法》第六条规定：申请补助资金的企业应满足以下条件：(一)企业注册资本金在 1000 万元以上；(二)企业秸秆能源化利用符合本地区秸秆综合利用规划；(三)企业年消耗秸秆量在 1 万吨以上(含 1 万吨)；(四)企业秸秆能源产品已实现销售并拥有稳定的用户。

② 李艳芳等著：《新能源与可再生能源法律与政策研究》，经济科学出版社 2015 年版，第 485—486 页。

止涉嫌“国有成分要求”补贴条款的制度办法，积极履行多边经贸规则下的条约义务。第三，在新出台的可再生能源补贴制度中，多将“低碳环保”“节能减排”通过原则、内容的方式加以呈现，通过国内法律、政策的方式积极履行国际气候相关条约中的义务，展现了负责任大国的形象。

三、中国可再生能源补贴的制度问题

结合本节第一部分、第二部分的分析，可以发现，既有制度还是存在发展空间，本部分将从制度性反思的视角切入，对我国可再生能源补贴法律制度的制度问题进行系统审视。

（一）中国可再生能源补贴法制化程度不高

法律和政策既存在联系，也存在区别，不应以其中一个代替、取消另外一个，应尽可能地发挥两者在各自领域内的效益最大化。[①]

结合本节前文分析可知，第一，可再生能源补贴相关内容散见于不同类型、位阶的法律法规、政策文件之中，制度体系化程度不高。比如可再生能源电价补贴的制度体系就非常庞大，在《电力法》之下，就可再生能源电价补贴的制度既有整体层面的规定，也有区分具体可再生能源类型的具体规定，给制度理解、适用带来了不便。再以可再生能源发展基金为例，2009 年《可再生能源法》第二十四条的法律规定十分原则，具体内容通过 2011 年《可再生能源发展基金征收使用管理暂行办法》的政策制度加以呈现。可再生能源发展基金相关制度不仅仅局限于 2011 年《可再生能源发展基金征收使用管理暂行办法》之中，2015 年《可再生能源发展专项

① 周赟著：《法理学》，清华大学出版社 2013 年版，第 151—152 页。

资金管理暂行办法》中的可再生能源发展专项资金属于可再生能源发展基金的一种，2016 年《关于提高可再生能源发展基金征收标准等有关问题的通知》、2019 年《可再生能源发展专项资金管理暂行办法》都是可再生能源发展基金的新近组成部分。规范性文件不完整的规定，造成必须在系统梳理基础上，把相关文件通过自主关联的方式才能加以理解，未能体现制度建设的科学性、系统性要求，客观上也影响了制度的透明度，对企业、公众了解、适用带来了不便。此外，结合制度现实来看，财政部、国家发展和改革委员会、国家能源局、住建部、农业部、科技部、工信部等部门都单独或联合颁布了诸多可再生能源制度，极易导致“政出多门”的情况，给制度的体系化发展和具体适用带来一定困难。

第二，从制度数量层面来看，涉及可再生能源补贴法律要远远少于可再生能源补贴政策，可再生能源补贴法律多以原则性规定为主，而可再生能源补贴政策相对规定的更为具体。以 2011 年《可再生能源发展基金征收使用管理暂行办法》为例，该办法属于部门规范性文件，其名称中的“暂行”表达，就显示了政策制度层级不高、临时适用的特性。结合第三章第二节内容，将我国 2009 年《可再生能源法》对比德国 2017 年《可再生能源法》，至少可以发现两点差距。一方面，我国《可再生能源法》的篇幅、具体内容，要远远少于德国《可再生能源法》的规定，我国 2009 年《可再生能源法》覆盖面、成熟程度都有待进一步提升。另一方面，德国自从 2000 年颁布《可再生能源法》以来，根据欧盟可再生能源指令的要求，先后经历了 2004 年、2009 年、2012 年、2014 年、2017 年五次修改，保持着 2—3 年修改一次的频率，对比我国的现实，在技术发展迅速的可再生能源领域，立法能动有待进一步提升。此外，有鉴于当前可再生能源补贴制度体系以政策为主，对于制度体系的稳定性、透明度会打折扣，政策本身强制力的缺乏也会给制度的落实造成负面影响，法律政策之间的衔接问题，也会对可再生能源持续发展长效机制的建立健全产生影响。

第三，中国可再生能源补贴地方立法能动明显不足。我国幅员辽阔，东、中、西部，不同省份之间在可再生资源的分布上并不平均，例如中西部和淮河以北地区太阳能资源的可利用性更强，风能资源在东南沿海及其附近岛屿、内蒙古、甘肃走廊、东北、西北、华北和青藏高原等部分地区更丰富，水能资源主要集中于西南地区，[①]总体而言，呈现能源资源与生产力逆向分布的态势。[②] 从开发可再生能源、发展可再生能源产业角度来看，“因地制宜”的可再生能源补贴制度设计似乎更能发挥地方优势。然而结合本节第一部分的内容分析可知，无论中国可再生能源补贴法律制度还是政策制度，除了“可再生能源建筑”领域，基本都呈现国家层面法律政策相对较多、地方立法政策出台相对不足的现象，未能发挥地方立法能动性。此外，地方政府没有制定激励地方可再生能源发展的政策支持和金融支持，更有甚者，那些传统能源的大省忽视可再生能源发电在本地的上网，对可再生能源的利用缺乏积极性，以维护本地寻租的需求，在地方立法上更是勉强。[③] 以“弃风限电”现象为例，虽然体现的是可再生能源发电和电力消纳的矛盾，事实上也从侧面体现了地方政府的本位主义。虽然我国是单一制国家，地方立法权有别于联邦制模式下的州级立法权，还是应当发挥地方

---

① 曹新、陈剑、刘永生著：《可再生能源补贴问题研究》，中国社会科学出版社2016年版，第2—12页。

② 林伯强编著：《中国减少化石能源补贴改革成效与补贴设计》，科学出版社2018年版，第110页。

③ 吴昱著：《我国可再生能源补贴措施及激励政策研究》，对外经济贸易大学出版社2017年版，第165—166页。

立法能动，“在贯彻国家层面法律、政策的同时，结合国家层面可再生能源法律的精神、原则，制定适合本地区的可再生能源发展的地方性法规、政策，‘因地制宜’地做出有益尝试，以弥补国家层面配套制度不足的情况”①。

（二）中国可再生能源补贴制度内容科学性有待提升

除了整体层面法制化程度不高，中国可再生能源补贴制度内容与多边、诸边、双边层面相关制度发展趋势存在差距，与列举国家可再生能源补贴制度内容也存在差距，中国可再生能源补贴制度内容的科学性也有待进一步提升。

第一，中国可再生能源补贴制度依然存在补贴“专向性”被诉隐患。根据第二章分析，在既有 WTO 补贴制度中，具有“国内成分要求”的可再生能源补贴措施已被实践证明，没有抗辩的制度依据和论证空间。在既有多边补贴制度内容难以在短时间内取得突破性发展的当下，作为 WTO 的成员方，中国应当继续遵守其规则制度。2009 年《可再生能源法》第二十四条、2011 年《可再生能源发展基金征收使用管理暂行办法》第十四条第二款“可再生能源发展专项资金”的适用范围都包括“促进可再生能源开发利用设备的本地化生产”的内容，这样的表达有被解释为“国内成分要求”或“区别对待国内外设备”的风险。在国际可再生能源补贴频发且“国内成分要求”频繁遭受质疑的情况下，“本地化生产”的表达既具有模糊性，也容易被质疑具有“专向性”，存在被诉隐患。

第二，中国可再生能源补贴资金来源渠道相对有限。众所周知，资金来源的持续、稳定是补贴制度得以有效实施的前提所在，

① 李艳芳：《气候变化背景下的中国可再生能源法制》，载《政治与法律》2010 年第 3 期，第 20 页。

“只有充足的可再生能源补贴资金才能够吸引足够的资源购入到可再生能源行业”①。由本节第一部分可知，相比 2005 年《可再生能源法》第二十四条将可再生能源发展专项资金来源表述为“国家财政”，2009 年《可再生能源法》第二十四条可再生能能源发展基金来源表述为“包括国家财政年度安排的专项资金和依法征收的可再生能源电价附加收入等”，已经扩大了中国可再生能源补贴资金的来源渠道，但扩大可再生能源补贴资金来源等政策创新还有待进一步发展，地方财政、非政府组织、公众的能动性尚未得以充分发挥。

第三，中国可再生能源补贴制度中的市场因素依然有限。根据第三章第二节分析，列举国家的可再生能源补贴制度都越来越多地体现市场因素和市场化发展趋势，可再生能源产业也越来越多地参与了市场竞争。虽然 2016 年《可再生能源发电全额保障性收购管理办法》、2017 年《解决弃水弃风弃光问题实施方案》、2017 年《关于试行可再生能源绿色电力证书核发及自愿认购交易制度的通知》、《绿色电力证书核发及自愿认购规则》(试行)、2018 年《可再生能源电力配额及考核办法(征求意见稿)》、2020 年《关于促进非水可再生能源发电健康发展的若干意见》都包含了融入、参与市场竞争的政策导向，但总体而言，可再生能源电力价格仍然未由市场决定、可再生能源补贴缺乏有效的事后评估体制、参考发达国家的可再生能源电力配额制度尚未确立，因此总体而言，中国可再生能源补贴制度中的市场因素依然有限，存在很大发展空间。以我国风电、太阳能发电、生物质能上网固定电价制度为例，随着

① 温慧卿著:《中国可再生能源补贴制度研究》，中国法制出版社 2012 年版，第 71 页。

相关可再生能源技术的进步和开发规模的扩大，可再生能源发电成本呈下降趋势，风电快速增长也带来了风电消纳的问题，在这种情况下，引入市场竞争机制，促使可再生能源开发利用技术进一步发展，实现可再生能源产业内部优胜劣汰，做好可再生能源电力消纳，都存在现实需求。

第四，中国可再生能源补贴制度的程序性规定有待进一步优化。良好的制度体系应该是实体内容和程序内容的有机统一体。中国可再生能源补贴制度的“通知”类政策，很少涉及程序性内容；“办法”类政策，即使涉及程序性内容，也多以原则性规定为主。对于可再生能源补贴对象来说，寻找申领依据，依据怎样的程序申领，并不明确。而今中国可再生能源补贴制度以政策为主，本身制度体系性不强且缺乏透明度，程序性规定的缺乏，会进一步损及政策的执行力和影响力。此外，既有制度中对于可再生能源补贴的发放缺乏有效评估机制，无法及时反馈补贴发放对可再生能源及其产业的促进程度，进而也无法对发放多少、何时消减、停发做出准确预判，不利于可再生能源补贴退出机制的科学化发展。

第二节　中国可再生能源补贴制度发展完善的对策建议

我国是世界上最大的发展中国家，也是人口大国，高速发展的经济带来了巨大的能源消耗，也带来了大量的污染物和温室气体的排放，环境、资源问题已经成为了制约当今中国可持续发展的瓶颈，因此寻找替代能源、发展可再生资源产业是我国保护环境资源、实现经济社会环境协调发展的必由之路。中国对解决全球气候变化的努力同样有深刻的影响力，中国在能源方面的变革影响着全世界，[①]从全球气候变迁和全球能源转型来看，中国发展可再生能源在世界范围也有着重要的意义和使命。与之相对应，结合本章第一节可以发现，我国可再生能源补贴制度存在不少问题，比如制度体系相对缺乏系统性，各种补贴措施多以政策方式规定，部分制度措施的合规性也有待论证等。基于可再生能源巨大的“环境、能源、经济价值”，我国对可再生能源产业发展的需求，以及可再生能源补贴国际贸易争端的不断涌现，有必要对我国可再生能源补贴制度进行发展完善。本节将从原则思路出发，结合具体建议分析，从国内、国际两个层面提出中国可再生能源补贴制度发展完善的对策建议。

一、推进中国可再生能源补贴制度的渐进式改革

相比第三章列举典型发达国家在20世纪70年代开启可再生能源法律制度建设，我国起步相对较晚，1992年明确了“可持续发展战略”后，2005年才出台了第一部《可再生能源法》。正如前文所述，中国可再生能源补贴法制化程度不高，因此，笔者认为，在中国可再生能源补贴制度发展道路上，要正视现实、立足本土，对标国际法层面义务，积极借鉴他国有益实践经验，一步一个脚印，推进中国可再生能源补贴制度的渐进式改革。

（一）推进中国可再生能源补贴制度发展的基本思路

笔者认为，在探索中国可再生能源补贴制度发展具体改进措施之前，首先要明确制度发展的基本思路。

1. 遵守国际法义务

中国是《巴黎协定》的缔约方，也是WTO的成员方，既有着节

---

① 国际能源署编著：《世界能源展望中国特别报告》，石油工业出版社2017年版，第5页。

能减排的国际义务,也应遵守 WTO 框架下的多边经贸规则。一方面,重视发展可再生生源及其产业是履行国际环境法义务的举措,因此在支持可再生能源及其产业的补贴制度中,也应进一步融入低碳环保、节能减排的原则规定,并在具体规定中加以体现落实。另一方面,根据 WTO 制度内容,把握争端解决机制就可再生能源补贴措施案件做出的解释,充分审视我国既有可再生能源法律、政策内容,从国内法层面减少国际可再生能源补贴争端发生的可能性,构筑符合 WTO 贸易自由化原则的可再生能源制度体系。

2. 借鉴他国有益实践

能源、环境、气候问题是人类共同的问题,发展可再生能源及其产业也是各国在能源问题上的一致做法。为了本国可再生能源及其产业的发展壮大,先进发达国家在可再生能源补贴制度层面积累了丰富的经验。根据第三章第二节,列举国家在可再生能源法律、政策综合使用,上网固定电价制度,可再生能源配合制度等方面都有着广泛的实践。“他山之石,可以攻玉”,积极了解他国在可再生能源补贴制度方面的有益实践,把握其发展趋势,一方面,可以很好地推进中国可再生能源制度的法制化发展和科学化发展;另一方面,也可以为和更多国家在可再生能源开发利用合作,双边、诸边、多边经贸协定规则共商层面奠定实践基础。

3. 坚持因地制宜思路

每个国家都有自己的现实国情和立法传统,没有放之四海而皆准的“金科玉律”。根据第三章第二节,即使同为西方发达国家,列举国家主推的可再生能源补贴制度也不尽相同,德国、日本更多地采取的是推进上网固定电价制度市场化发展的步调,美国则更青睐其州立法实践产生的更具市场化特点的可再生能源电力配额制。中国可再生能源及其产业起步晚、发展快,可再生能源补贴制度发展时间也不长，在借鉴他国经验的时候，不能“全盘照收”，应该在系统调研、评估了解可再生能源产业发展实际状况的基础上，实施“蹄疾而步稳”的改革，体现渐进式改革的应有之意。此外，我国东西部经济发展差距较大，因此对于能源的需求量也存在巨大差异，[①]而可再生能源富集于西部地区，因此，更应坚持因地制宜思路，发挥地方立法能动，构建地方特色可再生能源补贴制度。

（二）推进中国可再生能源补贴制度发展的具体做法

根据本章第一节分析，中国可再生能源补贴制度存在法制化程度不高、内容科学性有待提升两个主要问题，本部分将主要针对前述问题，对标基本思路，围绕完善中国可再生能源补贴制度的具体做法展开分析。

1. 提升中国可再生能源补贴制度的法制化水平

第一，针对中国可再生能源补贴制度中政策多而杂的现状，着手对中国可再生能源补贴政策进行系统梳理，对可再生能源补贴政策的颁布的保持审慎态度，在此基础上推进政策体系的发展。一要做好政策梳理工作，明确政策之间的位阶及相互关系，看是否存在矛盾之处或政策空白，为政策体系建设的建设发展奠定基础。例如，有必要对同类型可再生能源补贴申请、审核、发放程序进行

① 2015年中国东部（包括北京、天津、河北、上海、江苏、浙江、福建、山东、广东和海南等富裕的省市）、中部（包括山西、安徽、江西、河南、湖北、湖南）、东北地区（包括辽宁、吉林、黑龙江三大传统工业大省）终端能源消费量分别为973百万吨油当量、484百万吨油当量、237百万吨油当量，能源盈余或不足分别为－668、9、－132百万吨油当量，合计终端能源消费量为1684百万吨油当量，合计能源不足为－791百万吨油当量；西部（包括经济较为落后且人口比较稀少的广大内陆地区，但也包括四川、重庆工业区以及内蒙古、广西、贵州、云南、西藏、陕西、甘肃、青海、宁夏和新疆）终端能源消费量为611百万吨油当量，能源盈余为537百万吨油当量；中国香港、澳门、台湾未体现在本统计之内。国际能源署编著：《世界能源展望中国特别报告》，石油工业出版社2017年版，第18—21页。

相对统一化规定，也有必要填补既有政策中缺失的可再生能源补贴评估机制内容。二要努力提升政策的科学化水平。在制定期间多调研、多听取利益相关方、非政府组织、不同学科专业工作者、社会公众的意见，提升政策制定的客观性；在明确政策发展方向的基础上，在一定时期内保证政策的稳定性，避免朝令夕改，影响政策的权威性；明确既有政策的位阶、对上位、同级别政策的内容要有充分的把握，防止政策制定出现违反上位政策或与同级别政策相冲突的情况出现。三要对有权制定可再生能源补贴的国家机关的职权进一步明确，明确重点工作领域的牵头职责，加强政策出台的协作，不断提升治理水平和协同水平，减少“政出多门”“政策矛盾”“政策空白”的尴尬情况。

第二，可再生能源法律内容倾向于原则的形成和制度的构建，相对宏观，可再生能源政策相对更加具体，指导、规范着能源产业的市场活动，①要进一步明确、理顺中国可再生能源法律与政策的关系，充分发挥法律、政策两种制度能动。一是明确两种制度的基本定位。笔者认为，可参考第三章第二节中日本的做法，在可再生能源基本法律中明确“法律与政策”的关系，纳入每隔几年出台国家层面可再生能源发展方略内容，再根据国家层面可再生能源发展方略，出台、修改可再生能源具体政策，形成法律、总体方略、具体政策三位一体的制度体系。二要持续关注可再生能源政策的实施效果，在充分调研、评估其成熟程度的基础上，结合需要将其逐步转化为地方法律或低位阶的国家层面法律，一方面提升政策的强制力，另一方面也对体现对先进政策实践的肯定。比如在《绿色电力证书核发及自愿认购规则》《关于促进非水可再生能源发电健

① 武奕成：《低碳经济与中国能源立法》，载《兰州学刊》2011年第7期，第86页。

康发展的若干意见》充分实践后，可成为可再生能源电力配额制度构建的内容参考，在成熟的时候，可以通过“暂定办法”之类的规定，纳入可再生能源法律体系之中。三要充分调动地方立法积极性，合理放权，鼓励地方立法机构和政府“因地制宜”地尝试立法、政策创新，可结合本章第一节所述“可再生能源建筑”的有益经验，在出台国家层面可再生能源法律、政策的同时，纳入“要求地方配套立法、出台政策”的强制性条款，作为推进可再生能源地方立法的上位要求。国家层面还可考虑通过拟定《地方可再生能源开发利用示范法》，评选相关优秀地方立法、政策的方式，树立标杆。目前，浙江省是唯一一个就可再生能源开发利用进行立法的地方省份，2012 年《浙江省可再生能源开发利用促进条例》第三十七条[①]就浙江省县级以上人民政府可再生能源专项资金的使用事项进行了具体规定，相比国家层面相关政策[②]的规定更为细致，也未包含“促进可再生能源开发利用设备的本地化生产”的内容，体现了地方立法的科学智慧，值得借鉴、推广。

2. 提升中国可再生能源补贴制度内容的科学化水平

在理顺中国可再生能源补贴法律、政策之间关系之后，本部分将聚焦中国可再生能源补贴制度内容实际问题，以科学化发展为目标，提出改进建议。

---

① 2012 年《浙江省可再生能源开发利用促进条例》第三十七条：县级以上人民政府应当根据财力状况，安排专项资金用于可再生能源发展的下列事项：(一)可再生能源开发利用的科学研究、技术开发和标准制定；(二)可再生能源的资源勘查和相关信息系统建设；(三)可再生能源开发利用示范工程建设或者设施设备购置补贴；(四)可再生能源分布式发电系统、独立电力系统建设；(五)可再生能源发电项目的电价补贴；(六)利用餐厨废弃物生产的生物液体燃料的收购价格补贴；(七)可再生能源开发利用项目贷款贴息；(八)可再生能源开发利用服务体系建设；(九)可再生能源开发利用的其他事项。

② 2015 年《可再生能源发展专项资金管理暂行办法》第八条。

第一，遵守 WTO 框架下的补贴规则，避免含有“国内成分要求”可再生能源补贴制度的形成，从制度层面防止禁止性补贴的出现，坚持可再生能源补贴的多样化发展。目前，虽然不可诉补贴制度已经失效，但是并未有成员方对不可诉补贴提出过诉讼，因此可再生能源研发补贴无论从合规性角度，还是对可再生能源产业发展意义来看，都是不错的选择。针对消费者本身的补贴不具有专向性，且有助于烘托“全民”购买、使用可再生能源产品的良好氛围，也会从消费需求层面促进可再生能源的研发和产业发展。税收减免、贷款优惠等形式的补贴也都是丰富可再生能源补贴形式的有效方式。从补贴环节来说，也应该理性覆盖基础建设、研发、投资、生产、销售各个环节，多样化的形式可以从多个层面促进可再生能源及其产业发展。

第二，在财政资金和电价附加收入之外，拓宽我国可再生能源补贴资金来源渠道，为中国可再生能源补贴制度发展奠定经济基础；同时坚持“以收定支”，在可支配补贴总额的范畴下，实现补贴资源的优化配置。创造可再生能源发展融资来源多元化的机制应该是未来可再生能源发展的重要保障措施。[①] 根据 2009 年《可再生能源法》第二十四条，“国家财政设立可再生能源发展基金，资金来源包括国家财政年度安排的专项资金和依法征收的可再生能源电价附加收入等。”该条文中“等”字表明，基金的投入来源不限于前述内容，这就为国家根据可再生能源发展的需要，在财政资金和电价附加收入之外拓展资金来源渠道留下了法律空间。[②] 根据第

---

① 王利：《中国新能源法律、政策的缺陷与完善》，载《北方论丛》2011 年第 6 期，第 152 页。

② 不止一位学者提出该观点，如：李艳芳等著：《新能源与可再生能源法律与政策研究》，经济科学出版社 2015 年版，第 505—506 页；徐孟洲、胡林林：《新能源与可再生能源发展基金的性质与制度设计》，载《哈尔滨工业大学学报（社会科学版）》2011 年第 6 期，第 59 页。

一章所述经济学的外部性理论及发达国家的既有实践，可考虑通过对化石燃料相关产业征收生态税或对可再生能源受益人进行费用筹集来拓展我国可再生能源补贴资金来源渠道。此外，还应充分调动地方财政支持可再生能源及其产业发展的动力，凝聚非政府环境组织、公众的能动性。在拓宽我国可再生能源补贴资金来源渠道的同时，从具体使用层面来说，应当坚持"以收定支"，明确存量补贴项目和新增补贴项目的支出比例，从资源优化配置的角度用足、用好可再生能源补贴。

第三，尊重可再生能源产业市场化发展规律，借鉴先进发达国家市场因素逐渐并充分融入可再生能源补贴制度的做法和发展趋势，坚持回归市场的可再生能源补贴制度设计。根据本章第一节可知，我国的可再生能源发展，并不是严格意义上的以市场为导向的发展，这种发展模式到一定阶段后，弊端会自然显露，比如"弃风弃光"的出现及国际贸易争端的发生。[①] 第三章中列举先进发达国家关于固定电价引入市场因素、可再生能源电力配额制度的发展，都显示了减少可再生能源补贴、可再生能源及其产业逐步参与市场竞争的发展趋势。事实上，我国通过启动可再生能源电价补贴领域绿色证书自愿认购交易、颁布可再生能源电力配额制征求意见稿等政策举措，已经展示了重视市场竞争的政策风向。面对现实，借鉴经验，我国应当以"市场交易电量""绿色电力证书"为制度出发点，可在评估发达国家可再生能源产业、市场成熟程度、发展脉络的基础上，以市场驱动为主导，探索对我国可再生能源电力如何给予合理补贴，我国可再生能源电力

---

① 吕江著:《能源革命与制度构建——以欧美新能源立法的制度性设计为视角》,知识产权出版社 2017 年版,第 172 页。

如何参与市场竞争的发展之路，形成可再生能源发展的长期战略，并绘制出我国可再生能源补贴制度的市场化发展路线图。在这一发展过程中，一要科学核算不同类型可再生能源的补贴规模，对于新上的可再生能源项目，应在补贴资金已经落实的情况下进行核准，防止出现补贴不到位和过度补贴产生的负面影响，结合经济发展形势确立相适应的补贴规模。[①] 二要科学评估我国可再生能源市场的发展情况，以分别明确太阳能、风能等不同类型可再生能源的补贴退出机制。三要做好可再生能源电力配额制度纳入的过渡协调工作，明确上网固定价格制度和可再生能源电力配额制度的相互关系、主次关系，体现渐进式市场化发展的步骤。四要借鉴国外可再生能源电力配额制度的制度经验和实践经验，在听取各方意见的基础上，考虑在相对成熟的可再生能源产业领域试行，为全面推广积累本土经验。五要建立健全可再生能源电力配额制中“有法律约束力的惩罚机制”，以确保该制度推行的约束力。[②]

第四，规范、优化可再生能源补贴制度的程序性内容。一要从可再生能源补贴制度科学化发展和落实国际经贸领域透明度原则的高度来看待可再生能源补贴制度的程序性条款优化发展的意义，在法律、政策拟定时，考虑设计、纳入程序性条款，就中国可再生能源补贴资金的征收、管理、方法程序，以及可再生能源补贴申请人如何申请、接收、管理、使用可再生能源补贴的程序加以明确。二要参照先进发达国家立法经验，建立健全可再生能源补贴退出机制，“确立可再生能源补贴的临时性和退出性，确立定期审查和

① 范必著:《中国能源市场化改革》,中信出版集团 2018 年版,第 228 页。

② 吴昱著:《我国可再生能源补贴措施及激励政策研究》,对外经济贸易大学出版社 2017 年版,第 165、172、173 页。

公正裁决制度”，[①]并就可再生能源补贴退出的时间、核减的幅度等内容进行明确。三要应结合可再生能源补贴法律、政策内容分散性特点，对于类似事项的规制从程序层面加以统一，从程序层面推进可再生能源补贴制度的体系化发展。

（三）推进中国可再生能源补贴制度发展的特别关注

自 2010 年起，在国际反补贴调查中，我国的多个可再生能源制度备受质疑，其主要原因就在于我国可再生能源政策制度中“国内成分要求”措施涉嫌构成禁止性补贴，因此该问题也成为了推进中国可再生能源补贴制度发展的特别关注内容。

在“中国-涉及风能设备的措施案”（WT/DS419）中，美国认为，中国《风力发电设备产业化专项资金管理暂行办法》涉及“使用国内产品而不是进口产品才能获得补助、资助或奖励”的规定，[②]因此涉嫌违反 SCM 协定第 3 条。虽然该案只进入磋商程序，但学者对于该《办法》第四条、第六条第四款、第六款的批评及该《办法》本身的失效，[③]已经证明了相关条文的问题所在。该《办法》第六条第四款、第六款的规定分别属于“在生产货物过程中使用本地货物”“生产、组装过程要求在国内进行”作为产业化资金申请前提

① Donald N. Zillman, Catherine Redgwell et al, Beyond the Carbon Economy: Energy Law in Transition, Oxford University Press, 2012, p. 187.

② Complaint by the United States, at https://www.wto.org/english/tratop_e/dispu_e/cases_e/ds419_e.htm, Jan. 31, 2019.

③ 《风力发电设备产业化专项资金管理暂行办法》第四条：产业化资金支持对象为中国境内从事风力发电设备（包括整机和叶片、齿轮箱、发电机、变流器及轴承等零部件）生产制造的中资及中资控股企业。《风力发电设备产业化专项资金管理暂行办法》第六条第四款、第六款：申请产业化资金的风力发电设备制造企业必须符合下述条件：（四）风电机组配套的叶片、齿轮箱、发电机由中资或中资控股企业制造，鼓励采用中资或中资控股企业制造的变流器和轴承。（六）风电机组在国内完成生产、安装、调试，无故障运行 240 小时以上，并通过业主验收。

的情形，是“国内成分要求”在制度层面的具体表现，涉嫌构成禁止性补贴。正如前文所述，有鉴于“国内成分要求”措施很大程度上涉嫌违反 WTO 涵盖协定下义务，因此在我国相关制度设计时，应当加以正视。

第一，做好中国内国法层面“国内成分要求”制度审查工作。一要从中央、地方两个层面系统审视既有法律、政策中是否含有“国内成分要求”、专向性补贴疑似条款，避免再次拟定“国内成分要求”、专向性补贴疑似条款。笔者建议删除《可再生能源法》第二十四条第二款第五项和《可再生能源发展基金征收使用管理暂行办法》第十四条第二款第五项中“促进可再生能源开发利用设备的本地化生产”的内容，防止其他成员方就可再生能源发展基金提起“国有成分要求”诉请。二要正视对待其他国家通过贸易救济措施对我国法律政策中“国内成分要求”的质疑，本着“客观审查，即知即改”的态度，将合理质疑转化为推进法律政策科学化发展的助推力，倒逼既有制度的发展革新。三要从事前角度，将法律政策的多边经贸规则合规性审查程序前置，变事后、被动审查为事先、主动审查，[1]还要不断提升立法者和政策制定者的国际法素养，“要避免基于‘政府便利性’考虑，简单设置好用、操作方便的专向性补贴，应当全面考虑、统筹规划、明确补贴条件，科学设计非专向性补贴”。[2]

第二，高度关注他国可再生能源“国内成分要求”措施及国际层面可再生能源补贴制度的发展。结合加拿大和印度进入争端解

① 陈利强、屠新泉：《美国对华新能源产业实施“双轨制反补贴”战略研究》，载《国际贸易问题》2013 年第 5 期，第 75 页。

② 张军旗：《WTO 补贴规则背景下我国产业补贴政策的变革》，载《上海政法学院学报》2019 年第 3 期，第 19 页。

决程序的可再生能源补贴措施案件来看,"国内成分要求"措施从设计到实施,结构复杂,不仅牵涉多个政府部门,还涉及多个不同性质的公司,需要申诉方搜集、整理大量的事实、数据,"DSB'抽丝剥茧'才能显示措施的设置初衷和不符合 WTO 规则的真实面目,相比而言,我国的一些措施的设计相对简单,其合规性问题也常常是'一目了然'"[①]。因此,我们应当高度关注他国可再生能源扶持政策的设置方式和发展趋势,在学习先进经验的同时,也能及时发现其制度背后原本的设置用意和违法之处,积极运用国际法律武器维护我国相关产业的合法权益。此外,"环境例外措施的'运用之妙,存乎于心',要持续关注、熟悉 WTO 框架下环境例外措施的主要内容、适用规则",[②]为含有"国内成分要求"的可再生能源补贴措施争取环境例外措施豁免空间。

第三,要正视我国补贴专向性制度缺陷,为在国内法层面进行补贴专向性分析完善法律依据。由前文可知,一旦 DSB 明确了可再生能源补贴市场基准和利益分析方法,就不可避免存在可再生能源补贴专向性分析,可再生能源补贴是也是补贴的一种,在没有例外规定的前提下,都将适用一般补贴专向性制度,因此,明确中国一般补贴专向性制度的改进思路具有前瞻性意义。目前,我国法律中关于补贴专向性的规定主要集中于 2004 年《中华人民共和国反补贴条例》第四条。从制度科学化发展角度来说,有必要对 2004 年《中华人民共和国反补贴条例》第四条内容进行修订,一要改变加重了我国反补贴调查机构的证明责任的现

① 朱榄叶编著:《世界贸易组织国际贸易纠纷案例评析(2013—2015)》,法律出版社 2016 年版,第 42 页。

② 别涛、熊英:《国际贸易中的"环境例外"措施》,载《中国法学》2004 年第 4 期,第 129 页。

状，二要在行文表达上尽量使用符合 SCM 协定条文文本原义的表述方式。[①]

二、助力国际可再生能源补贴制度的发展创新

规制全球、地区层面上的能源活动，是国际法的一项任务。[②]可再生能源作为能源的一种，也属于国际法的规制范畴。落实到本书聚焦的可再生能源补贴，有赖于国际经济法的调整、规制。本书第二、三、四章就多边、诸边、双边层面可再生能源补贴制度的内容、局限、发展建议进行了分析。在国际可再生能源制度存在发展需求、面临制度重构的当下，中国应当为自己、也为发展中国家发声，从多个层面助力国际可再生能源制度发展创新。

（一）助力国际可再生能源补贴制度发展创新的基本思路

同样的，笔者认为，探索如何助力国际可再生能源补贴制度发展创新，首先要明确基本思路。

1. 坚定多边立场

20 世纪末，关于"全球化"的使用讨论异乎寻常地热烈，[③]中国伴随着全球化的浪潮，于 2001 年 12 月 11 日正式成为了 WTO 成员方，在关税减让、国内法律法规清理方面树立了负责任大国倾向，也在多边贸易组织的争端解决机制下积累了丰富的经验。[④]

---

① 刘滢泉、李晓郛：《中美贸易战背景下新能源补贴专向性的法律分析》，载《国际经济法学刊》2019 年第 3 期，第 68 页。

② Martha M. Roggenkamp, Catherine Redgwell et al, Energy Law in Europe: National, EU and International Regulations, 2nd ed., Oxford University, 2007, p. 15.

③ Paul James, Manfred B. Steger, A Genealogy of "Globalization": The Career of a Concept, Globalizations, Vol. 11, 2014, p. 419.

④ 曹建明、贺小勇著：《世界贸易组织》（第三版），法律出版社 2011 年版，第 337 页。

根据第三章第一节，虽然当今世界区域贸易协定谈判的活跃程度远胜于多边贸易谈判，新达成的区域贸易协定虽然在制度层面发展了 WTO 框架下的补贴制度，但依然相对原则，条款的详细程度、制度的体系化都无法和 WTO 框架下的补贴制度相比。可再生能源的发展，已经从过去个别国家、部分地区逐步扩展成为全球各国的一致行动，①可再生能源补贴随之也成为全球各国支持可再生能源及其产业发展的普遍做法。一方面，多边贸易协定 WTO 有着当下最详细的补贴、反补贴制度体系和争端解决经验，另一方面，协调全球范围内可再生能源补贴措施需要多边平台，作为全球化的获益者和拥护者，中国助力国际可再生能源补贴制度发展创新应当坚定多边立场。

2. 坚持国际合作

从 GATT 时代到 WTO 成立，经过 70 多年的发展，世界上最大的贸易组织 WTO 在协调成员方之间经贸关系、解决国际经贸冲突、促进全球经济发展层面起到了重要作用。国际可再生能源补贴制度发展创新有赖于各国的合作推进、各国法律、政治智慧的发挥，缺失国际合作的谈判是“谈而无果”的。可以说，“通过全球贸易谈判，达成多边协定的某种安排，从根本上解决清洁能源发展与补贴合规性关系问题”②，离不开国际合作。中国的补贴、反补贴制度“移植”自外国、国际补贴、反补贴制度实践，在国际可再生能源补贴制度发展创新过程中，中国应当坚持国际合作原则立场，凝聚发展中国家力量、代表发展中国家发声；积极

① 国家可再生能源中心、国家发展和改革委员会能源研究所可再生能源发展中心编著：《中国可再生能源产业发展报告 2018》，中国经济出版社 2018 年版，第 3 页。

② 沈大勇、龚柏华：《中美清洁能源产业争端的解决途径——中美风能设备补贴争端案的思考》，载《世界经济研究》2011 年第 7 期，第 53 页。

参与双边、区域贸易协定谈判实践，开展双边、诸边层面的能源合作，从双边、诸边合作层面为国际可再生能源补贴制度发展创新积累经验。

（二）助力国际可再生能源补贴制度发展的具体做法

根据第四章分析，笔者在多边补贴制度内、外就可再生能源补贴合规论证提出了详细的制度发展建议，本部分将结合前文论述，就如何发挥中国能动、助力制度发展进行重点提示。

第一，积极关注并参与多边可再生能源补贴制度的发展创新。近年来，美国、欧盟、日本等发达国家和地区积极推动数个区域贸易协定谈判，频繁发布与国际经贸规则相关的联合声明，显示了抢占21世纪国际经贸规则话语权的战略意图。[①] 在这样的背景下，中国不能被动应对，而是应当积极参与WTO改革，在了解主要成员方的改革态度、提案的基础上，聚焦争端解决机制改革、《环境产品协定》谈判、不可诉补贴制度恢复发展、一般例外条款发展等议题，积极争取多边贸易体系下的话语权。近年来，欧洲议会曾多次敦促修改WTO规则，将气候变化领域纳入WTO管辖范围。[②] 中国在WTO发展改革领域也应积极有所为，具体到可再生能源补贴领域，可以结合可再生能源补贴在多边贸易体制下的发展困境和第四章的合规论证建议，就不可诉补贴、一般例外条款制度发展、规则适用提出中国方案。中国还应当表达发展中国家和中国的利益诉求，积极发声，从实现气候变化减排目标等角度出发，为发展中国家适用可再生能源补贴争取

---

① 刘滢泉：《后TPP时代原产地规则与全球价值链的互构》，载《哈尔滨工业大学学报（社会科学版）》2019年第5期，第31页。

② 曹慧：《欧盟可再生能源产业去补贴化趋势及其对中国的影响》，载《中国能源》2016年第11期，第28页。

更多空间,[1]为最不发达国家实施含有“国内成分要求”可再生能源补贴措施呼吁豁免。又如,与目前美国主导的其他区域贸易协定不同,“中国不是《环境产品协定》的‘局外人’,而是积极倡导者之一”[2],可依托 WTO《环境产品协定》谈判,结合区域贸易协定谈判“环境”章节中纳入服务、投资的现状,考虑将可再生能源电力服务业纳入多边规则谈判范畴,体现制度发展的前瞻性。[3] 无论 WTO 最终走向何方,我国在参与 WTO 改革、贡献制度革新智慧中的努力都不会白费,至少代表了多边补贴制度的发展中的中国态度。

第二,持续关注并参与区域可再生能源补贴制度的发展创新。一方面,要充分把握诸边、双边层面贸易协定可再生能源补贴制度的内容,及时总结发展趋势,根据第三章第一节,欧盟国家援助制度、CPTPP、USMCA、EPA 中都有不少对多边补贴制度有启发意义的内容,因此持续关注区域可再生能源补贴制度的发展创新是“旁征博引”“抬头看路”的必由之路。以区域可再生能源补贴制度中高度重视的透明度原则为例,从 WTO 可再生能源补贴制度发展来看,“应当更有效地发挥 WTO 既有的透明度和合作机制,尽

① 目前,WTO 争端解决机制的裁定,对依赖外商投资本国可再生能源产业的发展中国家来说不是好消息,如果没有明确哪些措施在 WTO 框架下具有合规性,外国投资者可能对相关投资更加谨慎,无助于气候变化减排目标的实现。Leslyn Lewis, The WTO Canada Renewable Energy Feed-in Tariff Case and Its Application to Green Energy Projects in the Developing World: The Abdication of the Subsidies and Countervailing Measures Agreement within Green Energy Conflicts, Asper Review, Vol. 16, 2016, p. 152。

② 张乃根:《试析环境产品协定谈判》,载《海关与经贸研究》2014 年第 5 期,第 6 页。

③ 例如,有学者认为,在风电行业,服务业将扮演越来越重要的角色。《未来风电服务业或成风电制造行业重要盈利点》,http://news. bjx. com. cn/html/20121018/395480. shtml,(访问日期:2020 年 2 月 2 日)。

可能多地收集 WTO 成员方在可再生能源补贴领域的实践做法，以及这些做法对环境的有效性和可能造成的贸易扭曲影响”[①]。另一方面，积极投身诸边、双边贸易谈判实践，参与设计区域层面的经贸规则，融入可再生能源补贴制度的发展创新内容，为多边层面可再生能源补贴制度的发展创新奠定基础。事实上，根据 WTO 区域贸易协定信息系统，中国参与的区域贸易协定数量十分有限，与美国、欧盟主导的区域贸易协定的融入度还是不够。[②]中国应当继续推进中日韩自由贸易区谈判、RECP 谈判（区域全面经济伙伴关系，Regional Comprehensive Economic Partnership，RECP），并尝试在其中纳入可再生能源补贴制度的发展创新内容。

（三）助力国际可再生能源补贴制度发展的特别关注

在参与、关注多边、区域贸易协定发展过程中，要特别注意其中部分制度的发展情况。一要高度重视 CPTPP 和 USMCA 中“非商业援助制度”的发展、推广情况，评估其对既有多边补贴制度和我国国有企业的影响程度和影响进度。由前文可知，市场因素的融入和可再生能源补贴的退出是发展趋势，因此，可以从国际竞争力提升、产业优化升级目的出发，增加可再生能源国有企业的透明度、逐步核减生产、投资等环节的可再生能源补贴。二要积极关注 WTO 框架下可再生能源补贴争端案件中补贴的认定发展，如

---

① Ilaria Espa and Gracia Marín Durán, Renewable Energy Subsidies and WTO Law: Time to Rethink the Case for Reform Beyond Canada-Renewable Energy/Fit Program, Journal of International Law, Vol. 21, 2018, p. 652.

② 根据 WTO 区域贸易协定信息系统（Regional Trade Agreements Information System）数据，和中国签订区域贸易协定的有：东盟、澳大利亚、智利、哥斯达黎加、韩国、新西兰、新加坡、冰岛、巴基斯坦、秘鲁、瑞士等国家或地区，数据时间截止 2019 年 5 月 28 日。

果可再生能源“市场基准”“相关市场”问题得以明确，就会涉及补贴利益传递问题分析，[①]对可再生能源能源产业补贴的关注也就需要相应扩展到上、下游产业领域[②]和国有企业私有化前后。三要关注多边、区域贸易协定对于“国有成分要求”措施的规制发展，关注各国在可再生能源补贴领域是否含有“国有成分要求”措施规定。可借鉴 TPP、CPTPP 原产地规则的设定方式，[③]考虑用“区域成分要求”替代“国内成分要求”，[④]并尝试将“区域成分要求”适时纳入双边或区域贸易协定之中，以作为避免“国内成分要求”的替代性选择。四要关注 EPA 中“必要的变通”将如何发展，为 GATT1994 第 20 条和 GATS 第 14 条的变通适用和条文改革提供参考依据，以进一步明确含有“国内成分要求”的可再生能源补贴的可能豁免空间。

在参与、关注多边、区域贸易协定发展过程之外，也应该积极搭建其他合作平台。早在 2013 年，中国国家主席习近平就提出了建设“新丝绸之路经济带”和“21 世界海上丝绸之路”的合作倡议，“一带一路”倡议(The “Belt and Road” Initiative)由此而来。近年来，“一带一路”能源国际合作富有成效，与俄罗斯签订多项能源协

---

① 当补贴的接受者和最终受益者不同的情况下，补贴的利益可能会发生传递，WTO 框架下包括“上游补贴的利益传递”和“国企私有化过程中的利益传递”，判定是否发生传递的关键在于看补贴接受者和最终受益者之间是否进行了公平市场交易。

② 以太阳能光伏发电产业为例，在其上中下游整个产业链中，对任何一个环节的补贴都可能造成对其他环节的影响，从而使补贴具有了可诉性。参见吴昱、边永民：《新能源产业链激励政策及其补贴合规性》，载《求索》2013 年第 4 期，第 4 页。

③ TPP、CPTPP 原产地规则保持一致，通过就判定原产货物“完全获得”和“实质性改变”标准的规定，促使成员方完全在缔约方领土内开展生产、在生产过程中完全使用原产自缔约方领土内的材料，区域保护色彩浓厚。

④ 韩静雅：《可再生能源产业当地成分要求的国际规制研究》，载《求索》2017 年第 3 期，第 79—80 页。

定，还于 2015 年签署了《国际能源宪章宣言》，积极探索能源合作平台。[①] 值得关注的是，在 2016 年 7 月《中国-欧盟能源路线路(2016—2020)》的基础上，2019 年 4 月《关于落实中欧能源合作的联合声明》得以签署，2019 年 5 月，中欧能源合作平台(ECECP)正式启动，强调在能源系统、能源效率、可再生能源、创新实体四个领域加强合作。[②] 根据第三章分析，欧盟及其成员国，在可再生能源及其产业发展、可再生能源法律、政策领域都有着广泛的实践和制度成果，中国应当依托中欧能源合作平台，一方面积极学习欧盟及其成员国在可再生能源上网电价制度市场化发展、可再生能源电力配额制度内容、可再生能源补贴退出机制方面的有益经验；另一方面应在能源合作领域积极实践，为中欧在能源合作领域达成双边协定奠定基础，也为与更多国家、地区加强能源领域的合作积累经验。

本章小结

中国可再生能源补贴制度发展起步较晚，既有制度体系包括法律和政策两个层面的内容，且以政策为主。本章在系统梳理中国可再生能源补贴法律、政策的基础上，结合可再生能源电价补贴和具体类型可再生能源补贴制度发展内容，归纳了中国可再生能源补贴的制度的三个发展趋势：可再生能源补贴制度在向"政府导向型、市场导向型并举"的方向转变；积极对接国际经贸规则；融入"低碳环保""节能减排"内容。中国既有可再生能源补贴制度呈现

① 程春华：《全球能源形势大盘点》，载《世界知识》2017 年第 1 期，第 44 页。

② 《扬帆起航谱新篇，中国-欧盟能源合作平台正式启动》，http://obor.nea.gov.cn/detail2/8451.html，(访问日期：2020 年 2 月 2 日)。

法制化程度不高、制度内容科学性有待提升两个明显不足，存在发展完善空间。基于可再生能源的价值，中国对可再生能源及其产业发展的需求，以及可再生能源补贴国际贸易争端的不断涌现，本章第二节对中国可再生能源补贴制度发展完善提出了对策建议。第一，要推进中国可再生能源补贴制度的渐进式改革，在"遵守国际法义务""借鉴他国有益实践""坚持因地制宜思路"基本思路的指引下，针对第一节中提出的制度问题，着力提升中国可再生能源补贴制度的法制化水平和中国可再生能源补贴制度内容的科学化水平，并对涉嫌"国内成分要求"可再生能源补贴制度内容给予了特别关注。第二，要助力国际可再生能源补贴制度的发展创新，在"坚定多边立场""坚持国际合作"基本思路的指引下，积极关注并参与多边、区域可再生能源补贴制度的发展创新，并对多边、区域贸易协定发展过程"非商业援助制度""可再生能源市场基准"等问题给予了特别关注，并对"一带一路"能源国际合作背景下的中欧能源合作平台项目进行了发展展望。

结　语

而今，已经进入了21世纪的20年代，国际社会对能源、气候可持续发展的重视与日俱增。一方面，可再生能源已经成为全球"能源转型"的核心，几乎所有发达国家和发展中国家都制定了支持可再生能源发展的相关政策，通过发展可再生能源以减少对化石能源的依赖，即使传统化石能源丰富的国家、地区也不例外。另一方面，气候变化可能是国际社会目前面临的最大的可持续发展挑战，这在很大程度上是无可争议的，[①]超过100个国家加入《巴黎协定》，承诺减排脱碳，助力全球1.5度控温目标。[②] 可再生能源成为能源、气候可持续发展的焦点所在，可再生能源及其产业发展，在现在以及将来，对整个人类社会可持续发展都有着重要的意义。可再生能源的开发、使用，作为未来第四次工业革命的内容之一，不仅体现了可持续发展的要求，可以说，谁在可再生能源的开

① Ilaria Espa and Gracia Marín Durán, Renewable Energy Subsidies and WTO Law: Time to Rethink the Case for Reform Beyond Canada-Renewable Energy/Fit Program, Journal of International Law, Vol. 21, 2018, p. 621.

② 国家可再生能源中心、国家发展和改革委员会能源研究所可再生能源发展中心编著：《国际可再生能源发展报告2018》，中国环境出版社2018年版，第1页。

发、使用领域占得先机，就将在这场以绿色、智能和可持续为特征的科技革命中获得优势地位。世界各国既是气候可持续发展的利益共同体，更是经济社会存在竞争的利益个体，在逆全球化浪潮兴起的时代，国与国之间在发展可再生能源及其产业领域存在竞争关系、在争夺可再生能源产品、设备国际市场领域也存在竞争关系。这也是在各国普遍对可再生能源及其产业给予补贴的背景下，相比环境负面效应更大的化石能源补贴，可再生能源补贴屡遭国际争端诉讼的根本原因。我们在探讨可再生能源法律问题、找寻可再生能源制度局限的时候，必须明白制度背后的利益冲突，更要对未来发生的可再生能源贸易救济措施、可再生能源争端有着清醒的认识和预判。

从 GATT 到 WTO，这个世界上最大的多边贸易组织经历了 70 多年的发展历程。WTO 在国际贸易领域建立了秩序，为世界经济发展和世界和平维护作出了贡献，[①]其制度的详实程度、争端解决机制的广泛实践，成为全球化时代成员方遵守的“模范国际法”。[②] 然而随着实践的发展，WTO 既有制度的僵化、新规则的难以达成、上诉机构法官遴选难产，都让成员方对 WTO“究竟走向何方”产生了怀疑。争端解决机构难以完成可再生能源补贴认定、难以开展合规论证，正是 WTO 既有制度僵化的印证和缩影。既有补贴制度带来了合规论证难题，带着合规论证难题反思制度局限，这也是笔者呼吁 WTO 多边规则改革创新的有力依据。

---

① 杨国华：《TPP 与 WTO：基于文本的五大比较》，载杨国华、冯军、史晓丽主编：《WTO 的未来——约翰·H·杰克逊纪念文集》，上海人民出版社 2016 年版，第 191 页。

② 杨国华：《为什么 WTO 是模范国际法》，载杨国华、冯军、史晓丽主编：《WTO 的未来——约翰·H·杰克逊纪念文集》，上海人民出版社 2016 年版，第 184—189 页。

与多边经贸规则难以达成相对应，区域贸易协定发展如火如荼。美国、欧盟、日本主导或参与了 TPP、CPTPP、USMCA、EPA 谈判，并达成了一系列高标准的区域贸易协定。具体到可再生能源补贴领域，前述区域贸易协定通过“非商业援助制度”“环境条款”“一般例外条款变通适用”等规则的设计，事实上改变了 WTO 框架下的补贴制度，体现了先进发达国家抢占 21 世纪国际经贸规则制定话语权的战略意图。虽然目前而言，这些区域贸易协定的规定相对原则，且未有争端实践适用，但结合多边经贸规则的形成过程来看，区域贸易协定的相关规定推而广之，也可能只是时间的问题。

先进发达国家在推进诸边、双边层面经贸规则发展的同时，也在国内层面不断发展可再生能源补贴制度体系，综合运用法律、政策手段，设计覆盖研发、投资、生产、销售环节的可再生能源补贴制度，为国内可再生能源及其产业发展提供科学化的制度保障，并向全球输出了“上网固定电价制度”“可再生能源电力配额制”等制度设计，在国内法制度层面实现了领跑。而今，经过了长期的发展和补贴支持，先进发达国家更多地掌握了可再生能源的核心技术，其中部分类型的可再生能源产业具备了参与自由市场竞争的实力。

由此不难发现先进发达国家在可再生能源补贴法律领域的整体设计图谱：第一，在国内法制度层面逐渐将市场因素纳入原有可再生能源补贴制度，以实现优胜劣汰，提升成熟可再生能源产业的竞争力；第二，把握既有多边经贸规则，发起对其他国家的可再生能源措施争端，为本国可再生能源产业争取更多的国际市场和发展时间；第三，通过区域贸易协定实践，制定有利于本国可再生能源产业发展的高标准条款，抢占 21 世纪国际经贸规则“立法权”。

研究国际法律制度，归根到底的落脚点在于，对接国际经贸规则，发展、完善我国可再生能源补贴制度，助力我国可再生能源及其产业的发展。中国“缺油少气”，近几年都为世界第一大能源消费国，经济的高速发展的同时，能源结构调整和生态文明建设也已成为了我国经济社会发展的重要导向。补贴、反补贴制度对中国来说都是“舶来品”，《中华人民共和国反补贴条例》自 2004 年后未有新的发展，可再生能源补贴制度散见于法律、政策之中，且以政策为主，与先进发达国家相比，法制化程度明显不足、内容科学化程度也有待提升。制度的局限必然影响实践的效果，实践中“弃风弃光”现象一方面是电力消纳的统筹问题，另一方面也是对既有可再生能源补贴制度合理性的实践质疑。因此，在系统评估我国可再生能源产业发展现状、梳理我国可再生能源补贴制度的基础上，积极对标国际经贸规则、借鉴先进发达国家有益实践，因地制宜地设计适合我国实际需求的可再生能源补贴制度体系是中国法治化道路上必须攻克的难题。总体而言，应当以市场化发展为导向，科学设计我国可再生能源补贴法律、政策，同时配套推进生态税法律制度革新，为可再生能源产业发展提供综合保障，在制度发展革新过程中，忌一蹴而就，忌照搬全收，忌稳步不前，以实现渐进式改革的应有之意。

在对外经贸关系领域，2018 年 3 月，美国发起“中美贸易战”，中美在国际经贸领域的冲突一度进入“白热化”阶段。具体到可再生能源领域，自从 2010 年中美风能设备补贴争端发生以来，两国之间的可再生能源补贴争端有 5 起进入了 WTO 争端解决程序，[①]展现了两国在可再生能源产业发展中的“焦灼利益冲突”。

---

① WT/DS419，WT/DS437，WT/DS449，WT/DS452，WT/DS563，at https://www.wto.org/english/tratop_e/dispu_e/dispu_agreements_index_e.htm?id=A8，Feb. 20，2019.

不过，中国在与欧盟的能源合作中实现了重大突破，《关于落实中欧能源合作的联合声明》的签署、中欧能源合作平台（ECECP）的正式启动都是中国在能源外交上的重大突破。进入2020年以来，英国退欧、新冠肺炎疫情的全球性蔓延，都对经济全球化提出了新的挑战，如何在逆全球化浪潮兴起，中美贸易摩擦长期存在的当下，和更多的国家地区展开能源层面的合作，是对我国的全新挑战。

中国是WTO的重要成员方，也是多边贸易体制的实际受益者和坚定拥护者，围绕WTO可再生能源补贴制度改革设计中国方案，既是履行负责任大国、代表发展中国家发声的重要举措，也是争取21世纪国际经贸新规则话语权的重要举措。无论WTO本身最终走向何方，多边经贸组织、多边经贸规则都不可或缺，在多边经贸规则重构的当下和未来，保持关注、持续参与、主动发声，都是避免成为新多边经贸规则"被动接受者"的积极作为。在国际可再生能源补贴制度革新中，提交中国方案设计，是贡献中国智慧的有益尝试，也是坚定多边经贸谈判立场的实际行动。

中国也应积极关注CPTPP、USMCA、EPA谈判的最新成果和发展走向，了解区域贸易协定在可再生能源补贴领域的制度创新和发展趋势，未雨绸缪。中国更应在自己主导的RECP谈判、"一带一路"倡议中，将能源合作、可再生能源制度加以融入，为区域可再生能源补贴制度发展进行积极尝试。

未来，人类文明必然会进入一个新能源的时代，但前往这条新能源的路上，并不是一蹴而就的事情，[①]而今的新能源，在科技发

---

① 吕江著：《能源革命与制度构建——以欧美新能源立法的制度性设计为视角》，知识产权出版社2017年版，第176—177页。

展后可能会纳入可再生能源范畴，也会给既有可再生能源补贴制度带来新的内容。即使在当下，化石能源依然是当今世界的主要消费能源，可再生能源的发展壮大仍然有赖于科技创新和政策支持，因此，一要统筹兼顾、遵循能源发展规律，重视传统能源法律制度建设，充分发挥传统能源在步入新能源时代的“桥梁”作用；二要为科技进步后，新型可再生能源的发展、产业化留有充分的制度发展空间，关注新能源领域的立法需求，展现制度的前瞻性，多面助力国家能源法律制度体系建设发展；三要充分关注可再生能源资源高效利用、节能、生态税等层面法律制度体系建设发展，以期为可再生能源法律制度构建更为全面的制度体系。

参考文献

一、著作及译著类

1. 刘锋著:《新时期中俄能源问题研究》,延边大学出版社 2017 年版。

2. [美]戴维·古德斯坦、迈克尔·英特里利盖托著:《气候变化与能源问题——从自然科学与经济学视角》,王海林译,东北财经大学出版社 2018 年版。

3. 程荃著:《欧盟新能源法律与政策研究》,武汉大学出版社 2012 年版。

4. 朱立志、刘静等著:《中国农村能源消费问题研究》,中国农业科学技术出版社 2011 年版。

5. 李艳芳等著:《新能源与可再生能源法律与政策研究》,经济科学出版社 2015 年版。

6. 国务院发展研究中心、壳牌国际有限公司著:《全球能源转型背景下的中国能源革命》,中国发展出版社 2019 年版。

7. [英]亚当·斯密著:《国富论》,孙善春、李春长译,中国华侨出版社 2010 年版。

8. 黄东黎、何力著:《反补贴法与国际贸易——以 WTO 主要成员方为例》,社会科学文献出版社 2013 年版。

9. 曹建明、贺小勇著:《世界贸易组织》(第三版),法律出版社 2011 年版。

10. 曹新、陈剑、刘永生著:《可再生能源补贴问题研究》,中国社会科学出版社 2016 年版。

11. [美]卢安武、洛基山研究所著:《重塑能源》,秦海岩、鉴衡认证中心译,湖南科学技术出版社 2015 年版。

12. 王仲颖、单国瑞(Kaare Sandholt)等著:《中国可再生能源展望 2016》,科学出版社 2017 年版。

13. [丹]亨里克・隆德著:《可再生能源》,王育明译,中国三峡出版社 2017 年版。

14. 李严波著:《欧盟可再生能源战略与政策研究》,中国税务出版社 2013 年版。

15. [美]杰里米・里夫金著:《第三次工业革命——新经济模式如何改变世界》,张体伟、孙豫宁译,中信出版社 2012 年版。

16. 黄基伟著:《开放条件下幼稚产业保护问题研究》,中国科学技术出版社 2014 年版。

17. 何海燕、任杰、乔小勇著:《贸易安全与实践研究——补贴与反补贴新论》,首都经济贸易大学出版社 2011 年版。

18. 本内迪克特・克莱门茨、大卫・科迪、斯蒂芬妮・法布里奇奥、圣吉夫・古普塔、特雷弗・阿莱恩、卡洛・萨德莱列维奇著:《能源补贴改革经验、教训与启示》,史丹、李玉婷、马翠萍译,东北财经大学出版社 2017 年版。

19. 温慧卿著:《中国可再生能源补贴制度研究》,中国法制出版社 2012 年版。

20. 李先德、宗义湘著:《农业补贴政策的国际比较(上)》,中国农业科学技术出版社 2012 年版。

21. [美]约翰・H・杰克逊(John H. Jackson)著:《国家主权与 WTO——变化中的国际法基础》,社会科学出版社 2009 年版。

22. 祝佳著:《欧盟能源政策研究》,中山大学出版社 2015 年版。

23. [法]德尼・西蒙著:《欧盟法律体系》,王玉芳、李滨、赵海峰译,北京大学出版社 2007 年版。

24. 吕江著:《能源革命与制度构建——以欧美新能源立法的制度性设计为视角》,知识产权出版社 2017 年版。

25. [德]保罗·维尔芬斯等著:《欧盟能源政策——以德国生态税改革为例》,吴剑锋、邱永辉译,经济管理出版社 2014 年版。

26. 李扬著:《冷战后美国国际能源战略研究》,中国社会科学出版社 2015 年版。

27. [美]约瑟夫·P·托梅因、理查德·D·卡达希著:《美国能源法》,万少廷译,法律出版社 2008 年版。

28. [日]藤原淳一郎著:《日本能源法研究——以政府规制的法律与政策为中心》,于杨曜、黄焱译,华东理工大学出版社 2018 年版。

29. 李化著:《澳大利亚新能源法律与政策研究》,武汉大学出版社 2014 年版。

30. 高凛著:《我国应对绿色贸易壁垒的对策研究——以江苏为视角》,江苏人民出版社 2013 年版。

31. 邓子基著:《财政学》,中国人民大学出版社 2010 年版。

32. 周赟著:《法理学》,清华大学出版社 2013 年版。

33. 吴昱著:《我国可再生能源补贴措施及激励政策研究》,对外经济贸易大学出版社 2017 年版。

34. 范必著:《中国能源市场化改革》,中信出版集团 2018 年版。

二、编著类

1. 国家可再生能源中心、国家发展和改革委员会能源研究所可再生能源发展中心编著:《国际可再生能源发展报告 2018》,中国环境出版社 2018 年版。

2. 江苏高校国际能源政策研究所编著:《国际能源政策新变化及其对中国的启示》,科学出版社 2017 年版。

3. 辞海编辑委员会编纂:《辞海》(第六版,彩图本),上海辞书出版社 2009 年版。

4. 程惠尔主编:《能源辞典》,化学工业出版社 2011 年版。

5.《中国大百科全书》第二版总编辑委员会:《中国大百科全书(第二版精粹本)上》,中国大百科全书出版社 2013 年版。

6. 罗续业、夏登文主编:《海洋可再生能源开发利用战略研究报告》,海洋出版社 2014 年版。

7. 王传丽编著:《补贴与反补贴措施协定条文释义》,湖南科学技术出版社 2006 年版。

8. [美]克劳斯・博塞尔曼等主编:《可持续发展的法律和政治》,王曦、卢锟等译,上海交通大学出版社 2017 年版。

9. 杨泽伟主编:《从产业到革命:发达国家新能源法律政策与中国的战略选择》,武汉大学出版社 2015 年版。

10. 国家能源局编写:《能源发展"十三五"规划》辅导读本,中国电力出版社 2017 年版。

11. 王曦编著:《国际环境法》,法律出版社 1998 年版。

12. 王虎华主编:《国际公法学(第三版)》,北京大学出版社、上海人民出版社 2008 年版。

13. 肖岚主编:《西方经济学》,西南财经大学出版社 2017 年版。

14. 国网能源研究院有限公司编著:《全球能源分析与展望 2017》,中国电力出版社 2017 年版。

15. 胡德胜编著:《美国能源法律与政策》,郑州大学出版社 2010 年版。

16. [日]滝川薫编著:《欧洲的能源自立政策与实例》,沈瑶、王倩娜译,中国建筑工业出版社 2015 年版。

17. 国家可再生能源中心、国家发展和改革委员会能源研究所可再生能源发展中心编著:《国际可再生能源发展报告 2017》,中国环境出版社 2017 年版。

18. 张勇编著:《能源资源法律制度研究》,中国时代经济出版社 2008 年版。

19. 张季风编:《日本能源文献选编:战略、计划、法律》,社会科学文献出版社 2014 年版。

20. 龚柏华主编:《WTO 争端解决与中国(第二卷)》,上海人民出版社 2010 年版。

21. 国际能源署编著:《世界能源展望中国特别报告》,石油工业出版社 2017 年版。

22. 国家可再生能源中心、国家发展和改革委员会能源研究所可再生能源发展中心编著:《中国可再生能源产业发展报告 2018》,中国经济出版社 2018 年版。

23. 林伯强编著:《中国减少化石能源补贴改革成效与补贴设计》,科学出版社 2018 年版。

24. 朱榄叶编著:《世界贸易组织国际贸易纠纷案例评析(2013—2015)》,法律出版社 2016 年版。

三、杂志类

1. 韩晓平:《关于"新能源"的定义》,载《节能与环保》2007 年第 6 期。

2. 江泽民:《对中国能源问题的思考》,载《上海交通大学学报》2008 年第 3 期。

3. 吕晓杰:《可再生能源政策与 WTO 补贴制度的相符性分析——以加拿大可再生能源案为中心的考察》,载《江汉论坛》2016 年第 8 期。

4. 杜群、刘晓翔:《试析〈关于环境与发展的里约宣言〉》,载《武汉大学学报(社会科学版)》,1993 年第 4 期。

5. 杨旭:《论补贴与反补贴中的专向性标准》,载《学术探索》2005 年第 4 期。

6. 陈利强:《〈补贴与反补贴措施协定〉之专向性问题初探》,载《西北大学学报(社会科学版)》2008 年第 3 期。

7. 余敏友、唐旗:《论 WTO 构建能源贸易规则及其对我国能源安全的影响》,载《世界贸易组织动态与研究》,2010 年第 2 期。

8. 黄志雄、罗嫣:《中美可再生能源贸易争端的法律问题——兼论 WTO

绿色补贴规则的完善》，载《法商研究》2011 年第 5 期。

9. 梁蓉：《WTO 体制下可再生能源补贴的困境与出路》，载《武大国际法评论》2016 年第 1 期。

10. 车路遥：《论区域经济一体化对多边贸易体制的碎片化作用》，载《武大国际法评论》2013 年第 2 期。

11. 东艳：《全球经贸规则的发展趋势与中国的机遇》，载《国际经济评论》2014 年第 1 期。

12. 杨泽伟：《欧盟能源法律与政策及其对中国的启示》，载《武大国际法评论》2007 年第 2 期。

13. 孔少飞：《欧盟的国家援助制度及其借鉴》，载《欧洲研究》2006 年第 3 期。

14. 周海涛：《欧盟国家援助制度的现代化及其借鉴》，载《河北法学》2016 年第 8 期。

15. 易在成：《WTO 补贴制度欧洲化方案评析》，载《中山大学学报（社会科学版）》2019 年第 3 期。

16. 胡枚玲、张军旗：《论 CPTPP 规制合作的新范式及中国应对》，载《国际贸易》2019 年第 10 期。

17. 郑玲丽、刘畅：《环境问题的冲突与协调模式研究——以〈跨太平洋伙伴关系协定〉为例》，载《太平洋学报》2015 年第 4 期。

18. 李丽平、张彬、陈超：《TPP 环境议题动向、原因及对我国的影响》，载《对外经贸实务》2014 年第 7 期。

19. 韩立余：《TPP 国有企业规则及其影响》，载《国家行政学院学报》2016 年第 1 期。

20. 韩立余：《构建国际经贸新规则的总思路》，载《经贸法律评论》2019 年第 4 期。

21. 宋锡祥、张贻博：《〈欧盟-日本经济伙伴关系协定〉透视及中国的应对之策》，载《国际商务研究》2019 年第 3 期。

22. 龚柏华：《论 WTO 现代化改革中的诸边模式》，载《上海对外经贸大学学报》2019 年第 2 期。

23. 杨泽伟:《德国能源法律与政策及其对中国的启示》,载《武大国际法评论》2010 年第 1 期。

24. 谢旭轩、王仲颖、高虎:《先进国家可再生能源发展补贴政策动向及对我国的启示》,载《中国能源》2013 年第 8 期。

25. 曹慧:《特朗普时期美欧能源和气候政策比较》,载《国外理论动态》2019 年第 7 期。

26. 王永杰:《浙江省可再生能源补贴政策合规性研究》,载《经济与管理》2018 年第 3 期。

27. 张立锋、冯红霞:《德国〈可再生能源法〉的演进及对中国的启示》,载《河北法学》2017 年第 10 期。

28. 罗承先:《世界可再生能源支持政策变迁与趋势》,载《中外能源》2016 年第 9 期。

29. 李艳芳、岳小花:《美国可再生能源配额制及其启示——基于得克萨斯州的经验分析》,载《清华法治论衡》2020 年第 1 期。

30. [日]秦美鸣:《日本的可再生能源的扶持政策——对太阳能发电扶持制度的分析》,载《科学学研究》2012 年第 7 期。

31. 宏尚松原、张玥:《日本福岛核事故后的可再生能源发展》,载《风能》2015 年第 4 期。

32. 师华:《〈环境产品协定〉谈判的主要问题与中国应对》,载《经济问题》2018 年第 10 期。

33. 张磊:《自由贸易体制下的"绿色能源空间"——以加拿大可再生能源发电设施补贴案为视角》,载《西南政法大学学报》2014 年第 1 期。

34. 叶波、梁咏:《论可再生能源补贴国际规则的制定》,载《国际法研究》2014 年第 4 期。

35. 刘雪红:《世界贸易组织一般例外条款适用误区之批判》,载《东方法学》2018 年第 4 期。

36. 马乐:《GATT 一般例外条款适用的价值导向与司法逻辑》,载《华东政法大学学报》2015 年第 1 期。

37. 何易:《欧盟和 WTO 处理贸易与环境案件法律之比较——以欧洲法院和 WTO 争端解决机构的实践为例》,载《中国法学》2004 年第 3 期。

38. 李艳芳、张牧君:《论我国可再生能源配额制的建议——以落实我国〈可再生能源法〉的规定为视角》,载《政治与法律》2011 年第 11 期。

39. 张木梓:《国际绿色电力证书交易机制经验及启示》,载《风能》2016 年第 11 期。

40. 李艳芳:《气候变化背景下的中国可再生能源法制》,载《政治与法律》2010 年第 3 期。

41. 武奕成:《低碳经济与中国能源立法》,载《兰州学刊》2011 年第 7 期。

42. 王利:《中国新能源法律、政策的缺陷与完善》,载《北方论丛》2011 年第 6 期。

43. 徐孟洲、胡林林:《新能源与可再生能源发展基金的性质与制度设计》,载《哈尔滨工业大学学报(社会科学版)》2011 年第 6 期。

44. 陈利强、屠新泉:《美国对华新能源产业实施"双轨制反补贴"战略研究》,载《国际贸易问题》2013 年第 5 期。

45. 张军旗:《WTO 补贴规则背景下我国产业补贴政策的变革》,载《上海政法学院学报》2019 年第 3 期。

46. 别涛、熊英:《国际贸易中的"环境例外"措施》,载《中国法学》2004 年第 4 期。

47. 刘滢泉、李晓郛:《中美贸易战背景下新能源补贴专向性的法律分析》,载《国际经济法学刊》2019 年第 3 期。

48. 沈大勇、龚柏华:《中美清洁能源产业争端的解决途径——中美风能设备补贴争端案的思考》,载《世界经济研究》2011 年第 7 期。

49. 刘滢泉:《后 TPP 时代原产地规则与全球价值链的互构》,载《哈尔滨工业大学学报(社会科学版)》2019 年第 5 期。

50. 张乃根:《试析环境产品协定谈判》,载《海关与经贸研究》2014 年第 5 期。

51. 吴昱、边永民:《新能源产业链激励政策及其补贴合规性》,载《求索》2013 年第 4 期。

52. 韩静雅:《可再生能源产业当地成分要求的国际规制研究》,载《求索》2017 年第 3 期。

53. 程春华:《全球能源形势大盘点》,载《世界知识》2017 年第 1 期。

四、文集类

1. 杨国华:《TPP 与 WTO:基于文本的五大比较》,载杨国华、冯军、史晓丽主编:《WTO 的未来——约翰 · H · 杰克逊纪念文集》,上海人民出版社 2016 年版。

2. 杨国华:《为什么 WTO 是模范国际法》,载杨国华、冯军、史晓丽主编:《WTO 的未来——约翰 · H · 杰克逊纪念文集》,上海人民出版社 2016 年版。

五、学位论文类

1. 李晓玲:《WTO 框架下的农业补贴纪律》,华东政法大学 2007 年博士学位论文。

2. 周牧:《欧盟国家援助制度研究》,中国社会科学院研究生院 2012 年博士学位论文。

六、报纸类

常潆木:《看德国绿电补贴如何变化》,载《中国能源报》2018 年 8 月 6 日第 17 版。

七、中文网站类

1. 薛澜:《第四次工业革命来临,中国准备好了吗?》,http://www.sohu.com/a/256097970_505837,(访问日期:2020 年 1 月 21 日)。

2.《甘肃酒泉弃风弃光率大幅下降 将打造多能互补示范基地》,http://www.nea.gov.cn/2019—12/31/c_138669357.htm,(访问日期:2020 年 1 月 21 日)。

3. 邵宇、陈达飞:《美-墨-加协议(USMCA)全解及其对中国的启示》,http://www.nifd.cn/ResearchComment/Details/1104,(访问日期:2019 年 10 月 8 日)。

4.《德国〈可再生能源法〉(2017)新规出台:采用招投标模式来确定可再生能源补贴额度》,http://news.bjx.com.cn/html/20170831/846899.shtml,(访问日期:2019 年 11 月 1 日)。

5.《美国华盛顿特区市议会通过 100%可再生能源法案》,http://power.in-en.com/html/power-2306119.shtml,(访问日期:2019 年 11 月 1 日)。

6.《日本政府修订能源基本计划》,http://www.mofcom.gov.cn/article/i/jyjl/j/201807/20180702762503.shtml,(访问日期:2019 年 11 月 1 日)。

7.《WTO 总干事:WTO 不可或缺,如果没有了就需要再"发明"一个出来》,http://finance.ifeng.com/c/7tTO1Fj9dUu,(访问日期:2020 年 1 月 29 日)。

8.《未来风电服务业或成风电制造行业重要盈利点》,http://news.bjx.com.cn/html/20121018/395480.shtml,(访问日期:2020 年 2 月 2 日)。

9.《扬帆起航谱新篇,中国-欧盟能源合作平台正式启动》,http://obor.nea.gov.cn/detail2/8451.html,(访问日期:2020 年 2 月 2 日)。

八、外文案例类

1. Canada-Certain Measures Affecting the Renewable Energy Generation Sector (WT/DS412), Canada-Measures Relating to the Feed-in Tariff Program (WT/DS426)

2. India-Certain Measure Relating to Solar Cells and Solar Modules (WT/DS456)

3. United States-Certain Measures Relating to the Renewable Energy Sec-

tor (WT/DS510)

4. Federal Republic of Germany V. Commission of the European Communities, Case 248/84, 1987

5. United States-Standards for Reformulated and Conventional Gasoline (WT/DS2)

6. United States-Import Prohibition of Certain Shrimp and Shrimp Products (WT/DS58)

7. Thailand-Restrictions on Importation of and Internal Taxes on Cigarettes (GATT Case)

8. European Communities-Measures Affecting Asbestos and Asbestos-Containing Products (WT/DS135)

9. Brazil-Measures Affecting Imports of Retreaded Tyres (WT/DS332)

10. Canada-Measures Affecting Exports of Unprocessed Herring and Salmon (GATT Case)

11. China-Measures Affecting Trading Rights and Distribution Services for Certain Publications and Audiovisual Entertainment Products (WT/DS363)

12. China-Measures Related to the Exportation of Various Raw Materials (WT/DS394, WT/DS395, WT/DS398/R)

13. United States-Certain Measures Affecting Imports of Poultry from China (WT/DS392)

14. United States-Measures Affecting the Production and Sale of Clove Cigarettes (WT/DS406)

15. European Communities-Measures Prohibiting the Importation and Marketing of Seal Products (WT/DS400)

16. Brazil-Measures Affecting Desiccated Coconut (WT/DS22)

17. China — Measures concerning wind power equipment (WT/DS419)

九、外文书籍类

1. Lillian Wylie, Pascaline Winand ed., Energy and the Environmental

Challenge：Lessons from the European Union and Australia，Peter Lang，2011.

2. Zhou Dadi，Toward a Green and Low-Carbon Future：China's Energy Strategy，Foreign Languages Press，2019.

3. Kristin Shrader-Frechette，What will Work：Fighting Climate Change with Renewable Energy，Not Nuclear Power，Oxford University Press，2011.

4. Yazid Al-Rubyli，Renewable Energy Types，Sources & Benefits，Drawbacks，Lulu com，2013.

5. William H. Avery，Chih Wu，Renewable Energy form the Ocean：A Guide to OTEC，Oxford University Press，1994.

6. Bryan A. Garner，Black's Law Dictionary，11th ed. ，Thomson Reuters West，2019.

7. Donald N. Zillman，Catherine Redgwell et al，Beyond the Carbon Economy：Energy Law in Transition，Oxford University Press，2012.

8. Jeff Siegel，Chris Nelder，Nick Hodge，Investing in Renewable Energy：Making Money on Green Chip Stocks，Wiley，2008.

9. John H. Jackson，The World Trading System：Law and Policy of International Economic Relations，2nd ed. ，US：Massachusetts Institute of Technology，1997.

10. Andresa F. Lowenfeld，International Economic Law，2nd edition，Oxford University，2008.

11. David J. Bederman，Globalization and International Law，Palgrave Macmillan，2008.

12. Jo Shaw，Law of the European Union，3rd ed. ，Palgrave，2000.

13. MarthaM. Roggenkamp，Catherine Redgwell et al，Energy Law in Europe：National，EU and International Regulations，2nd ed. ，Oxford University，2007.

十、外文论文类

1. Fátima Ramírez Carmona，The Feed-in Tariffs Entanglement：A Com-

parative Study of the Analytical Approaches Followed by the EU and WTO Judiciary Bodies regarding Renewable Energy Subsidies, Legal Issues of Economic Integration, Vol. 43, 2016.

2. Virginia R. Hildreth, Renewable Energy Subsidies and the GATT, Chicago Journal of International Law, Vol. 14, 2014.

3. Luca Rubini, Ain't Wastin' Time No More: Subsidies for Renewable Energy, The SCM Agreement, Policy Space, and Law Reform, Journal of International Economic Law, Vol. 15, 2012.

4. Daniel Peat, The Wrong Rules for the Right Energy: The WTO SCM Agreement and Subsidies for Renewable Energy, LSU Journal of Energy Law and Resources, Vol. 1, 2012.

5. Henok Birhanu Asmelash, Energy Subsidies and WTO Dispute Settlement: Why Only Renewable Energy Subsidies Are Challenged, Journal of International Economic Law, Vol. 18, 2015.

6. Hany Gamil Besada, Michael Olender, Fossil Fuel Subsidies and Sustainable Energy for All: The Governance Reform Debate, Global Governance, Vol. 21, 2015.

7. Rudolf Adlung, Negotiations on Safeguards and Subsidies in Services: A Never-ending Story? Journal of International Economic Law, Vol. 10, 2007.

8. Aaron Cosbey, Petros C. Mavroidis, A Turquoise Mess: Green Subsidies, Blue Industrial Policy and Renewable Energy: The Case for Redrafting the Subsidies Agreement of the WTO, Journal of International Economic Law, Vol. 17, 2014.

9. Steve Charnovitz, Carolyn Fischer, Canada-Renewable Energy: Implications for WTO Law on Green and Not-So-Green Subsidies, World Trade Review, Vol. 14, 2015.

10. Luca Rubini, "The Good, the Bad, and the Ugly." Lessons on Methodology in Legal Analysis from the Recent WTO Litigation on Renewable Ener-

gy Subsidies, Journal of World Trade, Vol. 48, 2014.

11. Sophie Wenzlau, Renewable Energy Subsidies and the WTO, Environmental Law and Policy Journal, Vol. 41, 2018.

12. Leslyn Lewis, The WTO Canada Renewable Energy Feed-in Tariff Case and Its Application to Green Energy Projects in the Developing World: The Abdication of the Subsidies and Countervailing Measures Agreement within Green Energy Conflicts, Asper Review, Vol. 16, 2016.

13. David A. Gantz, The TPP and RCEP: Mega-Trade Agreements for the Pacific Rim, Arizona Journal of International & Comparative Law, Vol. 33, 2016.

14. Daniel Behn et al, Promoting Renewable Energy in the EU; Shifting Trends in Member State Policy Space, European Business Law Review, Vol. 28, 2017.

15. Nancy A. Rader, Richard B. Norgaard, Efficiency and Sustainability in Restructured Electricity Markets: The Renewables Portfolio Standard, The Electricity Journal, Vol. 9, 1996.

16. Paolo Davide Farah, Elena Cima, The World Trade Organization, Renewable Energy Subsidies, and the Case of Feed-in Tariffs: Time for Reform toward Sustainable Development? Georgetown International Environmental Law Review, Vol. 27, 2015.

17. Sadeq Z. Bigdeli, Resurring the Dead? The Expired Non-Actionable Subsidies and the Lingering Question of "Green Space", Manchester Journal of International Economic Law, Vol. 8, 2011.

18. Liu Peng, Zhou Wenjun, Xiang Naixin, Non-Actionable Subsidies within the WTO Legal Framework: From the Perspective of Renewable Energy-Related Trade Disputes, Journal of WTO and China, Vol. 3, 2013.

19. Paolo. R. Vergano, Eugenia C. Laurenza, Subsidies to Renewable Energy Sources and International Trade: Issues and Tools to Reconcile Trade

Rules and Environmental Policies, Global Trade and Customs Journal, Vol. 5, 2010.

20. Vivasvan Bansal, Chaitanya Deshpande, The India-Solar Cells Dispute: Renewable Energy Subsidies under World Trade Law and the Need for Environmental Exceptions, NUJS Law Review, Vol. 10, 2017.

21. Benn Mcgrady, Necessity Exceptions in WTO Law: Retreated Tyres, Regulatory Purpose and Cumulative Regulatory Measures, Journal of International Economic Law, Vol. 12, 2009.

22. Danielle Spiegel Feld, Stephanie Switzer, Whither Article XX? Regulatory Autonomy Under Non-GATT Agreements after China-Raw Materials, Yale Journal of International Law Online, Vol. 38, 2012.

23. Rolf H. Weber, Rika Koch, International Trade Law Challenges by Subsidies for Renewable Energy, Journal of World Trade, Vol. 49, 2015.

24. Bradly J. Condon, Disciplining Clean Energy Subsidies to Speed the Transition to a Low-Carbon Word, Journal of World Trade, Vol. 51, 2017.

25. Wen Wei Guan, How General Should the GATT General Exceptions Be?: A Critique of the "Common Intention" Approach of Treaty Interpretation, Journal of World Trade, Vol. 48, 2014.

26. Rick A. Waltman, Amending WTO Rules to Alleviate Constraints on Renewable Energy Subsidies, Willamette Journal of International Law and Dispute Resolution, Vol. 23, 2016.

27. Paul James, Manfred B. Steger, A Genealogy of "Globalization": The Career of a Concept, Globalizations, Vol. 11, 2014.

28. Ilaria Espa and Gracia Marín Durán, Renewable Energy Subsidies and WTO Law: Time to Rethink the Case for Reform Beyond Canada-Renewable Energy/Fit Program, Journal of International Law, Vol. 21, 2018.

十一、外文网站类

1. International Energy Agency, Solar, at http://www. iea. org/topics/

renewables/solar/, Jan. 29,2018.

2. Renewable Energy Directive 2018/2001EU, at https://ec. europa. eu/energy/en/topics/renewable-energy/renewable-energy-directive/overview, Jan. 26,2020.

3. WT/DS419, at https://www. wto. org/english/tratop_e/dispu_e/cases_e/ds419_e. htm, Jan. 31, 2019.

4. Complaint by the United States, at https://www. wto. org/english/tratop_e/dispu_e/cases_e/ds419_e. htm, Jan. 31, 2019.

5. WT/DS419, WT/DS437, WT/DS449, WT/DS452, WT/DS563, at https://www. wto. org/english/tratop_e/dispu_e/dispu_agreements_index_e. htm? id=A8, Feb. 20, 2019.

十二、外文报告类

1. United Nations General Assembly Resolution 33/148 of 20 December 1978.

2. Report of the United Nations Conference on New and Renewable Sources of Energy.

3. United Nations Conference on Environment & Development, Rio De Janerio, Brazil, 3 to 14 June 1992, Agenda 21.

4. International Energy Agency Renewable Energy Working Party, Renewable Energy... into the Mainstream (October 2002).

5. International Energy Agency, Solar Energy Perspectives (2011).

6. International Energy Agency, Technology Roadmap: Wind Energy (2013 edition).

7. International Energy Agency, Technology Roadmap: Hydropower (2012).

8. International Energy Agency, Technology Roadmap: Delivering Sustainable Bioenergy.

9. International Energy Agency, Technology Roadmap: Geothermal Heat

and Power.

10. OECD Sustainable Development Studies，Subsidy Reform and Sustainable Development：Economics，Environmental and Social Aspects.

11. United Nations Environment Programme，Reforming Energy Subsidies：Opportunities to Contribute to the Climate Change Agenda.

12. International Energy Agency，World Energy Outlook 1999：Looking at Energy Subsidies：Getting the Price Right.

13. International Energy Agency，World Energy Outlook Special Report：Energy and Air Pollution.

14. International Energy Agency，World Energy Outlook Special Report：Energy and Climate Change.

15. International Energy Agency，World Energy Outlook 2016 Executive Summary.

16. International Energy Agency，World Energy Outlook 2017 Executive Summary.

17. Trade Remedies：Targeting the Renewable Energy Sector.

18. G20，Leaders' Statement：The Pittsburgh Summit September 24—25 2009.

19. Luca Rubini，The Subsidization of Renewable Energy in the WTO：Issues and Perspectives，NCCR（Swiss National Centre of Competence in Research）Trade Working Paper No 2011/32，June 2011.

20. Robert Howse，Climate Mitigation Subsidies and the WTO Legal Framework：A policy Analysis，International Institute for Sustainable Development（IISD），May 2010.

21. WTO，Committee on Subsidies and Countervailing Measures，Minutes of the Regular Meeting Held on 1—2 November 1999，G/SCM/M/24.

22. World Trade Organization，World Trade Report 2006（Exploring the Links between Subsidies，Trade and the WTO）.

23. WTO Negotiations Concerning the WTO Agreement on Subsidies and Countervailing Measures, Proposal by the European Communities, TN/RL/W/30, 21 November 2002.

24. Improved Rules under the Agreement on Subsidies and Countervailing Measures- Non-Actionable Subsidies, Proposal by Venezuela, TN/RL/W/41, 17 December 2002.

25. Comments from Australia on Venezuela's Submission on Non-Actionable Subsidies under the Agreement on Subsidies and Countervailing Measures, TN/RL/W/41, 11 February 2003.

26. Second Contribution by Cuba and Venezuela to the Negotiating Group on Rules Expanding on the Proposal Concerning Non-Actionable Subsidies, TN/RL/W/131, 11 July 2003.

27. 20th APEC Economic Leaders' Declaration.

28. Report of the First Session of the Preparatory Committee of the United Nations Conference on Trade and Employment, E/PC/T/33, 5 November 1946.

29. To be considered and drafted at a later stage Drafting Committee of the Preparatory Committee of the United Nations Conference on Trade and Employment, E/PC/T/34, 5 March 1947.

30. Report of the Second Session of the Preparatory Committee of the United Nations Conference on Trade and Employment, E/PC/T/186, 10 September 1947.

31. Preparatory Committee of the International Conference on Trade and Employment, Committee II, Technical Sub-Committee, Ninth Meeting held on Wednesday, 13 November 1946 at 10. 30 a. m (E/PC/T/C. II/50).

32. Preparatory Committee of the International Conference on Trade and Employment, Committee II, Draft Report of the Technical Sub-Committee (E/PC/T/C. II/54).

图书在版编目(CIP)数据

可再生能源补贴法律问题研究/刘滢泉著.
—上海:上海三联书店,2021.4

ISBN 978-7-5426-7389-3

Ⅰ.①可…　Ⅱ.①刘…　Ⅲ.①再生能源—政府补贴—法律—研究—中国　Ⅳ.①D922.674

中国版本图书馆 CIP 数据核字(2021)第 065162 号

可再生能源补贴法律问题研究

著　　者　刘滢泉

责任编辑　钱震华
装帧设计　陈益平

出版发行　上海三联书店
　　　　　中国上海市漕溪北路 331 号
印　　刷　上海昌鑫龙印务有限公司

版　　次　2021 年 8 月第 1 版
印　　次　2021 年 8 月第 1 次印刷
开　　本　700×1000　1/16
字　　数　210 千字
印　　张　17.75
书　　号　ISBN 978-7-5426-7389-3/D·492
定　　价　58.00 元